중남미로 떠나는
교육봉사

한재영 | 서울대학교 화학교육과 졸업
현재 충북대학교 사범대학 화학교육과 교수

김진수 | 충북대학교 사범대학 지리교육과(공통사회교육전공) 재학

김희범 | 충북대학교 사범대학 수학교육과 재학

반민정 | 충북대학교 사범대학 지구과학교육과 재학

윤한빛 | 충북대학교 사범대학 윤리교육과 재학

정선아 | 충북대학교 전자정보대학 컴퓨터공학과 재학

정진석 | 충북대학교 자연과학대학 수학과 졸업

주찬양 | 충북대학교 융합학과군 조형예술학과 졸업

황수정 | 충북대학교 사범대학 생물교육과 재학

중남미로 떠나는
교육봉사

초판1쇄 인쇄 | 2019년 12월 13일
초판1쇄 발행 | 2019년 12월 13일

저　자 | 한재영, 김진수, 김희범, 반민정, 윤한빛,
정선아, 정진석, 주찬양, 황수정
발행처 | 충북대학교 출판부
발행인 | 김수갑

주　소 | 28644 충북 청주시 서원구 충대로 1
전　화 | 043-261-2952, 3014
팩　스 | 043-274-1256
이메일 | presscbu@chungbuk.ac.kr
등　록 | 제1983-2001-7호
인쇄처 | 케이프린텍

ISBN 978-89-7295-501-6 93330
값 15,000원

* 이 저서는 2019년도 충북대학교 국립대학육성사업에 의하여 발간되었음.

중남미로 떠나는 교육봉사

한재영, 김진수, 김희범, 반민정, 윤한빛, 정선아, 정진석, 주찬양, 황수정

충북대학교 출판부

목차

프롤로그

2018년 겨울, 엘살바도르의 뜨거운 햇살을 피해 나무 그늘에서 대학생들이 포즈를 잡고 있다(그림 0-1). 이들 대학생들은 어떻게 만나 무엇을 하고 있었던 것일까?

Q. 엘살바도르에 왜 간 것인가요?

A. 교육 봉사활동을 하러 갔다. 국립국제교육원[1](그림 0-2)에서는 방학 중에 대학생들이 해외에 나가 봉사 활동하는 것을 지원하는 ODA 사업을 한다. 그 사업에 충북대학교가 선정이 되어 엘살바도르로 교육 봉사활동을 나갔다. 이 사업은 4주 이상 해외 나가 봉사활동을 하는 단기 해외 교육봉사인데, 매년 전국에서 8개 대학의 봉사단이 선정되어 해외로 나간다.

그림 0-1 한국과 엘살바도르 대학생들

그림 0-2 국립국제교육원 로고

1 국립국제교육원(niied.go.kr)은 교육부 소속 책임운영기관으로, 대한민국 정부 국제장학사업(Global Korea Scholarship), 한국어능력시험(TOPIK), 재외동포 초청 교육, 교원 해외 교육봉사 지원, 원어민 교사 파견 등의 사업을 수행한다.

Q. 대학생이면 아무나 지원할 수 있나요?

A. 아쉽게도 조금 제한이 있어서, 사범대학이나 교육대학원에 재학하고 있거나 교직과정을 이수하는 학생만 봉사단원이 될 수 있다. 교육 봉사활동이기 때문에 교육에 전문성을 가진 대학생을 선발하는 것이다. 봉사단은 20명인데, 인솔 교수 1명, 현직 교사 2명을 빼면 대학생은 17명이 선발된다.

ODA: Official Development Assistance 공적개발원조
선진국에서 개발도상국이나 국제기관에 하는 원조. 공공개발원조나 정부개발원조라고도 하며, 증여·차관·배상·기술원조 등의 형태를 갖는다.

Q. 해외에 가서 누구에게 무엇을 가르치는 봉사활동인가요?

A. 대학생들이 교육 봉사활동을 하는 것이라 현지의 초등학교, 중학교, 고등학교 학생들을 가르친다. 사업 공고문에는 수학, 과학, IT 등 기초교육을 하도록 나와 있고, 충북대학교 봉사단은 수학, 물리, 화학, 생명과학, IT, 세계지리, 예체능, 한국문화 등을 가르쳤다. 물론 문화는 가르치기보다 상호 교류를 하는 방식으로 수업을 했다.

Q. 왜 엘살바도르로 가게 되었나요?

A. 충북대학교는 이 사업에 3년 연속 선정되었는데, 처음 2번은 니카라과로 봉사활동을 나갔다. 2018년에 니카라과에서 한국의 광주민주화운동과 같은 일이 벌어지면서 매우 위험해져서 그 곳으로 갈 수 없었다. 마침 충북대에 계신 S교수님께서 엘살바도르 코이카(KOICA) 사무소장을 잘 알아 소개를 해 주셨고, 엘살바도르 국립대학과 연결이 되면서 새로운 나라로 가게 되었다. 엘살바도르의 수도인 산살바도르는 살인률이 세계 3위인 도시라 가기 전에 걱정이 많았지만, 무사히 봉사활동을 마치고 돌아올 수 있었다. 그림 0-3은 엘살바도르에서 받은 선물인데, 아래 부분이 엘살바도르 국가 모양이다.

그림 0-3 엘살바도르 기념품

코이카 KOICA: Korea International Cooperation Agency 한국국제협력단
한국과 개발도상국의 우호협력관계 및 상호교류를 증진하고 이들 국가들의 경제사회 발전을 지원함으로써 국제협력을 증진하는 것을 목적으로 하고 있는 외교부 산하 정부출연기관이다.

Q. 스페인어로 수업을 해야 한다던데요?

A. 중남미 국가는 브라질을 빼고는 모두 스페인어를 사용한다. 학생들이 영어를 잘 할 것 같지만 거의 못한다. 그래서 스페인어로 수업하기 위해 준비를 많이 했다. 봉사단원은 대부분 스페인어를 처음 배웠는데, 잘 가르치기 위해 수업 대본을 만들어 외우거나 보고 읽으며 수업을 진행했다.

그런데 수업에서는 교사와 학생이 서로 언어적 상호작용을 많이 해야 한다. 그래서 스페인어 소통을 돕기 위해 엘살바도르 국립대의 학생들이 교실에 같이 들어가 수업을 함께 진행하는 코티칭을 했다. 현지 대학생과는 영어로 의사소통을 했다.

Q. 지원을 얼마나 받고 개인 비용은 얼마나 드나요?

A. 봉사활동을 나가는 국가마다 조금 차이가 나는데, 1인당 최대 500만원을 지원한다. 이 비용은 항공권, 체재비, 사전교육비, 재료비, 사후활동비 등으로 사용되는데 5주간 외국에서 생활하기에는 빠듯하다. 그래서 충북대학교에서는 봉사단원 대학생들에게 소정의 장학금을 지급하여 봉사활동을 후원하고 있다. 기본 경비는 대부분 지원받기 때문에 개인적으로 필요한 비용은 많지 않다. 개인 선물이나 주말여행 등에 필요한 경비만 준비하면 된다.

Q. 이 책을 내는 목적은 무엇인가요?

A. 우리 봉사단의 활동에 대한 기록과 경험 공유를 위해서다. 우리 봉사단은 엘살바도르에서 5주간 정말 뜻깊은 시간을 보냈다. 봉사활동을 가기 위해 사전에 준비한 내용, 현지에서 봉사활동을 수행하며 겪었던 일, 봉사활동을 마무리하며 한 일 등을 정리하여 여러 사람들과 우리의 경험을 나누고 싶다. 또한 이렇게 정리를 해 두면 다음 봉사활동을 위한 지침이나 백서로도 활용될 수 있을 것이다.

니카라과로 봉사활동을 나갔던 1기 봉사단원 중에는 현재 아프리카에서 장기 파견 교사로 활동하는 졸업생이 있다. 이처럼 봉사활동을 통해 진로가 바뀌는 경우도 있는데, 도대체 어떤 경험을 했기에 그렇게 될 수 있는지 궁금하지 않은가?

Q. 이 책은 어떻게 만들어졌나요?

A. 해외 교육 봉사를 다녀온 후, 엘살바도르로 봉사활동을 갔던 17명 대학생 중 8명과 총괄 책임자(한재영 교수)가 이 책을 함께 준비했다. 내용별로 서로 분담해서 글을 작성했기 때문에 문체가 조금씩 다를 수 있음을 감안하길 바란다.

이 책을 쓰는 데 충북대 엘살바도르 봉사단원, 엘살바도르 코티처 전원이 도움을 주었다. 봉사단원이었던 한재영 교수님, 김형범 교수님, 곽옥부 선생님, 임철호 선생님, 김미식 선생님, 최윤희 선생님. 권연수, 권영준, 김진수, 김희범, 박가영, 반민정, 윤한빛, 윤여솔, 이수빈, 전국병, 정선아, 정수현, 정진석,

주찬양, 최준범, 현정석, 황수정에게 고마움을 전하며, 엘살바도르 코티처였던 사리나, 사마리아, 베아, 카렌, 에두아르도, 바네사, 루쓰, 파비올라, 킴벌리, 다이아나, 에리카, 사라, 세르히오에게 감사를 전한다. (김형범 교수님, 곽옥부 선생님, 임철호 선생님은 충북대학교의 지원을 받아 2주간 활동을 했다.)

엘살바도르 봉사활동 개요

- 기간: 2019. 1. 15. ~ 2. 19.
- 봉사단 구성: 충북대학교 대학생 17명, 현직 교사 2명, 교수 2명, 교직원 2명 (교수 1명, 교직원 2명은 처음 2주간 활동)
- 봉사 내용: 엘살바도르 국립대학 MOU 체결, 현지 대학생과 교류, 초중등 학생 수업
- 봉사 기관: 엘살바도르 국립대학(UES: Universidad de El Salvador), 청소년센터(Centro Juvenil Korea; 코이카에서 설립), Centro Escolar España(공립 초중등학교, 여학교), Instituto Nacional Albert Camus(공립 고등학교, 남녀공학)

1장

준비과정

1. 지원계기
2. 스페인어 교육
3. 후원처 개발
4. 기타

낯선 나라 낯선 환경에서 봉사활동을 하기 위해서는 많은 준비가 필요하다. 좋지 않은 여건 속에서 짧지 않은 기간 동안 봉사활동을 이어갈 수 있는 마음가짐, 새로운 언어에 대한 공부, 활동하는데 필요한 재정적인 지원 등이 그것일 것이다. 이 장에서 우리가 어떤 마음으로 이 활동에 임하게 됐고, 원활한 봉사활동을 위해 어떤 준비를 하였는지 소개하고자 한다.

1. 지원 계기

당신에게 5주 동안 이름도 모르는 낯선 나라에서 교육 봉사할 수 있는 기회가 주어졌다고 생각해보자. 아마 당신이 봉사활동에 참여하겠다고 결정하는 데는 많은 고민이 필요할 것이다. 봉사단원들 또한 엘살바도르라는 생소한 나라에 교육 봉사를 가기로 결심하기까지 많은 고민이 필요했다. 평범한 대학생들이었던 우리가 이번 봉사활동에 지원하기까지 어떤 고민을 했고, 무슨 계기로 지원하게 되었는지 이야기해 보고자 한다.

봉사활동에 지원하기로 결정하는데 우리는 어떤 고민들이 있었을까? 단원으로 선발되어 봉사활동을 준비하고, 엘살바도르에서 봉사활동 기간 동안 단원 간의 대화를 통해 우리가 지원하기 전 서로 비슷한 고민들을 공유했다는 것을 알게 되었다. 비슷한 도전을 앞두고 있는 사람이라면 우리가 했던 고민들과 닮아있는 고민을 하게 되지 않을까 생각해본다. 어쩌면 지금 이 책을 읽고 있는 당신이 우리와 비슷한 고민을 하고 있을지도 모르겠다.

우리의 첫 번째 고민은 봉사활동이 학업에 지장을 주지 않을까에 대한 우려였다. 주로 사범대생으로 이루어진 우리 봉사단에는 교사가 되는 것을 목표로 하는 단원이 대부분이었다. 임용고사 합격을 통해 교사가 되기를 목표로 하고 공부하고 있거나 자신의 꿈을 이루기 위해 중요한 시기를 보내고 있는 단원들에게 5주라는 시간과 봉사활동을 준비하는데 많은 시간이 필요하다는 것은 부담이었다. 꼭 우리처럼 교원임용을 목표로 하는 학생이 아닐지라도 자신의 미래를 준비하고 있는 대학생들에게 5주라는 시간은 결코 짧은 시간이 아니기 때문에 우리와 비슷한 도전을 앞둔 학생들은 우리와 비슷한 고민을 할 것이다.

두 번째는 엘살바도르라는 낯선 나라에서 봉사활동을 해야 한다는 것이었다. 엘살바도르라는 나라가 있다는 사실조차 이번 봉사활동을 통해서 처음 알게 된 단원이 있을 정도로 머나먼 작은 나라 엘살바도르는 우리에게 생소한 곳이었다. 엘살바도르는 우리나라의 지구 반대편에 있는 중남미에 속해 있는 만큼 우리나라와 사회·경제·문화 등 다양한 측면에서 많은 차이가 있다. 5주 동안 현지에서 생활해야 하니 음식, 날씨, 문화 등 생활에 밀접하게 관련된 것들에 잘 적응할 수 있을까 걱정이 있었다.

세 번째는 스페인어를 배워야 한다는 것이다. 엘살바도르에서는 공용어인 스페인어로 수업을 진행해야 한다. 한국어로 수업하는 것도 아직 벅찬데 스페인어로 수업을 해야 한다니! 대부분의 단원들이 스페인어를 접해본 적조차 없었기 때문에 수업을 진행하고 학생들과 소통하기 위해 스페인어를 배워야 한다는 것은 걱정스러운 일이었다.

네 번째는 5주 동안의 봉사활동을 통해 자신이 학생들에게 도움을 줄 수 있을까에 대한 의문이다. 봉사활동을 준비하는 것에 많은 노력과 시간이 필요하다. 하지만 우리는 아직 학생들을 가르치는데 부족한 점이 많았고, 5주라는 시간이 학생들을 변화시키는데 길지 않은 시간이라고 생각했기 때문에 우리의 노력이 결실을 맺지 못하지 않을까에 대한 염려를 많이 했다.

이 외에도 단체생활에 적응하는데 어려움을 겪지 않을까 하는 우려, 안전을 보장받을 수 없는 국가에서 활동하는 것에 대한 주변의 우려 등 많은 것들이 우리가 봉사활동을 지원하는 것을 쉽게 결정할 수 없게 만들었다.

이런 많은 걱정거리가 있음에도 불구하고 우리 단원들은 왜 이번 봉사활동에 지원하게 된 것일까? 무엇보다 우리를 필요로 하는 학생들에게 도움을 주고 싶다는 마음이 가장 큰 지원 계기일 것이다. 교사로서 아직 역량이 부족한 우리였지만 우리를 필요로 하는 학생들이 있고, 우리가 조금이나마 그들에게 도움이 될 수 있다는 것이 우리의 마음을 움직였다.

우리는 한사랑에[2] 봉사단 활동을 통해 다양한 경험을 할 수 있을 것으로 생각했다. 해외여행을 다녀온 사람들은 많지만, 해외에서 교육 봉사를 경험해본 사람은 많지 않다. 5주 동안 말조차 잘 통하지 않는 낯선 나라에서 생활해 보는 것 또한 흔히 경험하기 힘든 일이다. 한국과 너무나 다른 모습을 가

---

2 한사랑에(한국의 사랑을 엘살바도르에)는 충북대학교 엘살바도르 교육봉사단의 이름이다.

진 엘살바도르이기에 오히려 많은 것들을 느끼고 배울 수 있을 것이라 생각하였다. 짧은 기간 여행지를 둘러보는 여행이 아니라 긴 기간 동안 그들의 삶에 녹아들어 생활해 볼 수 있다는 것 또한 매력적이었다. 더군다나 한국의 교육만을 경험해 본 우리들에게 다른 문화권의 교육을 경험해보고, 우리나라의 교육 방식을 소개하는 경험은 교사가 되기를 꿈꾸는 학생들이 많았던 우리 단원들에게 더욱 값진 경험이 될 것이라고 생각하였다. 우리는 단순히 많은 교과 지식을 알고 있다고 해서 좋은 교사가 될 수 있다고 생각지 않았다. 학교 현장에는 너무나 다양한 학생들이 있기 때문에 교사 또한 다양한 경험을 하고 그것을 바탕으로 학생들마다 올바른 길로 갈 수 있도록 안내할 수 있는 역량을 길러야 한다고 생각했다. 또한 새로운 교육 환경을 접하는 경험을 통해 좋은 교육이란 무엇인가, 좋은 교사란 어떤 사람인가 등의 교육관에 대한 새로운 고민을 해볼 수 있는 기회가 될 수 있을 것이라 기대한 단원도 있었다.

그 외에 과거 봉사활동을 한 경험에서 봉사의 가치를 깨닫고 꾸준히 봉사를 하고 있는 단원도 있었고, 이전에 다녀온 충북대학교 니카라과 해외 교육 봉사단 활동에서의 기억이 좋아서 다시 지원한 학생들도 있었다.

참고로, 그림 1-1은 13개국 22개 도시에서 국제 교류 봉사활동을 경험한 초등 교사가 쓴 책이다. 해외 교육 봉사활동에 관심이 있으나 어떻게 실천해야 할지 모르거나 지원을 고민하고 있는 독자가 있다면, 이 책을 읽어보는 것도 고민 해결에 도움이 될 것이다.

그림 1-1 추천 도서

2. 스페인어 교육

해외 교육 봉사를 나갈 때 가장 필요한 것은 우리의 마음과 교육을 전달하는 수단인 언어일 것이다. 따라서 우리가 봉사를 가서 그들과 마음을 나누기 위해서는 해당 국가의 언어를 배우는 건 필수적이라고 할 수 있다. 그런데 영어로도 의사소통이 어려운데 제 2외국어까지 배워 사용하는 건 정말 어려운 일이다. 우리가 가는 엘살바도르가 스페인어를 사용하기에, 이러한 어려움을 잘 알고 있는 만큼 우리 봉사단은 많은 시간을 스페인어에 투자했다.

여름방학에 봉사단을 선발해서 2학기 내내 준비하고 겨울방학에 봉사를 가기 때문에 낯선 스페인어를 익히기 위해 모든 단원들은 학기 중에 스페인어 공부를 했다. 우리의 스페인어 공부과정을 살펴보면, 우선 우리는 2학기가 시작하기 전까지 스페인어 기초 동영상강의를 완강 해오는 것을 의무로 했다. 다행히도 우리 봉사단에는 스페인어를 전공하신 최윤희 선생님이 계셨기 때문에 선생님께서 매주 사전교육 시간에 스페인어 수업을 해주셨다. 동영상강의를 통해 기본적으로 읽는 방법 그리고 기초적인 문법을 배웠기 때문에 사전교육을 시작한 9월부터는 최윤희 선생님의 수업을 받으며 초보자 수준의 봉사를 목표로 하는 스페인어를 배울 수 있었다(그림 1-2). 봉사를 목표로 하는 스페인어라고 하면 감이 잘 안 올 수 있어 최윤희 선생님께 인터뷰를 부탁했다.

그림 1-2 스페인어 공부하는 모습

Q. 선생님 간단하게 소개와 지원동기를 부탁드려요.

A. 안녕하세요, 교사 최윤희입니다. 지금은 진로교사를 하고 있지만 스페인어 전공이라서 스페인어 사용국가에 관심을 가지고 있었습니다. 몇 년 전 교육청 사업으로 파라과이에 2주간 다녀왔던 경험이 있는데요, 이러한 관심과 경험이 엘살바도르 교육봉사 참여에 동기가 되었고 또한 많은 봉사에 도움이 되었습니다.

Q. 다녀오신 소감은 어떠셨나요?

A. 교육청 사업에서는 교원들에게 교육적인 면을 직접 전달해주었다면, 이번 교육봉사는 우리 대학생들이 현지 초중고 학생들에게 원활한 수업을 할 수 있도록 도와주는, 선배교사로서 뿌듯함을 느끼는 시간이었습니다. 중남미 나라들이 치안, 경제적인 상황 등 여러 가지가 열악해서 불편했음에도 불구하고 모두가 불평 없이 열심히 임해주어서 미래 교사로서의 자질이 충분하다고 생각합니다. 교직퇴임 후 네팔로 6개월의 교육봉사를 가신 선생님이 계십니다. 그분에 비하면 짧은 시간이었지만 모두가 늘 긴장하며 지내서인지 쉽지만은 않은 시간이었습니다. 인천공항에 도착하고 나서야 '무사히 다녀왔다'고 안심이 되었던 이번 교육봉사는 많은 곳에 손길이 필요하고 따뜻한 마음을 가진 사람들이 많다는 것을 느끼게 된 의미 있는 활동이었습니다.

Q. 선생님께 사전교육을 받으며 스페인어에 비교적 쉽게 접근할 수 있었는데요, 수업을 준비하며 선생님이 중점을 둔 부분 있으신가요?

A. '늦은 저녁 시간이라 다들 피곤할 텐데 어떻게 수업을 진행할까?'일주일을 고민하며 모두가 즐겁게 참여할 수 있는 수업을 만들고자 했습니다. 우리가 문법 위주로 공부하면 지루할 수 있어 활동을 하면서 자연스럽게 배울 수 있는 방법에 주력하였습니다. 회화를 하기 위해서는 과거, 현재, 미래 등 다양한 시제로 말해야하지만 일단 현재형과 단어를 활용해 기본적인 소통과 수업 진행에 도움이 될 수 있는 부분을 중점으로 진행했습니다. 사전에 미리 단원을 제시하면 단원들이 예습을 해오고 수업

시간에는 문법 설명이 아닌 팀별활동과 퀴즈 활동을 통해 쉽게 익힐 수 있도록 했습니다.

Q. 직접 엘살바도르를 다녀오시고 느끼신 단기해외 봉사를 위한 스페인어 공부방법이 있나요?

A. 현지에서 생활해보니 숙소와 학교 등 생활회화 연습과 더 많은 시간을 투자해서 공부를 하는 것이 필요합니다. 일주일에 한번 공부를 함께해도 결국 본인이 관심을 갖고 꾸준히 하지 않으면 향상되지 않습니다. 처음에는 단원들이 뜻도 모르고 수업대본을 읽었지만 점차 스페인어를 이해하면서 학생들과 소통하며 수업을 진행하고, 숙소에 돌아와서도 발음 연습을 계속하면서 향상되는 모습을 보았습니다. 현지에서의 원활한 교육을 위해 사전에 꼼꼼하게 계획을 세우고 해당 언어를 배우는 것은 그들에 대한 친근감의 표현이기도 하고 학생들이 수업을 잘 이해하는 지 소통하기 위해서도 꼭 필요합니다. 매일 꾸준하게 자기 주도적 학습을 하고 일주일에 한번 함께 활동하며 서로를 점검해주고 피드백 하는 상호작용을 통해 실력이 향상될 수 있습니다. 또한 인터넷, 방송, 동영상 등 자료를 찾아 꾸준히 연습하고 준비하면 수업진행 시 만족감을 느끼게 될 것입니다.

3. 후원처 개발

1) 후원의 필요성과 의미

사실 우리가 다녀 온 단기 해외교육봉사라는 프로그램에는 국립국제교육원에서의 지원이 이미 주어진다. 이미 금전적 지원을 받았음에도 불구하고, 우리는 추가적으로 후원을 받기 위해 여러 가지 시도를 해보았다. 과연 그 이유는 무엇이고, 우리가 후원을 시도함으로써 얻을 수 있는 것은 무엇일까?

후원을 시도하게 된 이유 중 하나는 사람들에게 우리 충북대학교 학생들이 단기 해외교육봉사라는 이런 프로그램을 하고 있다는 것을 알리기 위함이다. 같은 학교에 재학 중인 학생들조차 단과대가 다르면 충북대학교에 이런 프로그램이 있다는 사실을 잘 알지 못한다. 그래서 여러 사람들에게 후원을 위해 도움을 청하는 과정에서 좁게는 우리 학교의 학생들, 더 넓게는 지역 사회 구성원들에게 이 프로그램을 알릴 수 있는 기회가 될 수 있다. 좋은 일을 할 때 왼손이 하는 일을 오른손이 알지 못하게 하듯 하라는 말이 있지만, 봉사활동은 그 반대여야 한다. 널리 알려서 봉사활동에 동참하거나 후원하도록 하는 것이 필요하다.

또한 후원은 우리 단원들이 이 봉사활동을 위해 스스로 노력한다는 것에 그 의미가 있다. 우리가 금전적인 지원은 받았지만 이 프로그램의 본질은 봉사활동이고, 그렇기에 우리는 교육봉사를 준비하기 위한 금전적인 측면에서도 작게나마 직접 참여하면서 우리가 지금 하고 있는 봉사활동의 의미에 대해서 다시 한 번 생각해 볼 수 있다.

2) 후원처의 종류

우리가 후원을 받기 위해서 선택한 후원처의 종류는 크게 두 가지로 나눌 수 있다. 하나는 학교 내의 학생들과 교직원 분들을 대상으로 바자회를 진행한 것이고(그림 1-3) 다른 하나는 교외의 개인 또는 기업으로부터 직접 후원을 받는 것이다. 먼저 교내에서 진행된 바자회에 대해서 알아보자.

그림 1-3 바자회를 진행하는 모습

(1) 바자회

①진행 방식

바자회 준비	사범대 학생회와 협력	-바자회를 진행한 이틀 중 첫째 날이 사범대 축제 기간과 겹침 -사범대 축제에서의 한 부스를 바자회에 사용 -각 과의 공지사항을 통해 홍보
	물품마련	-물품은 대학생, 현직 교사, 교수, 교직원이 기부 -기기, 의류, 식품, 생활용품, 화장품, 악세사리, 학용품, 책 등 종류는 다양
	준비물	-천막은 사범대 축제가 겹쳐서 사범대 이외의 교직이수 단원의 도움을 받음 -책상과 배너는 사범대의 도움을 받음
	가격 책정	-행정실 근로 장학생들이 책정해준 가격표를 참고 -바자회 전에 견출지를 사용하여 제품에 가격 표시
바자회 진행	시작	-바자회 때 사용할 천막과 책상 설치 -물품들을 종류별로 구분하여 배치 -단원들이 가져온 옷걸이에 옷을 걸어 정리
	역할분배	-시간대를 나눠서 각 시간대마다 단원들이 두 명씩 부스를 담당 -같은 시간대의 두 사람은 역할을 나누는 것보다 한 사람이 판매와 잔고 확인 등의 역할을 동시에 진행하는 것이 효율적
바자회 정리	돈 관리	-대표와 부대표가 맡아서 정산 -동전과 지폐가 많으니 바로 통장에 넣는 것을 추천
	마무리	-준비 조와 시간이 되는 사람이 함께 물품을 정리하고 일부 폐기하거나 보관 -첫째 날에는 천막, 책상, 의자 등 분실 위험이 적으며 운반이 어려운 것들은 정리를 해두되 따로 옮겨 놓지 않음

② 바자회 후기

바자회는 이번 해외교육봉사에서 처음 시도해보는 활동이다. 급하게 준비하느라 부족했던 부분이 많았는데 다음에는 미리 준비해서 광고 배너도 예쁘게 만들고 홍보도 많이 하면 좋을 것 같다. 그리고 물품 판매를 위해 목록을 확인하는 과정에서 해당 물품을 찾는데 시간이 오래 걸렸다. 다음에는 목록 물품에 순번을 매겨 가격표에 순번도 함께 제시하고 물품을 음식, 전자제품, 의류 등 종류별로 정리해 두면 더 좋을 것 같다. 판매는 현금과 계좌이체 방법으로 이루어졌는데, 계좌이체의 경우 계좌정보를 잘 보이게 붙여 놓아야 한다. 마지막으로 우리들의 물품 기부가 더욱 활발하게 이루어진다면 훨씬 봉사활동으로서 바자회의 의미가 있을 것 같다.

⑵직접 후원

이번에는 학교 밖으로 한 발짝 더 나아가 후원을 받고자 했던 우리의 노력들을 소개하겠다. 학생들은 물론이고 교수님께서도 직접 발로 뛰시며 후원처를 찾아다니셨다.

교수님께서 후원을 받기 위해서 노력하신 결과, 다양한 후원처를 섭외할 수 있었다. 우선 충북대 내부에서 후원을 많이 받았다. 충북대학교에서 대응 예산을 받기 위해 총장님 이하 본부 여러 부서를 방문한 결과, 학생처에서는 대학생들에게 봉사활동 장학금을 증액해 주었다. 봉사활동 초반 2주간 3명의 교직원이 대학의 지원을 받아 엘살바도르에 함께 갔는데, MOU 체결 및 봉사활동 공동인솔을 위해 교수 1명, 제반 행정 지원과 홍보 등을 위해 사범대학 행정실 직원 1명, 조교 1명이 그들이다. 홍보부에서는 기념품을 후원받았다. 바자회를 열었을 때 후원금을 기부한 교수님도 있고, 이후에 개인적으로 기부금을 전달한 교수님들도 몇 명 있다.

외부 기관에서도 기부를 받았다. 한국과학교육학회의 여름 학술대회에서 봉사활동에 대한 연구 결과를 발표한 뒤 봉사활동에 기부를 해 주기를 요청하였고, 공모를 거쳐 100만원을 기부 받았다. 이 금액은 현지의 두 학교에 과학교육기자재 구입비로 그대로 기부했다(그림1-4). 청주의 삼성가정의학과 병원에서는 매년 봉사활동마다 기부를 많이 해 주었다(그림1-5). 올해는 구충제와 구급약품을 지원받았다. 구충제 2000개는 부피가 매우 컸지만 현지에 가져가면 매우 유용하게 활용된다.[3] 충북 교육청에서도 후원을 받기 위해 여러모로 노력한 결과 기념품을 받을 수 있었다. 기념품은 현지인들에게 선물을 줄 때 꼭 필요하다.

개인이나 소모임에서도 기부를 받았다. 청주의 직지 과학사랑 교사 모임에서 후원금을 보내 주었고 대전과 세종 지역에서 근무하는 충북대학교 화학교육과 졸업생 모임에서도 후원금을 주었다. 충북대

3 구충제 설명이 한글로 되어 있으므로, 복용 방법과 유의사항을 따로 적어 주는 것이 필요하다.

그림 1-4 한국과학교육학회의 기부금을 현지 학교에 전달함

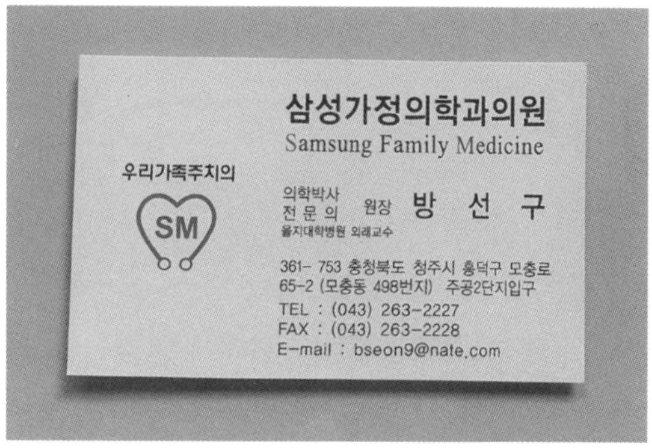

그림 1-5 봉사활동에 후원을 해 준 삼성가정의학과

학교에 전 재산을 기부한 강정 신언임 여사, 대전 전민동 밀 마루 농장 대표, 충북지역 초중고 교사(화학교육 졸업생)도 보태 주었다.

학생들 역시 후원을 받기 위해서 주변의 기업 또는 단체에 다가가 보았다. 학과의 교수님, 과거에 인턴 생활을 한 기업, 현재 속해있는 종교단체 등에 편지와 메일로 후원을 요청했으나 아쉽게도 학생들 개개인이 후원을 받기란 쉽지 않았다. 그러나 학생들이 직접 봉사활동을 위해 스스로 노력했다는 사실만으로도 충분히 의미 있는 과정이었다고 생각한다.

이외에도 봉사단원들이 2018년 11월 교육 ODA 컨퍼런스에서 포스터 발표를 하면서 받은 재료비와 교통비를 아껴 봉사활동에 사용했다. 또한 진천의 중학교에서 자유학기제 특강을 하며 받은 강사료도 봉사활동 기금에 넣었다. 이렇게 모은 후원금은 현지 봉사활동에서 예비비로 활용하였다.

3) 후원 평가와 소감

대부분 후원을 받기 위해 시도한 경험이 처음이라 비록 쉽지 않고 실패도 경험했었다. 바자회 물품을 배치하는 것도 소비자 입장에서 중요한 역할을 하기 때문에 신경을 써야 할 부분이 많았다. 이렇게 후원을 받기 위해 노력하며 우리들의 느꼈던 감정을 함께 들어보자.

> "바자회를 통해 단원들이랑 더 친해지는 계기가 되었고 해외교육봉사를 위한 후원이나 자금마련이 마냥 쉽지 않다는 것을 알게 되었다.
> "바자회를 통해 직접 판매를 하고 부스를 운영하며 봉사활동에 대한 더 큰 애정과 책임감이 생겼다. 그리고 이 바자회는 많은 분들의 도움 덕분에 생긴 것이므로 주변 도움을 주신 모든 분들께 감사했다."

4. 기타

1) 합숙 교육

봉사를 하다보면 몸도 마음도 지칠 때가 있을 것이다. 그때마다 가장 큰 힘이 되는 건 바로 내 옆에 있는 소중한 봉사단원들이다. 이처럼 봉사단원간의 우정도 봉사를 하는데 중요한 역할을 한다. 하지만 봉사단에서 대부분 처음 만났기에 처음에는 다들 어색했다. 그래서 단원 간 친목을 도모하고 우리가 봉사 가는 나라에 대해 자세히 알아보자는 취지로 충북대학교 학술림으로 합숙 교육을 떠났다(그림 1-6). 합숙 일정과 계획은 다음과 같다.

·일시 : 2018년 9월 14일 ~ 9월 15일

·일정

<table>
<tr><th>시간</th><th>1일차</th><th>2일차</th></tr>
<tr><td>07:00~08:00</td><td rowspan="6"></td><td>기상 및 아침운동</td></tr>
<tr><td>08:00~09:00</td><td>아침식사 및 숙소 정리</td></tr>
<tr><td>09:00~10:00</td><td>액션 러닝(그림 1-7)</td></tr>
<tr><td>10:00~11:00</td><td rowspan="2">조별 주제 발표</td></tr>
<tr><td>11:00~12:00</td></tr>
<tr><td>12:00~13:00</td><td>퇴소</td></tr>
<tr><td>13:00~14:00</td><td>성폭력 예방교육</td><td>점심</td></tr>
<tr><td>14:00~15:00</td><td>기존 수업내용 소개</td><td>충주 출발</td></tr>
<tr><td>15:00~16:00</td><td>청주 출발</td><td>청주 도착 및 해산</td></tr>
<tr><td>16:00~17:00</td><td>숙소 배정 및 입소식</td><td rowspan="7"></td></tr>
<tr><td>17:00~18:00</td><td rowspan="2">저녁식사 및 휴식</td></tr>
<tr><td>18:00~19:00</td></tr>
<tr><td>19:00~20:00</td><td>친교의 시간 I(레크리에이션)</td></tr>
<tr><td>20:00~21:00</td><td rowspan="2">친교의 시간 II</td></tr>
<tr><td>21:00~22:00</td></tr>
</table>

활동 내용

① 성폭력 예방교육

: 봉사를 하며 일어날 수 있는 성폭력에 관한 예방 및 대처 방법 교육

② 기존 수업내용 소개

: 지난 봉사단의 수업을 소개하고 수업 진행 방식을 확인해 각자 수업에 반영

③ 액션 러닝

: 김미식 선생님께서 새로운 방식의 수업 소개와 관련 아이디어 도출(그림 1-8)

④ 조별 주제 발표

: 조별로 준비한 주제를 통해 봉사를 하러가는 국가에 가까워지는 시간

그림 1-6 월악산에 위치한 학술림

그림 1-7 김미식 선생님의 액션러닝 강의

조별 주제 발표는 봉사관련 주제를 분담해 준비해서 발표를 했다. 이런 주제를 선택한 이유는 해외봉사에 대한 정체성을 명확히 하고 엘살바도르에 대해 더 자세히 알아야 우리의 마음이 그들에게 잘 전해질 것이라 생각했기 때문이다. 그림 1-8과 1-9는 조별 발표 ppt의 예와 이를 발표하고 있는 단원의 모습이다.

조별 발표 주제

① 국제개발협력, ODA, MDGs, SDGs

② 엘살바도르의 역사, 정치에 대한 이해

③ 엘살바도르의 지리, 문화에 대한 이해

④ 엘살바도르의 사회, 교육에 대한 이해(초중등 교육 체제 및 특징)

⑤ 해외여행 안전 수칙, 엘살바도르 방문 시 주의할 점

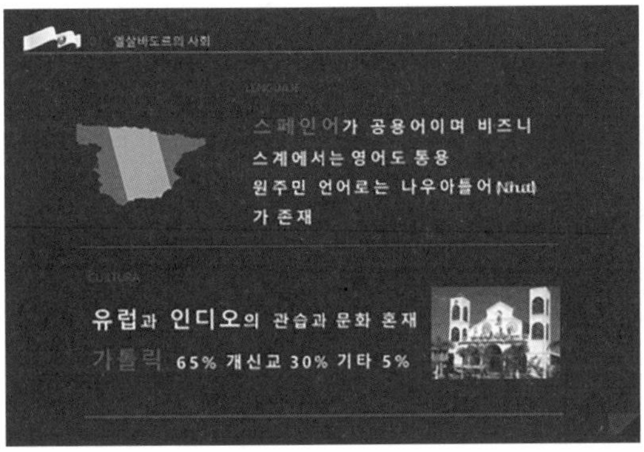

그림 1-8 조별 발표 ppt 예

그림 1-9 조별 발표하는 단원의 모습

합숙 교육이 아니었다면 모두 함께 맛있는 음식과 즐거운 대화를 나눌 수 있었을까? 엘살바도르에 대해 자세히 알 수 있었을까? 합숙 교육은 우리가 서로 더 가까워 질 수 있도록, 우리가 함께 엘살바도르에 가까워 질 수 있도록 해준 큰 기회였다(그림 1-10).

그림 1-10 봉사단원들과 함께 나눈 즐거운 시간

2) 교육 ODA 컨퍼런스

우리가 하는 봉사란 정확히 무엇인지 생각해보자. 누군가를 돕는 것? 맞는 말이긴 한데 막연한 느낌이 있다. 우리가 가는 봉사는 국립국제교육원에서 주관하는 교원해외파견(교육 분야 ODA)사업이다. 그러니 우리는 개발도상국이 더 좋은 교육을 할 수 있도록 우리의 교육을 소개하며 원조를 하는 것이다. 우리는 원조를 받던 나라였던 만큼 우리가 받았던 도움을 다른 나라에 주는 건 참 멋지고도 당연한 일이라 생각하지 않는가?

교육부에서는 주기적으로 교육 ODA 컨퍼런스를 개최해서 우리나라의의 국제개발협력 및 교육 분야 ODA의 지속가능한 미래, 교육개발협력의 실천을 더욱 풍성하게 할 기반 마련 등을 논하는데, 우리 봉사단은 여기서 지난 니카라과 교육봉사에 대해 포스터 발표를 할 기회가 있었다. 그림 1-11는 우리가 만든 포스터 예시이다. 그림 1-12을 살펴보면 알 수 있듯이 우리는 포스터 발표를 하면서 봉사를 잘 했다는 자부심과 뿌듯함을 느낄 수 있었다.

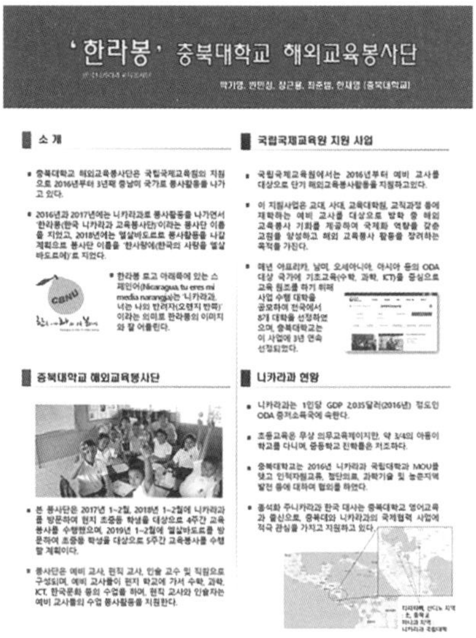

그림 1-11 봉사단이 발표한 포스터

그림 1-12 포스터 발표

다음은 컨퍼런스에 다녀온 단원의 이야기이다. 이 책을 읽고 있는 여러분도 교육 ODA에 관해 많은 것을 보고 배우고 많은 사람들을 만날 수 있는 이런 소중한 기회에 관심 있다면 적극적으로 참여하길 권한다.

Q. 교육 ODA컨퍼런스에 참여한 이유는?

A. 교수님이 니카라과 봉사활동에 대해서 포스터 발표를 하며 유익한 강의를 들을 수 있다고 하셨습니다. 발표를 하며 ODA 분야에 대해 더 알고 싶어 참여했습니다.

Q. 교육 ODA컨퍼런스에서 느낀 것 또는 기억에 남는 건 어떤 것 인가요?

A. 예상대로 실제 ODA에 종사하시는 분들을 만나고 다양한 강연을 들을 수 있었습니다. 앞으로 우리나라의 ODA는 'delivery' 즉, 교육 전달 방식에 관심을 가진다는 것이 기억에 남습니다. 태국의 초등학교에 파견을 나가셨던 교사의 여러 수업 아이디어를 들을 수 있었고 나중에 수업에 꼭 활용해

봐야겠다고 생각했습니다. ODA에는 국가, 개인, 민간기업 등이 참여하고 있고 많은 사람들과의 이해관계가 얽혀있다는 것을 알았습니다.

3) 예방접종

봉사를 가는데 있어서 중요한 것 중 하나가 우리의 안전이다. 우선 개발도상국에 가는 만큼 예방접종을 확실하게 해두고 가야한다. 우리는 A형간염, 장티푸스, 파상풍 예방접종을 받았다. 자신이 봉사를 가는 지역에 대해 잘 알아보고, 대사관 홈페이지, 보건부 홈페이지를 참고하여 예방접종을 해야 한다.

입국 시 필수 체크 사항, 체류 기간

봉사 가는 나라로 입국을 하면 입국심사를 할 때 여권에 도장을 찍어줄 것이다. 그러면 이 도장에 체류 기간이 적혀있는데 이 체류기간이 봉사기간보다 많은지를 꼭 확인해야한다. 실제로 우리 봉사단에는 33일 봉사를 했는데 체류 기간이 30일로 기록을 받은 봉사단원이 있어서 벌금을 물어야했다. 그림 1-13에서 숫자 90이 체류기간을 의미한다.

4) 문화이해

우리가 나름대로 엘살바도르에 대한 정보를 수집해서 공유하긴 했지만, 직접 중남미 사람을 만나본다면 훨씬 더 도움이 될 것이다. 그래서 우리는 최윤희 선생님의 도움으로 원어민인 Antonio 선생님을 만나게 되었고 우리에게 실제 중남미에 이야기를 들려주시며 유익한 시간을 함께 했다(그림 1-14).

그림 1-13 여권에 나오는 체류기간

그림 1-14 원어민 선생님과의 만남

2장

수업 준비

1. 수업 주제 선정
2. 지도안 작성
3. 대본 작성
4. 교재 제작
5. 준비물 신청
6. 수업 시연
7. 수업 준비할 때 조언
8. 수업 준비와 관련된 일화들

이번 장에서는 출국 전까지 우리가 수업을 준비한 전 과정을 소개하려고 한다. 우리들은 봉사활동 준비를 본격적으로 시작하면서 스페인어 공부와 더불어 수업 준비에 주력을 쏟았다. 1학기 내내 매주 월요일마다 사전 교육을 진행했고 모이지 않는 날에도 수업 준비를 위해 많은 시간을 투자했다.

우리는 봉사 단원이 17명이어서 효율적으로 수업하기 위해 조를 나눴다.[4] 4명씩 이루어진 2개의 조와 3명씩 이루어진 3개의 조로 나눠서 조별로 수업을 준비했다. 한 사람당 개인 수업 한 개를 준비했고, 조별로 학예 수업 한 개씩을 맡아 공동으로 수업을 준비했다.

1. 수업 주제 선정

우리가 가장 먼저 시작한 일은 수업 주제를 정하는 것이다. 작년에 했던 수업을 토대로 기존 수업이 80% 이상 차지하게 주제를 선정했다. 1개의 조에서 선택할 수 있는 주제는 과학(물리, 화학, 생물, 지구과학, 영재) 1개, 수학 0~1개, IT 0~1개, 세계지리 0~1개, 문화(융합, 예체능 포함) 0~1개, 기초학예발표회 프로그램 1개이고 조원이 4명인 조는 5개, 3명인 조는 4개를 선택하게 되었다. 국립국제교육원의 공고문에 제시된 내용에 따라, 수학, IT, 과학, 문화 등 과목의 비율을 고려해 주제를 선정했고, 태권도 수업의 경우 작년 니카라과 봉사를 갔을 때 반응이 가장 좋았었기에 추가했다. 표 2-1은 수업 주제를 선정할 때 참고한 자료다.

4 외국 학생들을 대상으로 스페인어를 말하며 수업을 혼자 진행하는 것은 매우 어렵다. 대학생들의 해외 교육봉사에서는 주로 조별로 수업을 함께 진행한다.

표 2-1 프로그램 예시

분야	수준	주제	내용
수학	초등	프랙탈 카드	프랙탈의 기본 구조를 이해하고 프랙탈 모양의 도형(카드)을 만들어 보면서 창의성을 기름
	초등	무게중심 잡기	무게중심 잠자리 만들기, 무게중심 팽이 만들기 등을 통해 도형에 흥미를 가짐
	중등	칼레이도 사이클	칼레이도 사이클을 만들면서 기초 도형을 이해하며 수학에 흥미를 가짐
	중등	스도쿠	스도쿠 규칙에 따라 문제를 해결하는 능력을 배양하며 수학에 흥미를 가짐
물리	초등	부메랑	종이로 부메랑을 만들어 날리며 부메랑이 되돌아오는 원리를 탐구함
	초등	정전기	빨대로 정전기를 발생시켜 사물을 끌어당겨 보고, 종이컵을 회전시키는 게임을 하며 정전기의 원리를 이해함
	중등	홀로스펙스 책꽂이	홀로스펙스 필름이 포함된 책꽂이를 만들어 광원을 관찰하며 과학에 흥미를 가짐
	중등	잠수부 만들기	카테시안 다이버를 빨대와 고무찰흙으로 만들어 잠수함의 원리를 이해함
화학	초등	색이 변하는 꽃	한지로 만든 꽃에 지시약을 묻히고 산과 염기를 뿌려 색을 변하게 하면서 산과 염기를 구별해 봄
	초등	색깔막 만들기	스테인드글라스 물감으로 철사로 만든 구조물에 막을 만들어 관찰하면서 표면장력의 원리를 이해함
	중등	열쇠고리 만들기	열가소성 플라스틱인 PS판을 사용해 가열하여 축소시켜 장신구를 만들면서 과학에 흥미를 가짐
	중등	플러렌 만들기	신물질인 플러렌(C60)의 모형을 만들어 보면서 신소재 연구를 이해함
생물	초등	현미경 관찰	간이 현미경으로 꽃가루, 식물 세포, 동물 세포, 비늘 등을 확대 관찰하면서 생물에 대한 흥미를 높임
	초등	우리 주변 식물 도감	식물의 뿌리, 줄기, 잎, 꽃을 관찰하고 우리 반의 식물 도감을 만듦
	중등	멸치 해부	멸치를 해부하여 어류의 구조를 확인하고 내장 속 플랑크톤을 관찰함
	중등	물관 관찰	식물의 물관을 염색하여 물관의 위치와 구조를 관찰하며, 현미경으로 관찰할 모습을 그림으로 그림
지구 과학	초등	열기구 날리기	비닐 봉지, 철사, 솜 등으로 간이 열기구를 만들어 날리며 열기구가 상승하고 하강하는 원리를 이해함
	초등	자외선 비즈	자외선을 쬐면 빛이 변하는 비즈를 가지고 팔찌, 스마트폰 장신구 등을 만들어 보며 환경 문제에 관심을 가짐
	중등	별자리 만들기	계절별 별자리를 만들어 보면서 지구의 공전과 황도 12궁을 이해함
	중등	구름 만들기	페트병, 진공용기를 사용하여 공기가 압축, 팽창할 때 온도 변화와 구름 생멸을 관찰하여 구름 생성원리를 이해함

분야	수준	주제	내용
IT	공통	스크래치 프로그램 활용	태블릿을 사용하여 일련의 사건을 프로그래밍하는 스크래치 프로그램을 직접 실행하며 IT에 흥미를 높임
		GPS로 보물 찾기	태블릿을 사용하여 GPS 앱을 실행하면서 정확한 위치를 찾아가며 위도와 경도를 이해함
		이진수 게임	이진수 카드를 이용하여 게임을 하며 이진수에 익숙해짐
		광선으로 말하기	레이저, 광섬유를 이용하여 암호를 전달하고 해독하면서 전자 기기의 작동 원리를 이해함
		로봇과 나	오조봇(또는 터틀봇)을 활용하여 코딩의 개념을 이해함
영재	공통	Mystery Bones	화석모형을 직접 만들어 보고 서로 비교하면서 같은 것을 관찰해도 다른 결과가 나온다는 것을 이해함
		주기율표 카드	사람 모형이 그려진 카드를 분류하면서 주기율표의 원리를 이해함
		하트 드림	작도를 하여 크리스마스 종이 하트를 만들고 다양한 디자인의 하트를 설계해 봄
		내가 만드는 쌍무지개	무지개와 쌍무지개가 생기는 원리를 탐구하고, 스프레이를 가지고 쌍무지개를 만드는 방법을 고안함
		Ghost Fish	색을 관찰하다 눈을 감았을 때 잔상에서 보이는 색이 처음의 색과 보색 관계임을 실험을 통해 탐구함
융합 (언어)	초등	노래와 율동으로 배우는 우리 몸	신체와 관련된 영어 표현을 노래와 율동을 통해 학습함으로써 영어공부에 흥미를 느끼고 성취감을 가지도록 함
	초등	그림 퀴즈	그림의 내용을 말하지 않고 소리와 몸짓으로 전달하여 맞히는 활동을 하며 표현력을 기름
	중등	영어연극 나도 배우다	'금도끼, 은도끼'를 활용하여 영어에 대한 두려움에서 벗어나 자기 주도적으로 즐겁고 유익한 영어 학습을 함
	중등	도장 만들기	조각칼을 이용해 지우개 도장을 만들고 스페인어와 한국어 글자의 차이를 비교하고 언어 학습에 흥미를 유발함
	공통	내 이름을 한글로	한글의 자음과 모음을 익혀 자신과 다른 사람의 이름을 적고 읽어 보면서 한글에 대한 호기심을 유발함
한국 문화	공통	한국의 전통놀이	제기차기, 윷놀이, 딱지치기, 투호놀이, 공기놀이 등을 소개하고 함께 함
		칠교 놀이	칠교 놀이를 하며 도형의 모양을 익히고 패턴을 찾음
		젓가락 경기	젓가락으로 음식이나 물건을 옮기는 게임을 하며 한국의 음식 문화를 소개함
		붓글씨	붓, 먹, 벼루, 화선지를 소개하고 붓글씨로 한글 이름을 써 주며 한국 문화를 소개함
		K-pop	봉사단원 예비 교원들이 K-pop을 연습하여 엘살바도르 학교의 환영식이나 환송식 등에서 공연을 함
세계 지리	공통	엘살바도르 소개 책자 만들기	종이를 소책자 모양으로 접고 엘살바도르를 소개하는 내용을 적어 소책자를 만듦
		지구본 만들기	소형 모형 지구본(스티커 활용)을 만들면서 5대양 6대주의 위치와 모양을 익힘
		세계여행 버킷 리스트	게임을 통해 세계의 여러 나라 이름과 수도를 맞추며 세계 여행의 버킷 리스트를 만들어 봄

분야	수준	주제	내용
예체능 (음악, 미술, 체육)	공통	필름통 피리	필름통과 빨대로 피리를 만들어 연주하며 과학과 음악에 흥미를 가짐
		악기 연주	한국의 악기와 엘살바도르의 악기를 비교해 보고, 간단한 곡을 연주하며 한국과 엘살바도르의 음악 문화를 교류함
		부채, 탈 만들기	한지 부채에 전통 문양 도안을 붙이거나 한지로 만든 탈에 다양한 색칠을 하게 하면서 한국 문화를 소개함
		소품 제작	엽서 만들기, 노리개 만들기, 종이 접기 등을 통해 엘살바도르와 한국의 미술 문화를 교류함
		도미노 스틱	얇은 나무 막대기를 지그재그로 엮어 도미노를 만들어 날리면서 인내심을 기름
		태권도	태권도 시범을 보여주고, 기본 정신과 동작을 익히게 함
		합창 공연	전체 봉사단원이 엘살바도르 노래를 연습하여 엘살바도르 학교의 환영식이나 환송식 등에서 공연을 함
학예 발표회	공통	교육·문화교류 한마당	수학, 과학, IT, 예체능 수업 등의 결과물을 발표하며 한국과 엘살바도르의 문화를 교류하는 행사를 실시함. 간이 축제 형태로 부스를 운영하거나 대표 경기를 진행함(·생략)
사진전	공통	봉사활동 사진전	교육 봉사활동 모습을 보여주는 사진전을 개최함, 현지 교사와 교육봉사활동에 대한 간담회도 진행함

만약 표에 나와 있는 기존 수업이 아닌 새로운 내용을 개발할 경우, 9월 중으로 내용 선정을 완료해야 했다. 우리는 대부분 작년 수업을 그대로 진행했고, 리코더 수업과 로봇코딩 수업 두 개만 새로 개발했다. 수업을 새로 개발 한 단원들에게 수업 주제를 선택한 이유를 물었다.

① 윤한빛, 리코더 수업

"아무도 시도하지 않던 과목을 준비해보고 싶었다. 충북대는 음악대학이 없어서 그런지 아무도 음악수업은 시도해보지 않았다는 것을 발견했다. 예산 문제 및 내가 할 수 있는 악기로 좁히다 보니 '리코더 연주'가 선정되었다. 학생들에게 더 다양한 과목을 가르칠 수 있겠다고 생각하니 설레었다."

② 정선아, 로봇 코딩 수업

"전공이 컴퓨터공학이어서 IT 수업을 진행하고 싶었다. 그래서 기존 IT 수업을 살펴보았는데 많이 부실하다는 생각이 들었다. 마침 교수님이 로봇으로 코딩하는 수업을 추천해주시기도 했고, 요즘 떠오르는 주제인 코딩을 엘살바도르의 학생들에게도 가르쳐주고 싶었다. 내 수업으로 한 명이라도 이 주제에 대해 흥미를 갖고, 엘살바도르의 IT 산업 부흥을 위해 힘쓴다면 정말 큰 보람을 느낄 것 같았다."

③ 현정석, 로봇코딩 수업

"처음 선정한 수업 주제가 현지 상황에 맞지 않아, 할 수 없게 되었고 또 교수님의 로봇 수업을 두 명이 함께 해보는 건 어떻겠냐는 추천이 있었다. 그에 따라 학부 과정에서 코딩 수업을 경험한 적이 있어 도움이 될 수 있겠단 생각에 로봇 수업을 계획한 당사자의 허락 하에 같이 준비하게 되었다."

9월 말까지 모두 수업 주제를 정하고, 대략적인 수업 내용과 예산에 대해 논의했다. 10월 1일 5번째 사전 교육 날부터는 본격적인 지도안 작성에 들어갔다.

2. 지도안 작성

지도안 작성은 2차로 이루어졌다. 첫 지도안 제출은 10월 1일까지였고, 이후 선생님과 교수님의 피드백을 받아 다시 검토 및 수정과정을 거쳤다. 첫 지도안 작성에서는 간단히 중심 수업 내용만 열거했고, 검토 후에는 수업의 전반적인 진행사항을 상세히 묘사했다. 그림 2-1을 보면 자기소개 후 플라스틱에 대한 경험을 언급하여 흥미를 유발하도록 했고 전개 부분에서 개념 설명 부분과 실험 준비, 만들기 과정을 상세히 나누어 기재한 것을 볼 수 있다. 최종적으로 10월 5일에 지도안이 완성되었다.

엘살바도르 교육봉사 수업 지도안

프로그램	PS판을 이용해 열쇠고리 만들기	대 상	엘살바도르-저 / 중 / 고 수준
수업주제	PS판을 이용해 나만의 열쇠고리 만들기		
수업목표	-열가소성을 이해 할 수 있다. -열가소성 플라스틱을 사용해 열쇠고리를 만들 수 있다.		
학습자료	PS판, 유성매직, 네임펜, 그림(캐릭터 등), 가위, 펀치, 휴대폰 고리, 미니오븐, 호일, 면장갑		

학습 내용	교수•학습 활동	시간(분)	자료	유의점
도입	-학생들과 인사하고 간단한 자기소개를 한다. -플라스틱에 대한 경험을 언급하며 수업주제와 준비물들을 소개한다. -줄어들기 전과 줄어든 후의 샘플을 보여주며 흥미를 유발한다.	4분	교재, 활동지, 샘플	준비물이 다 있는지 수업 전 미리 점검한다.
전개	◉열가소성 플라스틱 -열가소성과 열경화성이라는 성질에 대해 설명한다. -열가소성 플라스틱과 열경화성 플라스틱의 화학적 구조를 비교하여 열가소성 플라스틱이 열에 의해 작아지는 원리를 이해하게 한다. -일상생활에서의 열가소성 플라스틱과 열경화성 플라스틱의 예시를 든다. ◉실험 준비 -준비물을 나누어 준다. -열쇠고리를 만드는 방법과 주의점을 설명한다. ◉열쇠고리를 만든다. 1. 각자 PS판에 대고 그릴 원하는 그림을 정한다. 2. 유성매직과 네임펜을 이용해 그린다. 3. 학생들이 그림을 다 그리고 가위로 모양에 맞게 오린다. 4. 펀치로 열쇠고리가 들어갈 구멍을 뚫는다. 5. 오븐에 PS판을 넣고 잠시 기다린다. 6. 완성되면 오븐에서 꺼내서 책으로 5초정도 세게 누른다. 7. 열쇠고리를 끼워 넣는다.	10분 30분	그림 자료, 교재, 활동지 실험 준비물	학생들이 대고 그릴 그림 자료를 넉넉히 준비한다. ·한국어 이름을 PS판 위에 써서 만드는 활동 잘 그리고 있는지 수시로 점검하고 어려운 부분은 도와준다. 오븐사용은 위험하므로 안전에 주의한다. 오븐이 한 개 이므로 차례대로 줄을 서서 기다릴 수 있도록 지도한다. 오븐 안에서 PS판의 변화를 관찰 하게 한다.
정리	-주변을 정리한다. -오븐 안에서 어떤 변화가 있었는지 물어본다. -질문과 추가설명으로 열경화성과 열가소성을 다시 한 번 정리한다. -인사를 하며 마무리 한다.	6분		추가설명: 재활용 or 백화현상
수준별 지도 계획	수준(저) : 플라스틱이라는 물질을 이용해 열쇠고리를 만드는데 중점을 둔다, 수준(중) : 열가소성 플라스틱과 열경화성 플라스틱의 차이와 특징, 종류도 안다. 수준(고) : 여러 열가소성과 열경화성 플라스틱의 화학적 구조를 언급한다.			

그림 2-1 ps판 열쇠고리 만들기 지도안 예시

지도안을 작성할 때는 수업에서 달성하고자 하는 바(수업 목표)를 명확히 하고, 학생들의 흥미를 유발하는 활동을 개발하기 위해 노력했다. 또 지도안을 작성할 때 유의한 점이 있는데, 바로 학생들의 참여를 높이기 위한 다양한 비언어적 의사소통 방법이나 게임 등의 활동을 준비하는 것이었다. 팀을 나눌 때도 교사가 임의로 나누는 것이 아니라, 동요를 듣고 춤을 추며 팀을 만들거나 같은 색의 물건을 뽑아 팀이 이루어지도록 여러 활동요소를 더하는 것에 힘을 쏟았다. 이렇게 수업의 세심한 부분까지 준비해가니 학생들이 실제로 수업에 더 열심히 참여하고 관심도도 매우 높았다. 이 과정에서 현직 선생님들이 피드백이 많은 도움이 되어 수업을 개발할 때 선생님들께 꼭 피드백 받기를 권장한다. 이런 과정을 거쳐 여러 번의 수정 끝에 완성된 최종 지도안을 토대로 대본 작성이 이루어졌다.

3. 대본 작성

10월 8일까지 1차로 한글 대본 작성을 마쳤다. 이후 교수님과 선생님의 검토를 거쳐 10월 12일까지 한글 대본을 수정했는데, 이때는 대본을 간략하게 만드는 데 초점을 두었다. 완성된 한글 대본을 토대로 11월 초까지 번역과정을 거치며 대본을 완성했다. 번역과정에서는 코티처들이 많은 도움을 주었다. 번역기에만 의존하면 문맥이 이상하거나, 정확하지 않은 번역이 이루어질 수 있으므로 대본을 번역할 때는 코티처의 도움을 받는 것이 좋다.

190207 A조 권연수 정전기 수업 대본

<준비물>: 완성된 라이덴병, 풍선, 펀플라이스틱, 금속종이, 빈 알루미늄캔 2개, 플라스틱막대 6개, 천 6피스, 바닥에 inicio랑 meta 표시

<인사>
안녕하세요! 저는 한국에서 온 권연수 선생님입니다.
Hi! I am Kwon Yeonsoo, a teacher from Korea.
¡Hola! Me llamo Yeonsoo y mi nombre en espanol es Amelia. Soy una profesora de corea.

오늘 저와 함께 재미있는 과학수업을 할거예요.
Today, we're going to have a fun science class.
Hoy vamos a tener una clase divertida de ciencia.

여러분은 찌릿찌릿한 전기를 느껴본 적이 있나요? 여러분의 경험을 얘기해주세요.
Have you ever felt tingling electricity?
Bueno, ¿Alguna vez has sentido un hormigueo electrico? Cuentanos tu historia.

(코드를 꼽다가/친구와 부딪혔을 때/고양이 털을 쓰다듬다가 등)

이번 시간에는 정전기가 뭔지 배우고, 정전기를 모아서 전기를 직접 느껴볼 거예요.
In this class, you will learn about static electricity, collect the static electricity and feel the electricity.
En esta clase, ustedes van a aprender sobre la electricidad estática, siguiente sentir la electricidad, y finalmente jugar un juego.

<실험1-풍선, 개념설명>
먼저, 풍선을 만들어주세요. 두 명당 하나씩. 묶으세요.
Primero, inflen un globo. Un globo por pareja. Amarrenlo.

그 다음, 풍선을 옷에 문지른 후 머리카락에 가까이 가져가 보세요.
Siguiente, froten sus globos en su ropa y acerquenlos a su cabello.

(학생 인원이 많을 경우 학생들에게 풍선을 주지 않고 교사가 풍선 한 개를 가지고 보여주는 편이 나음)

어떤가요? 머리카락이 풍선에 달라붙어요. 왜 이런 현상이 일어나는 것일까요?
What happens? Right, the hairs cling to the balloon. Why does this happen?
¿Qué pasa? Correcto, los pelos se adhieren al globo. ¿Por qué pasó esto?

왜냐하면 옷과 풍선을 마찰시킬 때 정전기(마찰전기)가 발생했기 때문이에요.
It is because the static electricity is generated when you rub your balloon on your clothes.
Se debe a que se ha generado electricidad estática.

이제, 선생님들에게 풍선을 주세요.
Ahora, deben regresar los globos a sus maestras.

[개념설명 - 고학년]
설명할게요.
Voy a explicarlo.

그림 2-2 정전기 수업 대본 중 일부

그림 2-2는 이런 과정을 거쳐 완성된 최종 대본이다. 한글, 영어, 스페인어로 동시 번역을 했으며 문장은 최대한 간결하게 했다. 위 사진의 문장 길이 정도로 만드는 것이 좋고, 스페인어 대사가 2줄이 넘어가면 긴 편이므로 수정하는 것이 좋다. 즉 가능한 한 줄 안에 말할 수 있도록 짧게 준비하는 것을 추천한다. 스페인어가 모국어가 아니다 보니, 문장이 길어지면 외우기도 힘들고 학생들 입장에서 발음도 부정확하기에 이해하기 어렵기 때문이다. 대본이 완성된 다음에는 조별로 수업을 시연해봤다. 시연하면서 수정할 부분이나 필요한 것들을 확인하고, 어떤 보조 자료가 필요할지 상의했다. 그런 뒤 교재 제작을 시작했다.

4. 교재 제작

교재와 유인물, 보조자료 제작 과정을 차례로 설명한다.

1) 교과서 제작

정전기 수업의 교과서를 예시로 들어 설명한다.

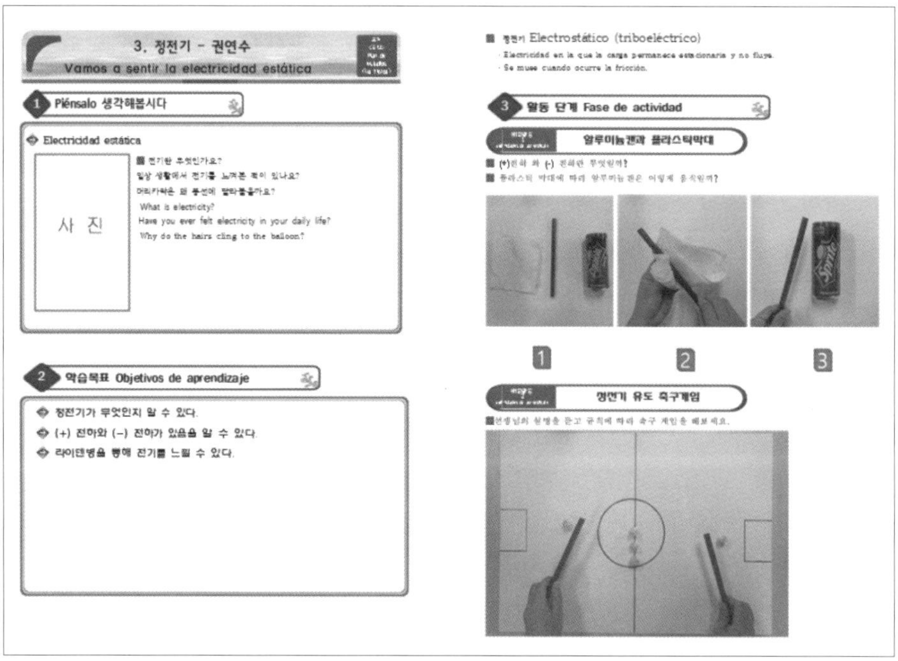

그림 2-3 정전기 수업 교과서 수정 전 (1)

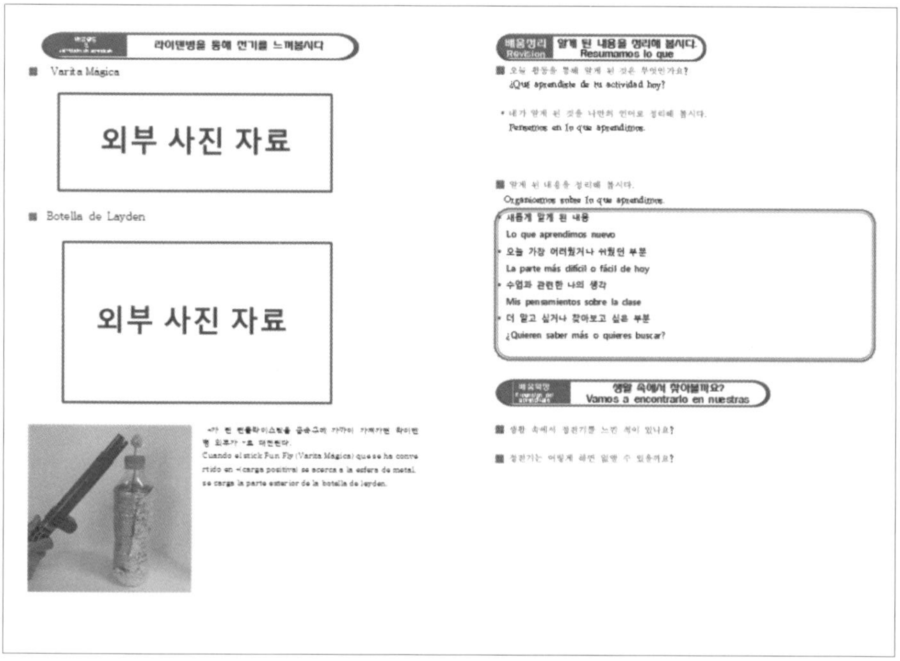

그림 2-4 정전기 수업 교과서 수정 전 (2)

우리는 11월 5일까지 교과서, 유인물 제작을 마치고, 11월 12일까지 번역을 마쳤다. 그림 2-3, 2-4를 살펴보면 대략적인 교과서의 틀만 잡아놓고, 수업 구성에 따라 차례로 주요 활동 내용을 배치한 것을 알 수 있다. 사진도 임시로 자리만 잡아놓거나, 간단하게 제작했다. 제작한 내용을 토대로 피드백을 받아 정확히 수정하기 위해서였다. 처음부터 완벽히 하려는 것보다, 이렇게 활동을 단위로 개요를 먼저 작성해 보는 것을 추천한다.

교과서를 어떻게 제작해야 할지 고민 중이라면 이 개요대로 작성하는 걸 추천한다. 도입 부분 - 학습 목표 - 활동단계 - 배움 정리 - 배움 확장 순으로 단계를 나눠 작성하면 훨씬 더 체계적이고 수업하기에도 좋고 보기에도 좋다.

도입 부분에서는 학생들의 흥미를 유도하기 위해 재미있는 사진이나 호기심을 자극하는 사진을 첨부해서 수업을 전개한다. 학습 목표는 오늘 배울 중심 내용을 함축해야 하며 최대한 간결하고 이해하기 쉬운 문장으로 쓰는 것이 좋다. 활동단계에서는 수업 시간에 할 학습 활동을 구성해서 구체적인 사진과 함께 작성한다. 활동은 2~3개 정도가 적당하며, 더 적거나 많으면 시간 배분이 힘들 수 있다. 줄글보다는 짧은 설명과 이해하기 쉬운 사진을 구체적으로 첨부해서 학습에 도움이 되도록 하면 좋다. 배움 정리와 배움 확장은 학생들의 효과적인 복습과 앞으로의 학습 확장에 꼭 필요하므로 이 단계를 꼭 추가해서 다시 배운 내용을 한 번 더 상기시켜주는 것이 좋다.

참고로 위 교과서의 외부 사진 자료 부분은 저작권 문제로 생략했으나, 학습에 도움이 되는 그림 자료는 교육 목적으로는 사용 가능하다.

그림 2-5와 2-6은 교과서의 번역까지 마친 최종본이다. 피드백 받은 내용을 토대로 교과서를 수정하고 11월 12일까지 스페인어로 번역해 보기 좋게 편집을 마쳤다. 수정 전보다 내용이 자세하고 활동과정이 구체적으로 나타나 있음을 볼 수 있다. 이 과정에서도 수업에 도움이 될 만한 외부 자료를 가져와 첨부했다. 직접 제작하기 어려운 자료라면 인터넷 검색을 활용할 것을 추천한다.

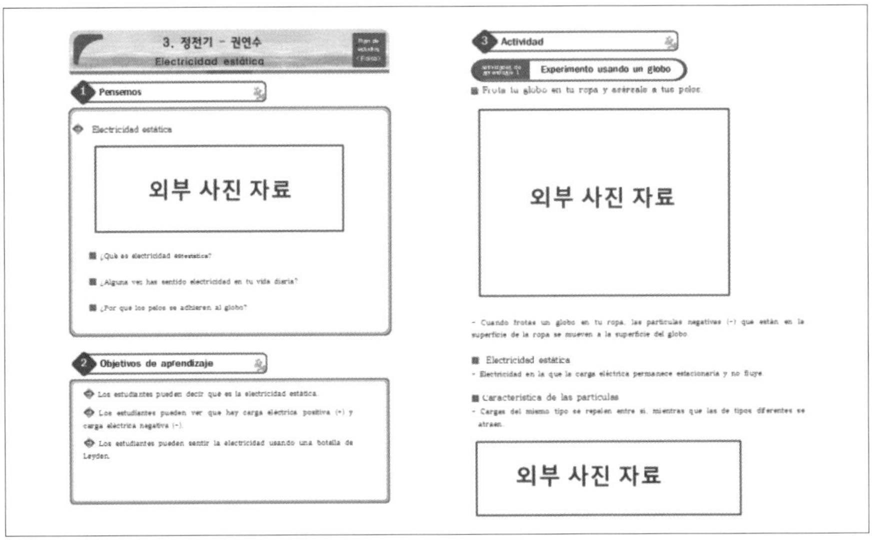

그림 2-5 정전기 수업 교과서 수정 후 (1)

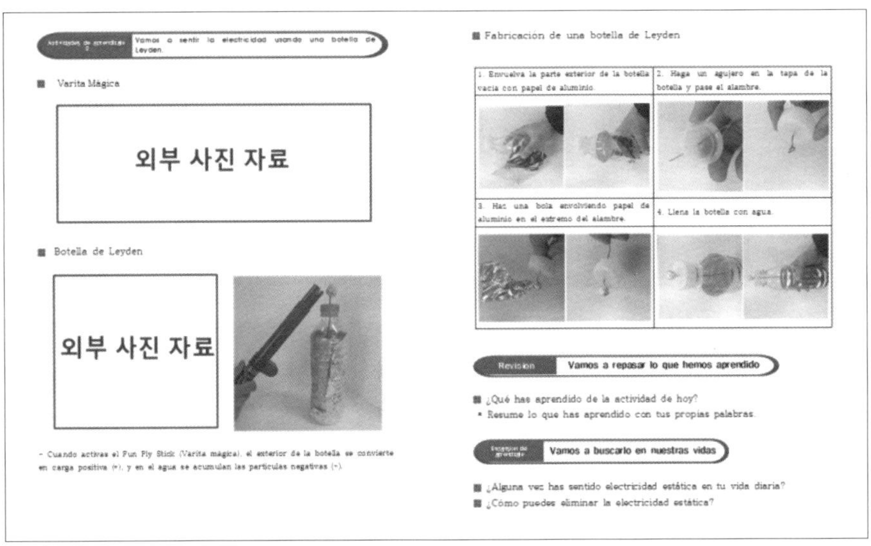

그림 2-6 정전기 수업 교과서 수정 후 (2)

2) 수업 자료 제작

우리는 교과서 외에도 수업에 필요한 보조 자료를 제작했는데, 이는 수업에 따라 천차만별이므로 각 수업 별로 수업 자료를 제작할 때 참고한 자료나 방법을 소개한다.

① 지구본 만들기 수업

http://www.edunet.net/nedu/main/mainForm.do 사이트를 참고했다.

② 멸치 해부 수업

현직교사가 운영하는 네이버 블로그에서 '멸치 해부도'를 얻었다. 그것을 스페인어로 번역해, 수업에 활용했다.

③ 리코더 수업

악보와 리코더 운지법을 만드는 것이 가장 중요하므로 인터넷 검색을 통해 사진을 찾고 이것을 다시 파워포인트로 만들었다. 마지막으로 pdf로 변환해 유인물을 제작했다. 대부분 수업 자료를 제작할 때 파워포인트가 가장 유용했던 것 같다. 수업 준비는 리코더 가르치기, 운지법, 아리랑 등등 유튜브 동영상을 많이 참고했다.

④ 로봇 코딩 수업

위드봇 사이트 자료실(http://www.dronics.kr/)에서 사용할 수 있는 앱이나 게임에 대한 설명을 참고하여 수업을 구성했다.

⑤ 색이 변하는 꽃

과학수업의 경우, 'LG사이언스'를 추천한다. 많은 재밌는 실험을 갖춘 과학 수업들이 영상과 함께 잘 구비 되어 있다. 과학수업을 할 때 참고하면 좋을 것 같다.

⑥ 프랙탈 카드 만들기

RISS 사이트에서 프랙탈 카드 만들기 관련 논문 자료를 참고했다. EBS에서 제작한 프랙탈 관련 영상도 참고했다.

⑦ 정전기 수업

EBS 사이트에서 '정전기' 관련 인터넷 강의를 참고했다.

⑧ PS판 열쇠고리 만들기, 태권도, 세계여행 버킷리스트 수업

봉사활동 카페에 올라와 있는 전 기수의 수업 자료를 참고했다. 이를 토대로 연구를 해서 수업을 발전시켰다.

⑨ 모세관 현상

주로 유튜브에서 실험 영상을 여러 개 찾아보고 좋은 것들을 골라 수업에 참고했다.

5. 준비물 신청

대본과 교재를 작성하는 것과 동시에 수업을 시연하는 과정이 필요했다. 생각만 하는 것보다 실제 수업을 해보는 것이 수정할 부분을 찾는 데 도움이 되고, 더 좋은 방안을 생각할 수 있었기 때문이었다. 이때 수업 시연을 하기 위한 준비물이 필요했기에, 미리 시연을 위한 준비물을 일부 사면 어떻겠냐는 의견이 있었다. 이 의견이 받아들여져서 준비물 신청은 2차로 이루어졌다. 실제로 한꺼번에 다 사는 것보다, 조금씩 사고 수정된 부분을 고려해 최종 준비물을 신청하는 것이 효율 면에서 더 좋았다. 봉사를 준비하고 있다면 준비물 신청은 이렇게 2차로 나누어 하는 것이 좋다.

준비물 1차 신청일은 10월 13일이었다. 그림 10과 같이 엑셀을 사용해 준비물을 신청하는 데, 이때 인터넷 상품 검색 주소까지 포함해서 신청하며, 색상이나 세부 종류 등 선택 사항을 모두 명시해야 한다. 수령 및 확인이 10월 23일까지 이루어졌고, 이때 준비물을 사용해 수업 시연을 했다. 더 수정하거나 보완하면서 최종 물품 신청은 11월 26일까지 그림 2-7과 같이 이루어졌다.

조	과목	담당		주문비용							
			총계	382,173							
A	공통		소계	6,900	딱지만들기						
					연번	품 명	규격	단위	수량	단가	금액
					1	마분지 8절	8절	표	1	6,900	6,900
	화학	최준범	소계	5,210	색이 변하는 요술 꽃						
					연번	품 명	규격	단위	수량	단가	금액
					1	방수코팅제		개	1	4,680	4,680
					2	꽃 철사	72cm (27호)	개	1	530	530
	생물	박가영	소계	32,320	멸치해부						
					연번	품 명	규격	단위	수량	단가	금액
					1	국물용 멸치	500g	개	1	4,800	4,800
					2	핀셋(TS-15)	122mm	개	36	550	19,800
					3	어린이용 크린장갑	30매입*5개	개	1	4580	4,580
					4	슬라이드글라이스	50개	개	1	3140	3,140
	물리	권연수	소계	47,420	정전기						
					연번	품 명	규격	단위	수량	단가	금액
					1	펀플라이스틱	대략 60x15x8	박스	1	16,900	16,900
					2	05-i 백셀알카라인벌크AA		20개입	1	6,500	6,500
					3	호일/ 선택4 30*30	30cm*30m	개	1	3,600	3,600
					4	도화지 4절	4절	장	4	500	2,000
					5	풍선 일반30cm혼합100개입	30cm	100개입	1	7,700	7,700
					6	플라스틱막대	10mm*200mm	개	6	620	3,720
					7	선택4/스티로폼 공30mm	30mm	20개입	1	1,000	1,000
					8	칼라철사 3.0mm 은색	3.0mm	개	2	3,000	6,000

그림 2-7 1차 준비물 예산안 중 일부

1차 준비물 신청은 수업 시연을 위해 필요한 준비물만을 신청했기에 비용이 얼마 들지 않았다. 이때 수업 시연을 한 뒤 최종적으로 준비물 수량을 결정하게 되었다.

최종 준비물을 신청(그림 2-8)할 때 현지 사정을 엘살바도르 대학 관계자, 코티처분들과 미리 전화로 사전 조사해서 이를 참고해 구매했다. 사용할 수 있는 제품인지, 현지에 있는지 여러 점등을 고려할 수 있어서 화상 전화가 많은 도움이 되었다. 최종적으로 준비물을 구입 할 때는 꼼꼼하게 알아보고 구매해야 한다. 만약 구매한 재료를 현지에 가서 사용하지 못하게 된다면, 예산 낭비가 커지기 때문이다. 현지에 전화를 해보거나, 꼼꼼히 조사하여 최종 준비물 신청할 때 필요한 수량과 항목을 정확히 신청해야한다.[5]

조	과목	담당		주문비용								
			총계	1,931,279		배송비 총계	97,000			최종 금액	2,028,279	
	전체		소계	523,990								
					연번	품 명	규격	단위	수량	단가	금액	배송비
						포토프린터 셀피 1300		대	1	124,390	124,390	2,500
						포토프린터 인화지 CP1300 전용	108장	세트	5	34,960	174,800	2,500
						프린터 Canon G3100		대	1	189,000	189,000	
						프린터 캐논 잉크 C0090	250mL (뾰족캡)검정	개	2	4,700	9,400	2,500
						프린터 캐논 잉크 C0090	250mL (뾰족캡)노랑	개	2	4,400	8,800	
						프린터 캐논 잉크 C0090	250mL (뾰족캡)빨강	개	2	4,400	8,800	
						프린터 캐논 잉크 C0090	250mL (뾰족캡)파랑	개	2	4,400	8,800	
A	공통		소계	37,220	딱지만들기							
					연번	품 명	규격	단위	수량	단가	금액	배송비
					1	마분지 8절	8절	포	3	6,900	20,700	0
					2	유성매직	12색	개	4	4,130	16,520	0
	화학	최준범	소계	27,200	색이 변하는 요술 꽃							
					연번	품 명	규격	단위	수량	단가	금액	배송비
					1	방수코팅제	2개 1세트	세트	1	6,110	6,110	0
					2	꽃 철사	23호	개	5	800	4,000	0
					3	미니 분무기	100ml 검은색캡	개	10	770	7,700	0
					4	일회용 장갑	500매	세트	1	3,990	3,990	0
					5	가위		개	10	540	5,400	2,500

그림 2-8 최종 준비물 예산안 중 일부

꿀 TIP 현지 물품 구매

준비물은 가능한 한국에서 모두 준비해 가는 것이 좋다. 하지만 아무리 꼼꼼하게 준비물을 챙겨도 현지에 가면 더 필요한 게 생기기 마련이다. 예를 들어 수업 방법이나 내용이 일부 변경되는 경우 추가로 필요한 물품이 생기기도 한다. 이렇게 부득이한 경우 현지에서 수업 준비물을 구할 수 있도록 예비비를 준비해 간다. 그렇다고 해서 준비물을 빠짐없이 챙기는 것을 게을리 해서는 안 된다.

6. 수업 시연

수업 시연은 앞선 과정을 준비하면서 조끼리 모여 연습했다. 수업 시연을 통해 조원의 피드백을 받아 수업을 수정할 수 있으므로 이 과정은 항상 필요하고 여러 번 해볼 것을 강조한다. '좋은 수업은 항상 발전하려고 하는 수업이다.'라는 말이 있듯이 수업 시연을 자주 가지며 수정한다면 모두 좋은 수업을 할 수 있다.

수업 시연을 할 때는 앉아서 간략하게 하는 것이 아니다. 준비된 교과서와 준비물을 이용해 조원을 학생이라고 생각하고 수업한다(그림 2-9). 실제 수업이 아니라고 생각할 경우 생략하는 부분이 많아져 변수에 대응하기 어렵다. '이런 것까지 해야 하나?' 싶을 정도로 모든 과정을 빠트리지 않고 시연한다

5 예산을 항상 효율적으로 쓰는 것은 아니다. 엘살바도르 봉사활동 장면을 촬영하기 위해 드론을 구입해 갔지만, 현지에 바람이 항상 너무 많이 불어서 활동 촬영이 매우 어려웠고, 거의 무용지물이 되어버렸다.

면 현지에서 최고의 수업을 보여줄 수 있을 것이다.

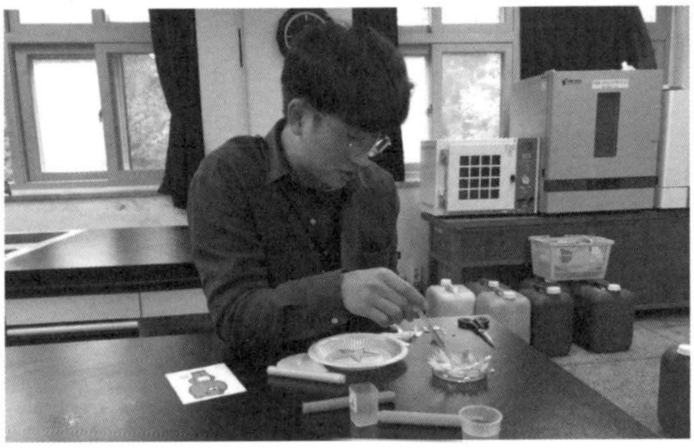

그림 2-9 실험 도구를 사용하며 수업시연

그림 2-10 색이 변하는 꽃 수업 시연

수업 시연을 처음 할 때는 한글 대본으로 먼저 수업을 익히고, 어느 정도 연습이 된 후에는 스페인어 대본으로 진행하는 것이 좋다. 현지에 도착해서도 시연을 많이 하는 것이 좋으며 이때 조원들의 피드백이 꼭 필요하다(그림 2-10).

수업 시연은 엘살바도르 현지에 가서도 하였다. 엘살바도르 국립대학 강의실에서 코티처들을 앞에 두고 처음으로 스페인어로 수업을 하는데, 이것은 단원들에 수업 연습을 하는 기회이기도 하며, 코티처들이 수업을 직접 경험하는 기회이기도 하다. 긴장한 봉사 단원에게 수업 연습은 매우 힘든 시간이었지만, 그 수업을 듣는 엘살바도르 코티처의 표정은 그렇게 행복할 수가 없었다. 외국 사람이 잘 못하는 한국말로 힘들여 수업하는 것을 보는 것을 상상해 보라!

수업 준비과정 정리표 작성

교육 봉사활동에서 수업을 준비하고 정리하는 과정은 매우 중요하다. 출국하기 전까지 수업 주제 선정에서 수업 시연까지 모든 과정은 일정, 내용별로 정리를 한다. 부록 5의 수업 준비과정 정리표를 참고한다.

7. 수업 준비할 때 조언

수업을 준비하면서 예상하지 못했던 일들도 많이 일어났고, '이 부분을 고려하면 좋겠다.'라는 생각이 든 경우가 많았다. 현지에 가서 미리 준비하지 못해 아쉬웠던 점들을 토대로 다음 봉사단을 위해 조언을 9가지로 정리했다. 수업 준비 전에 여러 번 읽어보고 효율적으로 수업을 준비하면 좋겠다.

1) 최대한 많은 수업상황을 고려해보고 수업을 준비하기

대본대로 척척 진행되는 수업은 절대 할 수 없다고 생각하는 것이 좋다. 반마다 분위기와 학생 참여도는 천차만별이다. 게다가 수업을 위한 최적의 장소가 지원되는 것도 아니다. 우리는 사람들이 다니는 복도에서 수업하거나, 굉장히 비좁은 장소에서 수업하기도 했다. 이렇듯 없으면 대체할 수단을 생각해 놓는 것이 꼭 필요하다. 또 뭔가를 만들거나 몸으로 하는 수업의 경우, 몸이 불편한 학생들이 있을 수 있다. 이러한 상황을 고려해서 수업 활동을 여러 가지 구상해 수업을 유연하게 이끌어 나가야 한다.

2) 수업 대본은 간결하고 쉽게 작성하기

보통 처음에는 부푼 마음에 최대한 자세하고 복잡하게 대본을 작성한다. 하지만 그대로 수업을 진행하는 경우는 거의 없다. 긴 대본은 외우기 힘들고 발음도 어렵기 때문에 학생들이 제대로 이해하지 못하는 경우가 많다. 핵심만 최대한 간결하게 작성해야 한다. 그리고 봉사하기 전에 충분한 수정과 연습을 거쳐서 미리 완성된 대본을 가지고 봉사활동에 참여해라. 현지에서 수업 대본을 준비할 시간은 있지만 이때는 현지 사정과 학생 수준을 고려해 조금씩 수정할 뿐이므로, 미리 대본을 철저히 준비하는 것이 학생들에게 좋은 수업을 해 주는 길이다.

3) 다른 단원들의 여러 의견을 듣고 받아들이는 태도를 갖기

백지장도 맞들면 낫다고 혼자 생각해서 수업을 준비하는 것도 좋지만, 단원들의 조언을 듣고 참고한다면 더 좋은 수업이 될 수 있다. 나의 수업에 대해 해주는 조언은 최고의 수업을 할 수 있도록 도와주는 소중한 말이다. 그렇기에 나와 생각이 다르더라도 단원들의 말을 경청하고 필요한 부분은 적극적으로 반영하자.

내 수업의 변화를 살펴보자!

봉사활동을 나갈 때에는 디지털 캠코더를 가지고 가서 여러 장면을 촬영한다. 단원들의 수업도 1번씩은 촬영하는데, 원하는 경우에는 여러 번 촬영할 수 있다. 동일한 수업을 여러 번 반복하면서 어떻게 변화 발전해 나가는지 동영상을 보며 반성해 보는 것도 매우 의미 있는 활동이다.

4) 각자 맡은 소임을 충실하게 수행하기

봉사활동을 처음 시작할 때, 각자 역할을 나누어 봉사활동 준비를 하게 된다. 우리가 이끌어 나가는 봉사활동인 만큼, 자신의 역할을 충분히 인지하고 자기 일을 스스로 찾아 해야 한다. 봉사활동을 준비하는 데 필요한 한 부분의 책임자가 되었다고 생각하자. 좋은 의견을 제안하고, 봉사활동 출국 전에 자신이 맡은 부분에 대해 완벽히 준비할 수 있도록 노력하는 것이 필요하다.

5) 스페인어 회화 공부하기

스페인어 공부는 모든 단원이 입을 모아 말한 가장 중요하다고 생각하는 조언이다. 가능하다면 사전 교육 기간에 스페인어 대본을 완벽히 숙지하는 것이 좋다. 수업할 때, 우리 대부분은 대본을 보고 읽느라 즉각적인 학생들의 반응을 잘 살필 수 없던 것이 항상 아쉬웠다. 수업할 때 비언어적인 의사소통도 매우 중요한데, 그 부분이 너무 미흡해서 아쉬운 수업을 할 때가 많았다. 수업하면서 학생들의 반응도 살피고, 서로 소통하는 수업을 진행할 수 있도록 꼭 대본을 숙지해가자. 그리고 대본 외에도 수업 때 학생들과 의사소통할 수 있는 간단한 스페인어 표현도 미리 알아가면 많은 도움이 된다. 앞서 말한 내용처럼, 절대 수업은 대본대로만 진행되지 않는다. 최대한 많은 표현을 알아가는 것이 수업에서 큰 빛을 발한다. 이에 그치지 않고 더 공부해서 인사나 안부 묻기, 이름·나이 물어보기, 취미 물어보기 등의 기초적인 회화를 할 수 있는 정도까지 공부해 간다면 정말 좋을 것 같다. 스페인어 공부의 중요성은 계속 강조해도 부족하다. 정말 열심히 공부했으면 좋겠다.

6) 수업 준비를 완벽히 해 가기

자기 수업에 자부심을 품고 필사적으로 매달려야 한다. 그 나라의 학생들에게는 처음이자 마지막일 수 있는 소중한 수업이다. 그런 학생들에게 대충 준비한 수업을 할 수 없다. 하나라도 더 알려주기 위해서 한국에 있을 때 준비를 완벽히 마치면 좋겠다. 우리 대부분은 출국 후 수업을 많이 수정했는데, 그렇게 하니 교과서도 제대로 안 쓰게 되고 기존 준비했던 것과 많이 틀어지게 됐다. 그래서 수업 대본 같은 경우 제본해 놓은 것을 아예 보지도 않았고, 그 나라에서 새롭게 준비하느라 준비물부터 수업 준비에 제약을 너무 많이 받았다. 아무리 많이 준비해도 충분하지 않다. 정말 할 수 있는 한 수업 준비를 모두 해 가고, 초중고 학생 수준을 고려해 수업도 수준별로 준비해가면 좋다. 학생들의 나이와 학업 수준이 다양할 수 있기 때문이다. 또 예기치 못한 상황으로 수업 활동에 문제가 생겼을 때를 대비하여 예비 활동을 한 두 가지 정도 준비하면 좋다. 이렇게 준비한 수업들은 꼭 많은 수업 시연을 통해 수정을 거쳐야 한다(그림 2-11). 생각해보는 것과 직접 해보는 것은 다르다. 이를 명심하자!

그림 2-11 엘살바도르 국립대 수업시연 장면

7) 준비물은 넉넉하게 주문하기

갑자기 수업 차수나 학생 수가 늘어날 수 있다. 이처럼 현지 상황은 항상 바뀔 수 있으니 준비물은 넉넉하게 주문하는 것이 좋다. 특히 현지에서 수급이 어려운 재료는 더 여유 있게 준비해야 한다. 준비물을 남긴다는 생각으로 무조건 여유 있게 준비할 것을 명심하자!

8) 영어 회화 공부하기

수업 중에는 스페인어를 통해 학생들과 소통해야 하지만 그 외에는 코티처들과 영어로 대화를 하므로 영어 회화를 공부해 가는 것이 좋다. 코티처들과 소통하고 싶어도 영어 실력이 부족해 힘들어하는 단원들이 많았다. 미리 영어 회화도 공부해간다면 코티처들과 대화할 때 더 편하고 깊이 있는 대화도 나눌 수 있다.

9) 내 수업뿐만 아니라 조원들 수업도 숙지하기

한 수업을 진행할 때, 조끼리 들어가서 한 수업을 같이하게 된다. 내 수업뿐 아니라 다른 조원들의 수업도 여러 번 하게 되는데, 내용을 모르고 있으면 학생들을 제대로 도와줄 수가 없다. 자신의 수업을 숙지했다면, 조원들 수업 대본도 읽어보고 의견도 내면서 조원 수업도 철저히 준비할 필요가 있다. 좋은 수업은 나 혼자서 만들 수 있는 것이 아니라, 조원 모두가 힘을 합쳤을 때 비로소 좋은 수업을 할 수 있게 되기 때문이다.

꿀 TIP 다른 사람의 짐도 살펴보며 챙겨주자!

공항으로 이동하는 단체 버스 선반에서 지도를 내리지 않은 것을 나중에 알았고, 마침 후발대로 오는 김미식 선생님께 부탁하여 가지고 갈 수 있었다. 지도를 운반할 때에는 포스터통에 넣는 것이 더 잘 눈에 띌 것 같다. 버스에서 내리거나 공항에서 짐을 찾거나 할 때 자기 짐 뿐 아니라 다른 사람의 짐도 챙겨주는 태도가 필요하다.

8. 수업 준비 시 우리들의 일화

우리는 봉사활동을 준비하기 위해, 9월부터 1월까지 고민도 많이 하고 조언도 받으며 수업을 수정해 나갔다. 수업을 보완하는 동안 웃지 못 할 일들이 많이 일어났는데 여기에서는 우리가 수업을 준비할 때 있었던 일화들을 얘기하려고 한다. 일화를 참고해서 수업에 적용하거나 아이디어를 얻는 데 도움이 되었으면 좋겠다. 일화는 크게 수업 주제 선택, 수업 시연, 교과서 제작, 준비물 준비과정에서 생긴 일로 나눠서 정리했다.

1) 수업 주제 선택

"처음에 작년 자료를 보고, 물관 관찰 수업을 선택했다가 준비물 신청 기간에 멸치 해부 수업으로 바꿨다. 잘한 결정인지 걱정이 많았는데 수업을 해보니 너무 잘한 선택인 것 같았다. 멸치 해부 수업에서 학생들이 신기해하고 많이 배워가는 것 같아서 많이 뿌듯했다. 수업 주제를 선택할 때, 학생들이 흥미로워할 것 같은 주제를 선택하는 것이 좋다."

"기존에 진행된 수업을 하게 되어 수업 자료나 대본 준비 부분에서 많은 도움을 받았다. 그렇다고 작년 그대로 수업을 진행하지 않고, 많은 부분을 수정했더니 더 좋은 수업으로 탄생될 수 있었다. 다른 학생들도 전 기수에서 했던 수업 주제를 그대로 하는 경우가 많은데, 그대로 진행하기 보다는 자신의 수업 방향이나 스타일에 맞춰 수정하면 좋다."

"원래 스파게티 면을 이용하여 탑을 쌓고, 마시멜로를 구조물의 가장 높은 곳에 올려 버티는 '마시멜로 챌린지' 수업을 진행하려고 했다. 저렴한 '음식 재료'를 사용하기 때문에 현지에서 쉽게 구할 수 있을 것 같았다. 그런데 한재영 교수님이 해당 현지 사정을 고려하여 음식으로 수업을 진행하는 것은 좋지 않다고 말해주셨다. 음식 재료가 귀중한 현지에서 좋지 않은 인상을 줄 수 있다는 말씀 때문이었는데, 정말 생각해보지 못한 부분이라 당황했었다. 이렇게 우리에게는 문제가 되지 않을 수 있는 것이 현지에서는 어떨지 모르기 때문에 세심하게 고려해서 준비하는 자세가 필요하다."

2) 수업 시연

"단원이 수업 시연 때마다 마카롱과 음료수 등 먹을 것을 자주 사 와서 더 즐겁게 수업 시연을 했었다. 크게 말하고 수업을 하다 보면 당이 떨어지므로 간식을 준비하면 좋다."

"준비물 신청 전까지 많은 수업 시연을 해봐야한다. 수업을 실제로 직접 진행하다 보면 부족한 부분이 보이게 되고, 또 새로운 아이디어가 많이 생긴다. 단순히 머릿속으로 생각해보는 것과는 차원이 다르다. 나는 수업 시연을 늦게부터 시작해서 뒤늦게 '수준별 수업'을 준비해야겠다고 생각했다. 그래서 준비물 신청 기간에 준비물을 구매하지 못하고 늦게 구매하게 되었는데 따로 준비물을 구입하느라 번거로웠다."

"주제를 선택한 후에는 전년도에 그 주제를 수업했던 단원에게 자료와 조언을 부탁하는 것이 좋다. 지도안, 교과서, 대본 이외에도 수업에 관한 팁을 얻을 수 있다. 나는 교과서 파일을 얻어 교과서를 제작할 때 큰 도움이 되었다."

"개인 수업을 준비하며 오븐에 PS 판을 구워보는 연습을 많이 했다. 처음엔 혼자 해보다가, 익숙해질 때쯤 단원들뿐 아니라 학과 사람들까지 동원해 함께 열쇠고리를 만들어 보았다. 미리 수업 시연을 많이 해서 여유가 생기고 참여해준 친구들이 너무 재밌어 해서 아이들 반응도 좋을 것이라는 기대가 되었다. 가기 전에 수업 시연을 많이 하면 수업 질이 향상될 뿐만 아니라, 수업에 대한 확신, 또 자신감도 생기는 것 같다."

"우리는 조별 수업주제를 '도미노 스틱'으로 정하고 연습보다는 지도안작성, 대본작성에만 열중했다. 반복활동이라고 생각해 실전연습을 하지 않고 있다가 출국 2주 전쯤 연습을 해보았는데, 생각보다 너무 어렵고 활동이 쉽지 않아서 급하게 주제를 바꾸었다. 미리 연습했다면 더 일찍 주제를 바꾸고 준비를 제대로 할 수 있었을 것이라는 생각이 들었고 급하게 수업을 바꾸느라 아쉬움이 많이 남았다. 항상 사전에 뭐든 미리 준비하는 것이 좋다."

"현지에 픽토그램이라는 단어가 많이 사용되지 않는다고 코티처가 말해 주었다. 그래서 이 단어 대신 제스처로 변경해 수업을 진행했다. 현지에서 익숙한 그림으로 선정했으면 더 좋았을 것 같다는 아쉬움이 남는다. 다음에 수업을 진행하게 된다면 미리 현지 사정을 조사해서 더 많은 반응을 끌어내야겠다고 생각했다."

3) 교과서 제작

교과서를 제작할 때, 자기가 수업하는 부분을 만들어 모았다. 그러다 보니 글씨 크기와 형식에 차이가 컸다. 모든 도형과 그림을 '글자처럼 취급'하고 글씨체와 글씨 크기를 하나로 통일 하느라 정말 힘들었던 기억이 난다. 다음부터는 기본 형식과 표준 규격을 정하고 제작하면 편할 것 같다고 생각했다.

4) 준비물 준비과정

그림 2-12는 단원들이 모여 준비물을 배분하고 포장하는 장면이다.

그림 2-12 준비물 배분 및 포장

"준비물 신청한 것을 현지에 다 들고 가지 못했다. 무게 제한 때문에 도저히 다 들고 갈 수가 없었기 때문이다. 다행히 부족한 것들은 구매하거나 빌려와서 수업을 진행하긴 했지만 많이 당황스러웠다. 무게도 고려하여 준비물 구매 계획을 세워야겠다고 느꼈다."

"준비물 신청 과정에서 애를 많이 먹었다. 첫 번째로, 건전지가 잘못 와서 따로 사비로 구매했다. 두 번째로, 로봇 수업을 진행했는데, 블루투스모듈이 고장 난 제품이 여럿 있었다. 이를 출국일 즈음 알아서 교환할 시간이 없었다. '그냥 왔으니까 괜찮겠지'라고 생각하다가 이 과정에서 많이 막혔다. 뭐든 과도한 준비는 없는 것 같다. 항상 미리미리 확인해봐야겠다고 느꼈다. 초심을 잃지 말자! 그리고 기간이 닥쳐서 준비물을 구매하게 되면 잘못된 제품이 왔을 경우 반품 할 시간이 없다. 봉사활동을 다음에 간다면 꼭, 준비물을 미리 여유 있게 시키고, 도착 후에는 확인하라고 두 번, 세 번 강조하고 싶다."

"모든 물품은 반드시 즉시 확인해야 한다. 수업 준비물이나 공동 구매 물품은 수령하는 즉시 모두 하나하나 확인해야 한다. 이것은 교사로서 수업 준비를 위해 필수적으로 몸에 익혀야 하는 과정이다."

"우리 조는 태권도 수업을 진행했다. 수업 시연을 하다 보니 마지막에 학생들이 송판을 직접 깨는 경험을 할 수 있으면 좋겠다는 생각이 들었다. 하지만 그때는 바로 해외 봉사 출발하기 하루 전이었고, 출발 하루 전날 준비물 예산 추가 지원에 대해 말씀을 드려볼까 엄청나게 고민을 하다가 우선 사비로 구매를 했다. 밤까지 계속 고민하다가 교수님께 말씀드렸는데 선뜻 허락해주셔서 정말 감사했다."

꿀 TIP 수업 준비에 대한 단장의 조언

이 봉사활동에서 자신의 전공과 다른 내용을 수업하는 경우 받는 스트레스는 매우 클 것이다. 부디 편하게 생각하라. 실험/활동/만들기/체험 등이 의도된 대로 되지 않으면 왜 안 되었는지 문제를 찾으면 될 뿐이다. 그렇게 문제를 찾아 고치기 위해 이렇게 수업시연 연습을 현지에 와서 하는 것이다. 임용고시 합격하여 현직 교사가 된 사람도 자기 전공 내용으로 하는 수업을 첫 수업부터 성공적이고 만족스럽게 하는 경우는 한 명도 없다. 진짜 한 명도 없다. 수업이 제대로 되지 않았을 때 본인의 문제를 찾아내고, 학생들이 왜 못하는지 원인을 계속 찾아나가는 것, 그것이 바로 교사가 하는 일이다. 즉, 교육 봉사단원은 그런 교사가 되는 연습을 하고 있는 것이다.

3장

역할

우리는 첫 회의 때 해외봉사에 필요한 역할이 무엇이 있을지 고민해 보고 자신이 맡아 역할을 잘 할 수 있는 것들을 단원들과 나눠서 담당했다. 또한 한국에선 미처 생각지 못했던 역할은 현지에서 필요할 때마다 나눠서 맡곤 했다. 우리가 해외봉사를 무사히 끝낼 수 있던 것은 단원들이 자신의 역할을 잘 마무리해준 덕분이라고 생각한다. 이 장은 봉사활동에 필요한 단원의 역할을 소개하기 위해서 그들의 인터뷰를 토대로 작성했다. 대부분의 단원은 자신이 맡았던 역할의 전문가가 아니기에 많이 힘들어 했지만, 그럼에도 불구하고 서로가 부족한 점을 메워주어 무사히 완수할 수 있었다. 그렇다면 이제부터 각 역할을 담당한 단원들의 이야기를 들어보도록 하자.

1. 역할 소개

1) 단장

단장은 해외 봉사활동 제안서 작성에서부터 결과발표까지 전체 과정을 총괄한다. 즉 면접을 통해 단원들을 선별한 후에 전체적인 준비와 회의 등 총 관리를 맡는다. 사전 준비 과정에서는 회의를 주도적으로 진행하고 단원들의 반성일지에 대해 피드백을 했다. 또한 우리가 현지 학교에 대해 궁금한 점이 있다면 현지 학교 관련 담당자와 화상통화를 통해 우리에게 필요한 정보를 전달해줬다.

현지에서는 우리들의 수업을 참관해 조언을 해주고 현지 학교의 여러 일정들을 조율해 관리해줬다. 매일 밤에는 하루 동안의 봉사 일지를 작성해 채팅방에 올려 단원들이 공유할 수 있도록 해줬다. 아래는 교수님의 일지의 일부를 발췌한 것이다. 귀국 후에는 우리가 해야 할 일이나 일정을 공지하고 사후 보고서를 작성했다. 이외에 우리의 리더인 단장의 역할은 아주 많은데 뒤에 에필로그 교수님 이야기에서 자세히 설명할 것이다.

… 정전기 수업에서 여러 명이 같이 하나의 깡통을 굴릴 때 대전막대를 수평으로 대지 않고 수직으로 대어도 되며, 대전막대끼리 닿아도 좋다. 바닥은 홈이 있어 굴러가다 멈추니, 교탁이나 책상을 이용하거나, 바닥 타일 1개 거리만 움직이도록 해도 좋다. 부메랑을 손가락으로 튕기지 못하는 학생을 위해 날리는 방법을 찾아보았다.

2월 1일 일지 중

2) 선생님

한사랑에 봉사단은 네 분의 선생님(교직원 포함)과 함께 활동을 했다. 사전 준비 과정에서는 매주 스페인어, 수업 지도 방법, 지도안 작성 방법 등을 알려주었다. 선배교사로서 단원들의 수업 지도안과 대본에 대해 피드백을 해주어 수업을 구성하는데 많은 도움이 되었다.

현지에서는 수업이 잘 진행될 수 있도록 봉사 학교를 미리 방문해 학생 수, 학교 시설, 교실 크기 등의 정보를 확인해 전달해줬다. 후에 수업 특성에 맞는 교실을 조장들과 회의를 통해 정하고 수업 시간표를 공지했다. 또한 식사 메뉴를 정해 주문을 하고 현지 단원들과 호텔직원과의 스페인어 의사소통을 도와주었다. 현지학교에서 단원들의 수업 진행을 위해 학생들 점심과 간식을 배부하고 틈틈이 수업을 참관하면서 추가적인 조언을 해주었다. 즉 우리에게 선생님은 단원들이 힘들어할 때 위로나 조언을 해주는 정신적 지주였고 힘이 되어주는 존재였다. 다음 표 3-1은 Instituto Nacional Albert Camus 현지 고등학교에서 사용한 시간표이다.

표 3-1 수업 시간표

Albert Camus National High School

1. Student information

Grade	1						2			
Class	1	3	5	7	9	11	1	3	5	9
Students	42	42	36	37	45	45	33	33	30	30

2. Individual hours

team	subject	hrs	team	subject	hrs	team	subject	hrs	team	subject	hrs	team	subject	hrs
A1	magic flower	3	B1	boomerang	2	C1	recorder	4	D1	infinite cube	4	E1	key chain	4
A1	anchovy anatomy	3	B1	fractal	3	C1	center of mass	4	D1	globe	3	E1	picture quiz	4
A1	static electricity	2	B1	Robot coding	3	C1	fan	3	D1	taekwondo	4	E1	capillarity	3
A1	world travel	3	B1	Robot coding	3									
		11			11			11			11			11

3. Time schedule of Albert Camus National High School																					
Day		2.7.(Thu)					2.8.(Fri)					2.11.(Mon)					2.12.(Tue)				
Class		1.1	1.3	1.5	1.7	1.9	1.11	2.1	2.3	2.5	2.9	1.1	1.3	1.5	1.7	1.9	1.11	2.1	2.3	2.5	2.9
AM	09:45 ~10:30	Opening Ceremony					A3	B3	C2	D1	E3	E1	A1	B3	C3	D3	D3	E3	A2	B1	C2
	10:30 ~11:15	A1	B2	C1	D2	E2															
	11:15 ~12:00						A2	B4	C1	D1	E1	E2	A4	B4	C1	D2	D2	E1	A3	B2	C1

3) 대표, 부대표, 조장

대표, 부대표, 조장은 해외교육봉사를 한 번 경험해 본 단원들 위주로 선정했다. 그들의 경험 덕분에 수업이나 생활 등 여러 부분에서 단원들에게 많은 도움을 주었고 주도적으로 잘 이끌어주었다. 단원들에게 큰 지침서가 되어준 그들의 역할에 대해 자세히 알아보도록 하자.

(1) 단원대표

한사랑에 봉사단의 단원대표는 무려 7개월 동안 17명 단원들을 이끌었고 해외봉사가 끝났음에도 불구하고 여전히 우리의 리더로 지내고 있다. 단원대표는 단장을 도와 단원들의 봉사활동을 다방면에서 돕기 위해 분주히 움직였다. 사전 준비 기간에는 매주 학생 회의를 진행하거나 다음 일정에 대해 공지하고 모든 단원들의 수업 교과서, 대본, 준비물 주문 파일 자료들을 모아 교수님께 제출했다. 때로는 우리들의 친목을 위해 회식을 주도적으로 진행했다. 현지에서는 다른 단원들이 담당한 일들이 잘 진행되고 있는지 확인하며 도와주고 이 외에 추가적으로 필요했던 역할을 주로 맡았다. 마지막으로 이번 단원대표는 이런 말을 남겨줬다.

"그대의 성격을 바꾸려 하지 말고 자신만의 성격을 발휘하여 OOO단원대표가 되셨으면 합니다. 활동적이고 친화력이 좋은 성격이라면 잘 다독여주고 이끌어주시고 그렇지 못한 성격이라면 뒤에서 묵묵히 힘이 되어 힘듦을 공감할 줄 아는 단원대표가 되어 주세요."

꿀 TIP

① 제출기간은 단원들에게 하루 앞 당겨서 자료를 받아두자!

모든 단원들의 자료를 모은 최종본 파일을 매번 정해진 시간 내에 제출하지 못해 아쉬웠다. 각자 바쁜 학기 중에 진행하는 것이라 다들 시간을 준수하지 못하는 경우가 늘어났었다. 다음부터는 교수님이 정한 제출기간보다 하루 앞 선 날에 마감기한을 두고 진행하면 모두가 잘 인지하고 늦어지는 일이 적게 될 것이다.

② 사전 준비 기간에 필요한 역할들도 단원들과 나눠서 담당하자!

현지에 출발하기 전에도 준비해야 할 일이 많기 때문에 필요한 역할을 세분화하면 좀 더 수월하게 진행될 것이다. 예를 들어 예방 접종 파일 수합, 비자 유무의 인원 조사 등이 있다.

⑵ 부대표

부대표는 단원 대표를 도와 단원들을 이끌고 단원들의 일들을 도와줬다. 다른 단원들에게는 역할이 명확하게 주어진 반면, 부대표에게는 그렇지 않았다. 주로 봉사를 위해 해야 할 일을 직접 찾아 나섰는데 이번에는 4주 동안의 식사 메뉴를 정하거나 공용 물품을 관리했다. 마지막으로 부대표는 이런 말을 전해줬다.

"단원들을 위해 해야 할 일을 찾아내는 것이 참 힘들었습니다. 생각보다 주어진 시간은 짧기 때문에 자신의 일을 적극적으로 찾아서 하는 단원이 되셨으면 좋겠습니다. '고민하기 보다는 행동으로 나서는' 봉사를 하셨으면 좋겠습니다."

⑶ 조장

우리는 총 5조로 나누어졌고 각 조의 조장은 해외봉사 준비기간이나 현지에서 조원들을 주도적으로 이끌었다. 해외봉사 준비기간에는 조원들의 수업 교과서, 대본, 활동 자료 같은 파일들을 취합하거나 수업 준비물을 확인했다. 또한 수업 시연에서는 해외봉사 경험을 토대로 현지 아이들의 수준을 고려해 수정해야 할 부분을 조언했다. 만약 수업 연습이 부족하다고 느낄 경우에는 다음 수업 시연 날짜를 주도적으로 정하기도 했다. 현지에서는 조장 회의를 통해 조원들의 수업 특성을 고려해 장소와 시간표를 정하거나 조별회의를 주도적으로 이끌었다. 만약 수업이 잘 안 되서 우울한 단원이 있다면 수업에 변화를 줄 수 있도록 조언이나 위로를 해주어 도와줬다. 이렇게 조원들의 든든한 지원군, 조장들 덕분에 우리의 수업과 해외봉사를 잘 마무리할 수 있다.

꿀 TIP

① 중요한 일정이나 전달 사항은 여러 명이 공유하자!

호텔 예약, 교통, 학교 등하교, 안전 등 중요한 정보나 일정은 여러 사람이 공유하는 것이 좋다. 단장이나 선생님들이 전체 봉사단 관리를 하지만 가끔 중요한 일을 놓치거나 잊을 수도 있다. 그런 경우 모든 단원이 생각날 때마다 적극적으로 얘기하는 것이 필요하다.

② 조원들의 이야기를 잘 들어주고 중재하자!
오랜 생활을 하다보면 서로 의견이 안 맞아 다투는 경우도 있다. 이런 경우를 위해 조원들의 의견을 잘 존중하며 다툼이 있을 때는 서로를 존중하며 중재하자.

4) 여행

여행팀은 주말마다 단원들의 여행 장소나 일정을 정해 공지하는 일을 맡았다. 미리 여행할 몇 군데를 선별한 후, 평가회 때 단원들의 의견을 고려해 장소를 예약했다. 또한 코티처들에게 현지 여행 정보에 대해 사전 조사를 한 후, 유의해야 할 점을 알려주거나 예산을 책정해 미리 돈을 걷었다. 여행지에서는 장소 이동할 때 단원들을 이끌고 시간을 확인하며 이동 시간을 공지하는 일을 맡았다. 표 3-2는 리조트 여행에 대한 안내문이다. 여행 계획은 장소, 시간, 동선, 식사, 복장 등, 매우 꼼꼼하게 세워야 한다. 이러한 활동은 나중에 교사가 되어 수학여행을 인솔하는 연습을 하는 셈이 된다.

꿀 TIP

① 여행지는 현지 코티처의 도움을 받아 선정하자!
사전에 찾아본 인터넷 정보와 실제 여행지에서 다른 점이 많았다. 또한 인터넷에는 정보가 없거나 스페인어로 된 정보가 대부분이라 예약하는데 어려움이 있었다. 따라서 현지 코티처들에게 물어본 후 도움을 받아 결정하는 것이 좋다.

② 여행지는 쉴 수 있는 휴양지를 추천한다!
대부분 단원들이 학교 수업 진행으로 체력적으로 힘든 상태이므로 주말에는 휴식을 취할 수 있는 장소를 찾아보는 것을 추천한다.

표 3-2 여행 일정 및 공지 사항

일정표		준비물	이용 가능 시설
9:30	호텔에서 출발	수영복	수영장 어른용 2개
10:30	Atami Escape Resort 도착	선크림	해수 수영장 3개
12:00	점심식사	아쿠아 슈즈/샌들	El Palmarcito해변
14:00	간식	세면용품	Playa Atami해변
16:00	아타미에서 한식당으로 출발	선글라스	해먹, 라커룸
17:00	한식당 Seoul Garden 도착	개인 여유돈	바다가 보이는 항구
19:30	호텔로 출발	비닐 봉지	농구장 배구장 축구장
20:00	호텔도착	수건	넓은 정원

[추가 정보]

- 점심은 각자 선택한 메뉴, 간식은 과일&치킨너겟으로 예약했습니다.
- 수영장에서 수영복 착용 필수, 수영에 적합하지 않은 복장 금지입니다.
- 음료나 간식은 반입금지입니다.

5) 파티

파티 팀은 생일파티(그림 3-1), 한식파티, 송별회(그림 3-2) 등을 맡아 기획하고 진행하는 일을 맡았다. 파티 날짜나 장소 등 일정을 정해 공지하고 참가자를 조사했다. 파티 때 필요한 준비물을 미리 구매하고 단원들에게 파티 역할을 나눠주어 준비를 수월하게 할 수 있도록 도와줬다. 5주라는 기간을 지내다 보면 다소 무료한 일상을 보내게 될 수 있는 시기가 올 수 있다. 이를 위해 파티를 기점으로 전체적인 분위기가 바뀔 수 있도록 게임을 준비하기도 했다. 덕분에 코티처와 다양한 이야기를 나누고 맛있는 음식을 먹으며 더욱 친해지는 계기가 되었다. 파티 준비를 할 때 코티처 중에도 파티 담당을 정해서 같이 하는 것이 좋다.

그림 3-1 센터장의 생일파티

그림 3-2 마지막 날 송별회

꿀 TIP

① 현지 사람들과 한식파티를 하는 것을 추천한다.

이번 한식파티에서 잡채, 김밥, 전, 김치 등 한국 음식에 대한 반응이 굉장히 좋았다. 현지에서는 한식 재료를 구하기 힘들기 때문에 한국에서 미리 캔, 김, 고추장 등 나눠서 챙겨 가자. 또한 한국의 젓가락 사용을 궁금해 하므로 챙겨가서 체험할 수 있는 기회를 주면 좋다. 만약 한식을 만들 수 없는 상황이라면, 한국 식당에 코티처들과 함께 가서 회식을 하는 것이 좋다.

② 한국적인 물품은 미리 가져가면 좋다.

현지 사람들이 한국에 관심이 많기 때문에 한국적인 물품을 준비해가면 좋다. 이번에 예상치 못했던 청소년 센터장 생일파티에 참석할 기회가 있었다. 그 때 혹시나 '축하합니다' 초를 가져갔었는데 케이크에 장식해 주니 한국어를 신기해하며 더 좋아하였다.

③ 꾸미기는 필수!

파티는 일단 파티장소를 예쁘게 꾸미는 것만으로도 파티기분이 난다. 이번에는 운 좋게 파티용품을 파는 곳이 있어서 예쁜 것을 많이 사서 붙였는데 파티 용품을 구할 수 없는 환경을 대비해 파티 용품이나 가렌더를 만들 준비물을 챙겨 가면 좋다.

6) 사진담당

사진 팀은 수업이나 회의, 주요 행사 사진을 찍어 기록했다. 사전 준비 기간에는 스페인어 수업, 합숙교육, 바자회, 춤 연습 등 일정 사진을 찍고 현지에서는 학교에서의 주요 행사나 평가회 사진을 촬영했다(그림 3-3).

사진은 사진전뿐만 아니라 추후에 필요한 경우가 많기 때문에 건물이나 풍경 사진도 찍으며 '공용 웹 하드'에 공유해야한다. 이를 위해 출발 전, 공용 웹 하드에 미리 행사와 일정별로 폴더(ex. 바자회, 합숙교육, 여행)를 만들었다. 해외봉사가 끝나고 한국으로 돌아오면 각 단원들이 찍은 사진도 웹 하드에 올려달라고 공지해서 모았다. 현지 사진전을 위해서는 미리 조별마다 수업 사진을 받고 사진을 선정해 프린터 후 손 코팅지로 코팅했다. 사진 밑에는 수업 내용을 넣으면 다른 사람들이 이해하기 쉬울 것이다.

그림 3-3 사진전을 구경하는 학생들

꿀 TIP

① DSLR카메라를 챙기면 좋다.

카메라의 성능이 좋을수록 멋진 사진을 남길 수 있는 것 같다.

② 현지 사진전은 학생들이 많이 나온 사진 위주로 선정하자!

첫 전시회 때 현지 학생들이 사진을 보면서 학교 친구들의 사진을 구경하는 것을 좋아했다. 많은 학생들이 나온 사진 위주로 선정하면 좋을 것 같다.

③ 추후에 사진 폴더 정리를 한 번 더 확인하자!

만약 단원들이 사진을 폴더별로 정리하지 못했다면 사진 팀이 마저 정리해야한다. 미리 나눠놓으면 나중에 봉사 사진이 필요할 때 더 쉽게 찾을 수 있다.

④ 현지 사진은 매일 모으는 것이 좋다.

매일 찍은 사진 중 베스트 컷을 조별로 1장 또는 개인별로 1장씩 모아 두는 것이 좋다. 그러면 나중에 사진전 등을 위해 사진을 선정할 때 빠짐없이 고를 수 있다. 가능하면 베스트 컷 말고 각자 찍은 사진을 모두 매일 모으는 것이 좋다. 한국에 돌아와서 사진을 모으는 수고를 덜 수 있다.

7) 춤

춤 담당은 단원들의 K-pop 공연 준비를 맡았다. 사전 준비 기간에는 단원들의 수준과 학생들의 선호도를 고려해 선정한 곡을 편집하고 대형을 정했다. 춤 연습을 위해 시간을 정하고 어려운 안무는 쉽게 수정해 단원들에게 알려주었다. 현지에서는 K-pop 반응이 너무 좋아서 학생들의 부탁으로 기존에 없었던 수업을 추가해 아침 일찍 중학생 반 친구들에게 춤을 가르쳐 주고 현지 대학생들에게 춤을 알려주기도 했다. 마지막으로 춤 담당은 이런 말을 남겨주었다.

> "가장 기억에 남는 것은 엘살바도르에서 K-pop 댄스 크루로 활동하고 있는 친구이다. 코티처의 부탁으로 함께 K-pop 춤을 추는 영상을 찍게 되었다. 그 친구는 나에게 '한국 사람과 춤추는 영상을 찍는 꿈을 이뤄줘서 고맙다'라고 말했다. 내가 그저 좋아하는 춤을 통해 누군가의 꿈을 이루게 해줬다는 말을 듣고 엄청 뿌듯했다."

꿀 TIP

① K-pop 공연 곡을 정할 때, 현지에 인기 있는 노래로 정하자!

이번에는 작년에 해외봉사를 같이했던 니카라과 코티처에게 인기 있는 노래를 물어보고, 인터넷을 통해 외국에서도 유명한 '백팩키드' 춤이 있는 곡을 선정했다. 여러 곡 중 인기 있는 BTS반응이 아주 좋았고 그 춤이 나오는 부분을 따라 하기도 했다.

② 블루투스 스피커를 챙기자!

현지에서 춤 연습을 할 때 휴대폰으로는 음량이 충분하지 않았다. 블루투스 스피커를 하나 챙기면 춤 연습뿐만 아니라 현지 공연에서 장치가 연결되지 않았을 때도 임시방편으로 사용할 수 있다.

③ 춤 공연이 있을 때는 미리 노래를 확인하자!

현지 학교에서 USB 장치 연결이 안 될 때 즉석에서 방법을 찾느라 당황했다. 다음부터는 미리 기기실에서 노래가 잘 재생되는지 확인해야한다.

8) 디자인 담당

디자인 담당은 봉사단을 나타내는 로고, 단복, 이름표, 기부금 전달 판넬, 현수막, 선물 제작의 디자인을 담당했다. 단복 같은 경우는 단원들의 색상 선호도를 조사해 선정했다.

(1) 봉사단을 나타내는 로고

로고(그림 3-4)는 봉사단 이름을 최대한 빨리 정한 후 디자인을 하는 것이 좋다. 한사랑에 로고는 '한국의 사랑을 엘살바도르에'를 줄인 말이다.

그림 3-4 한사랑에 로고

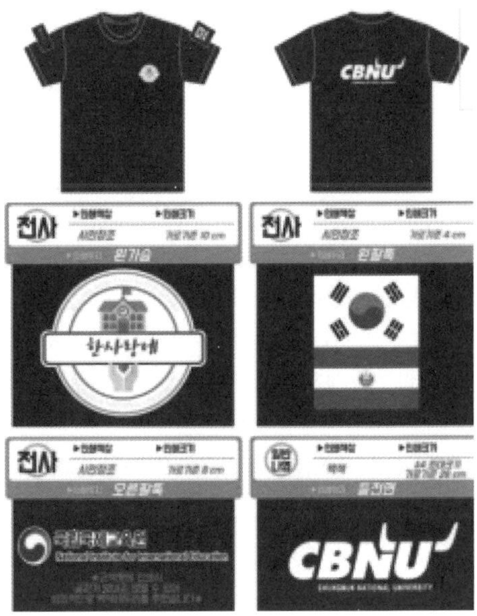

그림 3-5 단복 디자인

(2) 단복

단복은 봉사 단원의 의견을 고려해 디자인을 진행했다(그림 3-5). 이때 단복에 들어갈 필수요소를 잘 확인해야한다. 우리는 국립국제교육원 로고, 충북대학교 로고, 나라 국기 2개, 봉사단 로고를 넣었다. 소재는 빨래 후 잘 마르는 재질로 선택했다. 제작 기간을 잘 생각해서 미리 샘플을 주문해 본 후, 수정해서 진행했다. 다시 점검을 한 후에 단원 당 반팔 2개, 조끼 1개와 현지 코티처 반팔 1개씩 주문을 했다.

(3) 이름표

단원들과 코티처 영문 이름을 조사한 후, 그림 3-6와 같이 로고를 넣어 제작했다.

그림 3-6 단원 이름표

그림 3-7 기부금 전달 판넬

(4) 기부금 전달 판넬

그림 3-7은 현지 학교에 기부금 전달을 할 때, 사진 촬영에 사용한 판넬이다. 판넬 크기는 A4 두 장 크기이다.

(5) 현수막

그림 3-8과 같은 현수막을 900×115cm 크기로 주문했다.

그림 3-8 현수막

(6) 선물 제작

선물은 엘살바도르에서 현지 코티처와 학교, 학생들에게 주는 용도이다. 원형 부채(그림 3-9)는 1000개, 손톱깎이는 100세트(그림 3-10)를 주문했다. 주문 제작이므로 배달까지 시간이 많이 소요되어 일정을 잘 확인하고 준비해야 한다.

그림 3-9 부채 디자인

그림 3-10 손톱깎이 디자인

꿀 TIP

① 주문 제작은 샘플 하나를 먼저 주문 후 확인해보자!

혹시 바로 단체복을 주문할 경우, 디자인 오류를 확인하지 못하니 미리 샘플을 주문해본 후, 확인해보고 단체주문을 해야 한다.

② 손톱깎이 같은 경우 구성 물품을 잘 살펴보자!

싼 가격에 많은 제품이 들어있을 경우 손톱깎이가 잘 작동하지 않는 경우도 있다. 성능이 좋은 몇 개의 주요 물품만 들어있는 제품을 선정하는 것도 좋을 것 같다.

9) 동영상 촬영 담당

동영상 촬영 담당은 단원들의 수업 시간표를 확인해 촬영 순서를 정하고 각 교실에 캠코더를 설치했다(그림 3-11). 학교 수업이 끝나면 매일 짐을 챙겨 이동하고 숙소에서는 평가회 촬영을 준비했다. 촬영한 영상은 매일 공용 노트북에 옮기고 단원들이 각자 수업 영상을 보며 부족한 부분을 수정할 수 있도록 도왔다.

그림 3-11 동영상 촬영하며 수업 진행

꿀 TIP

① 저장 용량이 큰 것으로 챙겨가자!

매일 수업 촬영 후 메모리 용량이 부족해 컴퓨터로 영상을 옮겨 정리하는 것이 번거로웠다. 조금이라도 용량이 큰 것으로 챙겨 가는 것이 편리하며, 용량이 가득 차 촬영을 못하는 일이 생기지 않도록 정기적으로 점검해야 한다.

② 모든 단원들에게 기본적인 캠코더 설치 방법을 알려주자!

다른 수업 장소에 가서 캠코더를 설치하면서 촬영 담당의 수업 시작이 늦춰지는 경우가 있었다. 다음부터는 모든 단원들에게 설치 방법을 알려준 후 각자 촬영을 준비하는 것이 좋을 것 같다.

③ 멀티탭을 챙기자!

수업 장소에 콘센트 위치가 멀리 떨어져 있을 수 있으니 멀티탭을 챙겨야 한다.

10) 기록 담당

기록 담당은 출발할 때부터 34일 동안 시간별로 행사와 이동한 장소, 세부사항 등 일정을 기록하는 일을 맡았다. 평가회에서는 회의 내용이나 건의사항, 공지사항 등 회의록을 작성했다. 만약 단원들의 평가회를 듣지 못한 부분이 있다면 다시 듣기 위해 동영상 촬영도 같이 진행한다. 만약 선이 닿지 않아 캠코더 촬영이 힘들 경우에는 핸드폰으로 녹음으로 대체했다. 아래 표 3-3은 실제로 작성된 1월 25일 일정표이고 그림 3-12는 2월 4일 회의록에서 일부분만 가져왔다.

표 3-3 일정표

01.25 금	
시간	**일정**
08:00	아침식사
08:30	산타마리아 청소년 센터 이동
09:00	1교시
10:00	쉬는시간
10:20	2교시
11:20	coteacher들이랑 수업피드백
11:40	점심시간
13:00	한식파티 준비
15:00	한국음식 파티&청소년센터 소장님 생일파티
16:20	K-pop클래스
17:20	센터장님&소장님과의 축구
19:00	저녁식사
20:00	조별회의
20:30	운영회의
21:30	K-pop 춤 연습

회의일시	2019년 02월 04일	프로그램	해외 교육봉사	작성자	전국병, 현정석
회의 내용					
공지사항	•사진 출력 후 손 코팅해야한다. 사진전은 교문에서부터 로비까지의 벽에 붙일 예정이다 •수요일은 환송식 이후 학교 분들과 피자 파티를 진행할 예정이다. •한글학교 선생님께서 김밥20줄 전달하신다.				
조별 평가회	•A조, B조, C조, E조 (생략) •D조 - 10분보다 더 늦게 시작했음에도 불구하고 진수의 시간 배분을 잘했다. 흑백이었던 아테네 학당의 사진을 컬러로 뽑았더니 아이들이 오늘 배울 것을 금방 알아차려 시간을 아낄 수 있었다. 수업한 두 반이 같은 학년임에도 불구하고 수업 분위기와 수준 차이가 많이 났다.				
전체 평가회	(생략) •반민정 - 체육복 공지를 했지만 몇몇 친구들은 입고오지 않았다. 발차기 연습을 할 때는 미트를 조금 낮게 해서 참여하도록 유도했다. 여러 번 수업을 했음에도 불구하고 고칠 부분이 많은 것 같다. 다음에는 재밌는 발차기를 넣거나 유동적으로 변화를 줄 것이다. •한재영 교수님 - 각 학생들의 개인 피드백: 타임큐브로 활동시간을 제한하는 것은 좋은 아이디어이다. 자신의 수업을 다른 사람의 피드백으로 고쳐줘 완성하는 경험은 거의 없다. 정말 고마운 경우에는 Muchas gracias, 정말 정말 고마운 경우 Muchísimas gracias를 쓴다. 등				
질문 및 건의사항	•학예 수업이 짧은 것 같다. → 이동 시간은 지켜야 하므로 어쩔 수 없다. •설문지는 어떻게 할까요? → 뽑아놨으니 화요일에 들고 갈 예정이다.				

그림 3-12 회의록

11) 프린터 담당

프린터 담당은 사전에 무게와 현지에서의 사용을 고려한 프린터 모델을 선정하고 구매했다. 현지에서는 프린터를 연결해 단원들이 인쇄를 할 수 있도록 도와주고 잘 작동하는지 관리를 해야 한다. 만약 프린터에 문제가 있을 경우, 현지 전자기기 연락해 수리할 수 있도록 조치를 취해야한다.

꿀 TIP 프린터 이동 시 잉크 분리하고 이중포장!
실제로 우리는 운송과정에서 프린터가 고장이 나서 불편함이 있었다. 잉크가 샐 수 있으니 분리해서 따로 포장하고, 본체도 안전하게 이중포장을 한다. 비용 차이가 많이 나지 않는 경우 현지에서 구입을 하는 것도 좋다.

12) 공용 물품 관리자

공용 물품 관리자는 출발 전 선물과 공용 물품 리스트를 미리 작성하고 현지에서는 공용 짐을 한 곳에 모아 관리 및 정리하는 일을 맡았다. 한국에선 생각하지 못한 역할이었는데, 현지에서 필요성을 느껴 추가한 역할이다. 담당자는 숙소를 이동할 때 마다 공용 짐을 확인하고, 학교에 준 기부물품이나 선물 개수를 리스트에 적으며 남은 수량을 파악해 선물 분배를 수월하게 진행하도록 도왔다.

꿀 TIP 현지에서 필요한 역할은 담당자를 정해 추가하자!

우리는 5주 동안 사용할 공용 물품과 선물을 분배해 각자 캐리어에 나눠 가져갔다. 여러 개의 물품이 흩어져 있어서 필요할 때 찾거나 남은 선물 수량을 파악하는데 어려움이 있곤 했다. 이러한 문제가 계속해서 반복되다보니 단원들 모두 불편함을 느꼈고 이 역할을 추가하게 되었다.

13) 건강관리(약, 온도계)

건강관리 담당은 한국에서 챙겨온 약품을 관리하고 현지학교나 여행 등 이동할 때 비상약을 챙기는 일을 맡았다. 평가회 시간 전에는 체온계로 단원들의 체온을 확인하고 몸이나 컨디션이 안 좋은 친구가 있는지 살폈다.

꿀 TIP

① 개인 약을 챙기자! 가장 많이 쓰인 약은 종합감기약, 타이레놀이다.

5주 동안 감기약, 반창고 등 기본적인 약들이 생각보다 많이 사용되어 부족하기도 했다. 또한 이동할 때 건강관리 담당과 항상 같이 움직이는 것이 아니라서 기본적인 약품들은 개인적으로도 챙겨오면 비상시 유용하게 쓰일 수 있을 것이다. 소화제, 감기약, 두통약, 위장약, 설사약, 파스(스프레이), 항히스타민제, 안약 또는 인공눈물, 화상약(sunburn), 마데카솔, 후시딘, 모기퇴치제, 소독약, 멀미약(기내용은 비싸니 일반 멀미약) 등에서 각자 필요한 것을 챙기도록 한다.

② 체온계는 고장 날 수 있으므로 여유분을 더 챙겨가자.

실제로 체온계가 고장이 나서 현지에서 구매했고, 한국에서 여유분으로 한 개 더 챙겨오면 좋을 것 같다. 체온 점검 및 안면 건강 검사는 남녀 한 명씩 역할을 나누는 게 좋다. 그러므로 체온계는 3개 정도 준비해 간다.

14) 번역 공지

번역 공지도 미리 생각하지 못했지만 현지에 가서 필요하다고 느껴 다른 단원이 이 역할을 맡았다. 처음에는 코티처 대표에게 공지를 전달하는 방식으로 했지만 사소한 일정도 코티처들 모두에게 SNS(WhatsApp)로 공지하면 더 편할 것 같아 추가하게 되었다. 이후 코티처들에게 추가적으로 학교에서 모이는 시간과 수업 스케줄, 점심 등 자세한 공지사항을 영어로 번역해 SNS로 전달했다. 그림 3-13은 실제로 2월 6일에 코티처들에게 공지한 예시이다.

<Wednesday, 6th, February Schedule>

As you know, tomorrow is the last day at Centro Escolar España. Please check the schedule to prevent any kind of confusion.

- Departure time from Hotel San Jose: 0820
- Tomorrow we have different schedule. Instead of having regular classes, we will have special classes and exhibitions. Classes start at 0910. Each class will last 17 minutes. After class, students will move to other sections for 3 minutes. Please check your group section schedule given above.
- We will have a small party at lunch time. Pizza(10), chicken(30), gimbap(20) will be served. Each person will have 2 pieces of pizza and a pice of chicken.
Please let other co-teachers know this. Have a good night. We always appreciate your big help

그림 3-13 코티처에게 전달한 공지사항

15) 포토프린터

포토프린터 담당은 사전에 포토프린터 물품을 구매하고 준비해간다. 현지에서는 학교나 코티처들에게 줄 사진을 선정해 프린트해서 나눠준다. 1주일 단위 또는 학교별로 사진을 모아 인쇄하는 것이 좋다.

꿀 TIP 현지 학교에서 많은 학생들과 사진을 찍으면 좋다.

각 학교에서의 마지막 날에는 우리가 찍은 사진을 포토프린터로 인화해 선물해줬는데 자신이 나온 사진을 보고 굉장히 좋아했다. 모든 친구들이 나오지 못해 아쉬웠는데 다음부터는 학생들이 많이 나오도록 사진을 찍으면 좋을 것 같다.

16) 출석

출석 담당은 사전 준비 과정에서는 스페인어 수업이나 회의 때 단원들의 출석을 담당했다. 현지에서도 항상 장소를 이동 할 때 단원들의 인원을 파악하는 일을 맡았다.

꿀 TIP

① 미리 출석 확인을 하자!

선생님께서 인원 파악을 부탁하시기 전에 항상 미리 출석 체크를 생각해 두어야한다. 출석체크는 항상 필요한 일이기 때문에 생각이 날 때마다 계속 확인해야 한다.

② 단원들에게 출석 상기 부탁을 하자!

다른 역할과 병행할 경우, 자주 잊을 수 있으니 항상 출석체크를 상기시키도록 단원들에게 도와달라고 부탁해보자! 남녀 인원 확인이 어려울 경우를 대비해, 출석 담당의 다른 성별 단원에게 출석체크 확인을 부탁하는 것도 좋다.

2. 역할에 대한 피드백

이렇게 단원들이 각자의 역할에 최선을 다해 해외 교육 봉사를 잘 마무리 할 수 있었다. 공용 물품 관리자처럼 현지에서 필요성을 느껴 추가한 역할이 있지만 이외에 역할 추가의 필요성을 느꼈지만 그냥 단원대표, 부대표가 담당한 역할도 있다. 다음부터는 사소한 일을 단원들과 나눠서 하면 좋을 것 같아 소개한다.

1) 식단 메뉴 담당자

식단 메뉴 선정은 주로 선생님과 부대표가 일을 맡아 담당했다. 다음부터는 이 역할의 담당자를 추가해 단원들이 직접 메뉴를 정하면 좋을 것 같다. 식단 메뉴를 선정하기 전에 코티처나 단원들에게 알레르기나 채식주의자가 있는지 조사를 해야 한다. 채식주의자가 있을 경우에는 메뉴 주문을 할 때 별도의 식단을 주문해야한다. 메뉴판은 스페인어로 되어있으므로 의사소통 문제가 생길 수 있어 코티처들의 도움을 받아 주문하는 것이 좋다.

2) 파일 수합 담당

사전 준비 과정에서는 수업 지도안, 교과서, 구매할 준비물 등 수합할 자료들이 많다. 파일 수합 담당자가 사전 준비나 사후 과정에서 수합해야 할 파일들을 정리해서 교수님께 제출하면 좋을 것 같다.

3) 사전 준비자료 프린트 담당

매주 회의 때 필요한 사전 준비 자료를 프린트 할 담당자를 추가하면 좋을 것 같다. 회의 전에 사전 자료 파일을 받아 인쇄한 후 회의 장소에 미리 갖다놓으면 된다.

4) 봉사활동 관련 물품 구매담당

17명 단원들의 수업 특성이 모두 다른 만큼 주문해야할 준비물 물품도 다양했다. 이 역할은 단원대표가 담당해 진행했지만 물품 구매 담당자를 정해 일을 나눠서 하면 좋을 것 같다. 담당자는 조별로 주문해야 할 물품 파일을 수집한 후 주문한다.

5) 예산 관리 담당

5주간 20여명이 해외에서 생활하는 데에는 많은 비용이 소요되며, 이러한 비용을 정리하는 담당이 필요하다. 직원이나 선생님이 이 역할을 맡아 했지만, 대학생 중에도 이 역할을 보조하는 단원이 있으면 좋겠다.

4장

생활

1. 의류
2. 음식
3. 건강 관리
4. 스페인어 학습
5. 문화
6. 숙박
7. 인간관계
8. 여가시간 활용

1. 의류

우리 손에 들고 있던 겨울 긴팔이 무색하게 엘살바도르의 날씨는 맑고, 더운 여름날이었다. 2월은 건기로 한국의 여름과 비슷한 기온이지만 더 건조한 기후로 추운 곳에서 온 우리를 따뜻하게 맞이해 주는 기분도 들었다.

그림 4-1 단복을 입고 있는 단원과 코티처

수업을 하는 교사로서 학교에서는 주로 단복을 입고 생활하였다(그림 4-1). 봉사단의 단복은 반팔 2개, 조끼 1개로 구성되었으며, 긴 바지를 입고 수업을 진행했다. 더운 날씨와 수업을 고려하여 냉장고 바지를 단체로 구매하여 주로 입었고, 청바지 면바지를 번갈아 입는 단원들이 많았다. 한국과 마찬가지로 학교에서 슬리퍼를 신는 것은 예의에 어긋나는 행동이므로 단원들은 운동화와 샌들을 주로 신었다. 무엇보다 학예수업 시간에는 활동적인 수업을 위주로 이루어졌기 때문에 자신에 발이 편한 신발을 선택하는 것이 좋다. 특히 교육봉사는 주교사와 보조교사로 이루어져 수업을 진행하기 때문에 예의를 갖춘 의복을 입는 것도 중요하다. 아무리 덥다고 반바지를 입고 슬리퍼를 신고 수업을 하는 교사는 한국에서도 찾아보기 어렵다. 그렇기 때문에 미리 현지 기후와 상황 의복예절을 알아보고 준비해야한다.

단복은 봉사 기간 동안 제일 많이 입는 옷이기 때문에 소재선택이 중요하다. 세탁 후 빨리 마르고, 땀 흡수에 적합한 소재를 선택해야한다, 수업이 끝나고 숙소에 돌아와 단원들은 단복을 세탁하여 말려 입었는데 2벌로 생활하는데 무리가 없었다. 건조하고 맑은 날씨이기에 가능했다. 세탁시설이 잘 되어있는 호텔도 있었지만 그렇지 못한 숙소도 있어 대부분의 단원들은 비누와 미리 가져간 세제를 사용하여 빨래를 했으며, 손세탁이 어려운 옷만 호텔에 맡겼다. 이때 주의할 점은 봉사단만 호텔에 머무는 것이 아니라면 빨래를 호텔 밖에 널어두는 것은 지양해야 한다. 또한 접이식 대야를 가져가면 손빨래를 할 때 유용하게 사용할 수 있다. 우리가 머물렀던 숙소마다 옷걸이가 없는 곳도 있었기 때문에 개인적으로 옷걸이를 가져간다면 빨래를 말리거나[6], 옷을 보관하기 편할 것이다. 특히 엘살바도르 코티처에게는 단복으로 반팔 1개를 주었는데 더운 날씨 속 땀이 많이 나기에 매일 빨래를 해서 입기에는 부족하다고 느꼈다. 엘살바도르 코티처에게도 2개씩 준비해 주는 것이 좋다. 또한 코티처들의 사이즈를 조사하여 단복을 제작 할 때 한국과 사이즈 측정 기준이 다르다는 것을 말해주고 본인 사이즈보다 한사이즈 크게 맞출 것을 알려주는 것이 좋다.

꿀 TIP 고가의 옷은 챙겨오지 않는 것이 좋다.
봉사활동을 갈 때에는 비싼 옷은 가져가지 않는 것이 좋다. 현지 정서에도 맞지 않고, 세탁과 보관도 어렵다.

숙소에서는 각자 편한 옷을 입고, 각자 챙겨온 슬리퍼를 신고 생활하였다. 특히 숙소에 준비된 슬리퍼가 없었기 때문에 한국에서 가벼운 것으로 미리 챙겨가는 것이 좋다. 가져오지 않은 사람은 생활하는데 불편을 느껴 현지에서 구입하기도 했다. 또한 수업하는 학교가 다르기 때문에 숙소를 2번 정도 이동하였는데 2번째 호텔인 아와차판의 숙소는 밤에는 추워 감기에 걸리는 학생도 있었다. 호텔에서 준비해주는 침구는 얇은 편이었고, 그 위에 담요를 덮어도 추웠기 때문에 긴팔을 챙기지 않은 것을 후회했다. 더운 나라여도 일교차가 크거나 숙소에 따라 추울 수 있으니 반팔 긴팔 외투 등 다양하게 준비하는 것이 좋다.

여행을 갈 때에는 편한 복장이 필요하다. 화산을 등반할 때 편한 복장에 운동화 그리고 정상에서는 춥다는 코티처의 이야기를 듣고 겉옷도 챙겼었다. 여행팀이 준비한 일정 중 다양한 활동이 이루어

6 호텔에서는 창문 밖이나 대합실 등 다른 사람이 볼 수 있는 곳에 빨래를 널지 못하게 한다. 빨래를 널 수 있는 곳이 따로 있는지 묻는다.

지므로 의복을 다양하게 준비하는 것이 좋다. 아와차판 시내답사를 했을 당시 수업이 끝난 뒤 다 같이 이동한 것이라 단복을 입었지만 단체로 광장 같은 곳을 갈 때에는 단복보다는 사복을 입는 것이 위험을 줄이는 방법이다. 산살바도르 시내관광을 갔을 때에는 각자 준비한 사복을 입었고, 기념사진을 찍는 학생이 많았다. 간단한 바지와 티만 준비한 단원들은 근교 관광을 갔을 때 입을 화사한 옷을 챙기지 못한 것에 아쉬워하며 단원들끼리 옷을 빌려서 입기도 했다. 사복을 입을 일이 많지는 않지만 여행을 가서 입을 예쁜 사복도 챙겨가는 것을 추천한다.

꿀 TIP 기내에 양말을 챙겨가자!

장거리 비행이나 야간 항공을 이용할 때에는 간편한 옷이나 여분 양말을 기내 가방에 넣어 가는 것이 좋다. 화장실에서 발을 씻고 새 양말을 신었을 때의 그 청량함이 피로를 조금 풀어준다.

마지막 주 주말에는 산살바도르에서 유명한 바다 아따미 리조트를 방문했고, 수영복이 필요했다. 미리 준비해온 사람도 있었고, 그렇지 못한 사람은 현지에서 물놀이용 옷을 사서 입기도 했다. 리조트뿐만 아니라 아와차판에서 인근 수영장을 가기도 했고, 엘살바도르 폭포에 방문했을 때에도 수영복이 필요했다. 수영복이 아니더라도 물놀이용 옷을 챙기는 것도 좋은 방법이다. 특히 모두가 즐겁게 놀면서 유용하게 사용된 물건은 수영할 때 쓴 물안경으로 수영을 좋아하는 사람이라면 꼭 추천하고 싶은 아이템이다. 또한 잘 만들어진 수영장뿐만 아니라 폭포, 바닷가에 들어가다 보니 슬리퍼를 신었던 친구들은 발바닥에 상처가 나기도 했다. 물속에 들어 갈 때에는 샌들이나 아쿠아 슈즈를 신어 다치는 것을 방지하는 것이 좋다.

2. 음식

안전상 우리는 외출을 자제했고, 외식 대신 주로 게스트 하우스 또는 호텔에서 식사를 해결했다. 처음 게스트 하우스에서는 엘살바도르의 가정식으로 조리된 음식을 먹었다. 특유의 향신료 맛과 재료로 조리된 음식이 잘 맞지 않아 힘들어하는 단원과 바로 잘 적응하는 단원으로 나뉘었다. 음식을 잘 먹는 단원은 비교적 해외봉사를 다녀온 경험이 있거나, 해외여행 경험이 있는 학생이 많았다. 식사는 빵과 플라타노(platano), 까사미엔또(casamiento), 과일이 기본으로 나왔다(그림 4-2). 플라타노는 바나나의 품종 중 하나로 구워먹거나, 튀겨서 먹는 음식이며, 까사미엔또는 쌀과 콩을 혼합하여 만든 음식으로 매일같이 식사에 나왔다. 주로 같이 나오는 커피와 함께 먹었고, 과일은 파파야와 망고, 수박이 주로 나왔다. 엘살바도르의 전통음식으로는 옥수수가루 반죽에 치즈나 튀긴 콩, 고기를 넣어 만든 뿌뿌사

(pupusa)가 있다(그림 4-3). 특히 뿌뿌사는 엘살바도르 사람들이 사랑하는 음식으로 우리에게 뿌뿌사 모양의 열쇠고리를 선물해 줄 만큼 나라를 대표하는 음식이다. 맛은 우리나라의 호떡과 비슷했다.

그림 4-2 조식, 까사미엔또와 플라타노

그림 4-3 조식으로 나온 뿌뿌사

현지 음식이 맞지 않는 단원들은 식사시간에 한국에서 가져온 소스나 고추장을 음식에 뿌려 먹거나 주로 과일을 많이 먹었다. 밥에도 향신료가 들어간 볶음밥의 형태가 많았고, 고수나 익숙하지 않은 재료로 만든 음식이 나와 식사를 제대로 하지 못하는 사람과 식사의 양이 부족한 학생을 위하여 숙소에 과일과 삶은 계란, 시리얼을 마련해 두었다. 마트에서 계란을 따로 사와 아침 식사에 같이 나올 수 있도록 숙소에 부탁했다. 삶은 계란은 휴대하기 편하다는 장점이 있어 점심 또는 여행을 갈 때, 등산할 때 등 가지고 다니며 먹기도 했다(삶은 계란의 껍질을 벗기지 말고 달라고 호텔 주방에 얘기해 둔다). 계란뿐만 아니라 바나나와 귤, 파인애플, 사과 등 과일을 따로 구입하여 아침 식사때나 수업이 끝난 오후에 자주 먹었다.

한국보다 가격이 저렴한 편이었으며, 대부분의 식단이 고기로 이루어지고, 짠 음식이 많았기 때문에 과일섭취, 수분섭취를 위해 노력했었다.[7] 마지막 호텔에서는 우리가 현지에 적응하기도 했지만 식사가 비교적 잘 준비되어 나왔다. 흰밥과 고기와 채소볶음, 오믈렛 등 익숙한 음식이 주로 나왔으나 양이 부족한 경우가 많았다. 숙소 근처 큰 마트가 있어 시리얼과 아시아 라면을 미리 구비한 뒤 식사 시간에 같이 먹으며 식사량을 조절하기도 했다.[8] 특히 시리얼은 다른 음식보다 유통기한이 길어 숙소에 두고

---

7 더운 나라에서는 현지의 과일을 많이 섭취하는 것이 좋다. 과일을 자르기 위한 과도나 맥가이버칼을 준비해 가는 것이 좋다 (호텔 주방에서 빌리는 것이 어려운 경우도 있다).

8 육류를 좋아하는 사람, 야채를 좋아하는 사람, 여러 단원들의 식성은 모두 다르다. 혹시 야채(육류)를 먹지 않는 사람이 있다면, 식사 전에(식후라도!) 그것을 좋아하는 단원의 접시에 덜어주는 일은 매우 권장할 만하다.

먹기 편했으나 같이 사온 우유가 빨리 상해 유통기한과 냉장보관에 유의해야한다. 그런데 냉장 보관한 우유도 상하는 경우가 있으니, 우유를 먹을 때 조금 맛을 보고 마시는 것이 좋다.

꿀 TIP

엘살바도르는 새우가 유명하다. 하지만 냉동시설이 부족해서 시장에서 해산물을 사는 것은 별로 권하지 않으며, 바닷가에 가서 새우를 사다 삶아먹는 것은 해볼 만하다.

먼 타지에서 생활하다보니 한식이 그리운 순간이 많았다. 단원들은 각자 준비해 온 한식을 음식에 곁들여 먹거나, 코티처들에게 나눠주곤 했는데 주로 가져온 음식은 햇반, 불닭소스, 캔김치, 김 등이 있다. 간편하게 식사를 해결하기 위해 라면을 챙겨오고 싶어 한 단원들이 많았으나 중간에 경유한 미국 입국심사 시 고기가 들어간 음식(라면 스프)은 반입이 안 되기 때문에 가져오지 못해 많이 아쉬워했다, 입국 시 제한되는 음식들을 미리 알아보고 준비해야 한다. 꼭 준비해 갔으면 하는 한식은 불닭소스와 고추장, 컵밥을 추천한다. 소스와 고추장은 음식의 간이 맞지 않거나 강한 향신료[9]가 들어간 음식에 곁들여 먹었을 때 맛있게 먹을 수 있었고, 컵밥은 몸이 아플 때 현지 음식 대신 간단하게 먹기 좋았다. 숙소에서 조리가 안 되기 때문에 간단하게 음식에 곁들이거나, 조리방법이 간단한 제품을 가져가야한다. 컵밥은 뜨거운 물만 부으면 조리가 되기 때문에 간편하고, 다양한 제품이 있어 현지에서 한식이 그리울 때 먹으면 좋다.

한국에서 엘살바도르로 갈 때 수업 준비물이 많기 때문에 한식의 부피를 최대한 줄여한다. 만약 컵밥을 가져간다면 해체해서 내용물만 따로 가져가는 것도 하나의 방법이다. 자신이 해외여행을 갔을 때 다른 나라의 음식이 맞지 않았거나, 한식을 많이 선호하는 사람이라면 한식을 챙겨가길 추천한다. 면세점에서는 다양한 한국 음식을 팔고 잘 포장해 주지만 많이 비싸다. 시중에서 파는 것을 사서 랩으로 감싸고 단단한 플라스틱 통에 넣어 트렁크에 싣는 것이 좋다.

꿀 TIP

비행기 기내에서 컵라면 서비스를 이용해 보자. 한국에서 출국하는 비행기에는 이 서비스가 있지만, 외국에서 출발해서 한국으로 오는 비행기에는 이것이 없다.

아침과 저녁은 숙소에서 먹고, 점심은 학교로 도시락을 배달시켜 먹었다. 도시락은 볶음밥, 고기, 볶

9 호텔 주방장에게 향신료를 조금 넣어달라고 말해 본다.

은 채소 또는 샐러드, 또띠아로 구성되었다. 한국보다 엘살바도르는 고기 종류의 음식을 즐겨 먹었고, 닭고기와 소고기 등 다양한 고기가 들어간 도시락이 많았다. 그러나 채식주의자인 코티처도 있었고 평소보다 고기 종류의 음식을 먹는 것을 힘들어하는 단원도 있었다. 점심은 전날 주문했는데 이 때 채식으로 구성된 도시락을 따로 주문을 했다. 봉사가 시작되기 전 단원들과 코티처들이 알레르기가 있는 음식이 있는지 미리 조사하였고, 식사할 때 미리 조심할 수 있도록 했다. 저녁으로 새우가 나온 적이 있었다. 그때 새우 알레르기가 있는 코티처에게는 숙소에 요청하여 다른 식단을 먹을 수 있도록 했다. 알레르기 조사는 사소한 일이지만 굉장히 중요한 과정이다. 타지에서 알레르기가 일어나면 단원을 빠르게 조치하기 힘들기 때문에 사전에 방지하는 것이 중요하며 항상 조심해야 한다.

3. 건강

우리의 행동반경은 학교와 숙소로 굉장히 좁았기 때문에 숙소에서는 소소한 운동을 주로 했다. 특히 패드민턴을 자주 했는데 탁구와 배드민턴을 접목시켜 개발된 스포츠로 좁은 공간에서도 양손으로 게임을 즐길 수 있어 좁은 공간에서 생활하는 우리에게 딱 맞는 스포츠였다(그림 4-4, 4-5).

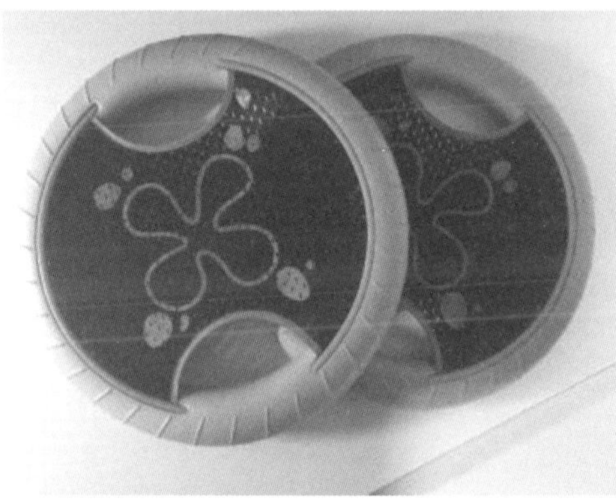

그림 4-4 패드민턴

그림 4-5 좁은 공간에서도 운동하는 모습

숙소가 크지 않은 곳이 대부분이었고, 마당이 없는 곳이 많아 학교로 이동하는 것 이외에 다른 운동은 할 수 없는 상황이었기 때문에 단원들의 운동량이 부족했었다. 그러다 보니 소화가 잘 안 되는 경우도 많았고, 좁은 공간에서 답답함을 많이 느낄 때 즐길 수 있는 간단한 운동은 건강도 챙기고 단원들끼리 더 즐겁게 생활할 수 있는 원동력이 되었다. 마지막 숙소인 산호세 호텔 근처에는 헬스장에서 하는 댄스 학원이 있어 교수님과 몇몇 단원은 학교를 마친 후 가서 춤을 추기도 했다. 1시간동안 쉬지 않고 움직이기 때문에 댄스 학원을 다녀온 단원들은 소화가 잘 되고 오랜만에 운동할 수 있어서 좋다고 말했다. 숙소 근처에 이런 댄스 학원이나 헬스장이 있는 경우는 흔한 경우는 아니지만 기회가 있을 때 경험해 보는 것도 좋은 것 같다. 또한 한사랑에 단원들과 엘살바도르 코티처들 모두 춤을 배우는 것을 좋아해 숙소에서 노래를 틀어놓고 서로 춤을 알려주고 배우는 시간도 가졌다.[10] 말이 잘 통하지 않아도 서로 흥겨운 노래에 맞춰 춤을 추며 즐겁게 놀다보니 운동도 되고, 소중한 추억도 생겼다. 꼭 패드민턴이 아니더라도 좁은 공간에서 할 수 있는 운동을 미리 준비하고 한국에서보다 더 활동량이 줄어들기 때문에 자주 활동할 수 있는 것을 준비하는 것을 추천한다.

학교의 운동장과 강당 등 넓은 공간에서는 숙소에서보다 활동적인 운동을 했다. 아와차판에 위치한 코이카 청소년 센터에서는 넓은 축구를 할 수 있는 운동장이 있어 수업이 끝난 후 학생들과 단원들이 축구시합을 했었다. 넓은 공간에서 축구 같은 활동적인 운동을 오랜만에 하다 보니 주의를 했음에도 다치는 일이 생겼다. 코티처 한명이 축구를 하다 넘어져 팔이 골절되어 봉사 기간 내내 깁스를 한 채 생활했었다. 한국처럼 의료시스템이 잘 되어있지 않았기 때문에 치료 받기 위하여 간 병원은 지역에서 멀리 떨어져 있었으며 치료비 또한 많이 나왔다. 만약 단원이 다쳤다면 외국인 신분이기 때문에 치료과정이 더 힘들었을 것이다. 타국이라는 것을 인지하고 다치면 봉사활동 과정에도 지장이 있기 때문에 항상 활동성이 큰 운동을 할 때는 더욱 더 조심해야 한다.

현지에서 가장 많이 필요했던 약은 바로 감기약과 진통제였다, 약을 담당했던 단원은 생각보다 단원들의 면역력이 약해져 더운 날씨임에도 불구하고 감기에 걸리는 단원이 많았고, 항상 몸 관리, 컨디션 관리에 유의해야 한다고 했다. 이번에 처음 가져간 감기약이 많다고 생각될 정도로 가져갔으나 다 사용했기 때문에 사전에 부족함 없이 충분히 챙겨가는 것이 중요하다. 또한 등산을 하거나 다양한 활동을 하다 보니 다치는 경우가 많아 이동을 할 때 비상의약품을 꼭 챙겨 다녀야 한다. 짐이 많아 버겁다고 느껴질 때에는 단원들끼리 서로 도와가며 의약품을 챙기도록 해야 한다. 붕대나 보호대는 재사용이 어려워 사용에 부족함을 느꼈고, 파스처럼 자주 쓰이는 약품은 2개씩 챙겨 잃어버려도 문제가 없도록 하며, 연고는 사용 후 누구에게 있는지 파악하거나 잊지 않고 돌려받아야 한다. 몸이 아프다면 꼭 주변 단원과 교수님께 알린 후 휴식을 취해, 일정을 소화할 때 지장을 주지 않도록 건강관리에 유의한다. 만약 숙소가 두 곳으로 나뉘어 있을 때에는 비상의약품을 각 숙소에 나눠 관리하도록 한다.

그리고 봉사활동 전후, 특히 식사 전에 손세정제로 위생관리를 하는 것이 좋다. 손세정제는 현지에 가서 구입하도록 한다.

---

10 아와차판 호텔에서 같이 춤을 출 수 있는 공간을 무료로 대여해 주었었다. 이렇게 파티나 모임을 할 때 호텔에서는 보통 장소 사용료로 추가 비용을 요구한다.

현지인 보험

봉사단원은 모두 보험을 들고 해외에 나가지만, 현지 대학생들은 보험을 들지 않는다. 하지만 단체 활동 중에는 다치거나 몸이 아픈 사람이 종종 생긴다. 봉사활동을 하나의 행사라고 보고, 행사 요원 보험을 알아보는 것이 필요하다.

4. 스페인어 학습

스페인어 공부는 크게 한국에서와 엘살바도르에서 필요한 단어와 문장을 공부한 것으로 나눌 수 있다. 현지에서 사용했던 스페인어는 일상적인 단어보다는 수업에 관련된 단어와 문장을 배워 사용했으며 대본을 작성할 때 놓쳤거나 실제로 수업에서 쓰이는 회화표현을 공부하는 것이 좋다. 수업 중 활동과 수업을 연결하는 표현, 수업 준비를 위한 표현, 학생들과 간단한 소통할 수 있는 표현, 칭찬 표현을 배우고 외우기 힘들다면 적어서 가지고 다니는 것을 추천한다. 칭찬 표현은 다양하게 외워서 학생들에게 말해주는 것이 좋다.

꿀 TIP

① 수업 준비를 위한 문장

(EX) 'Puede hervir las anchoas duarente veinte minutos, por favor?'
:이 멸치들을 20분 동안 삶아 주실 수 있으십니까?라는 뜻

② 수업 중 활동 중간 중간을 연결하는 표현과 칭찬표현

(EX) 저를 보세요 : Mírame.
저를 따라해주세요 : porfavor Síganme
참 잘했다 : Buen trabajo, Muy bien, ¡Perfecto!
이해했나요? : Esta claro?

③ 학생들과 친해지기 위한 표현

(EX) 이름이 뭐에요? : ¿Cómo te llama?
몇 살이에요? : ¿Cuántos años tienes?

④ 한글과 비슷지만 다른 표현

(EX) 뽀뽀(popo): 한글로는 키스, 스펜인어로는 강아지똥을 의미한다.

5. 문화

교육봉사 단원들은 봉사국가와 한국 사이에 상당한 문화적 차이가 있음을 인지하고, 마음의 준비를 단단히 해갔음에도 여러 가지 예상치 못한 순간에 직면하곤 했다. 덕분에 현지 문화에 대한 우리의 첫 인상은 '지구 반대편은 하나부터 열까지 다르구나'였다. 우선 가장 흔하게 겪은 것은 개방적인 '스킨십'이다. 이때의 스킨십은 연인간의 사랑 표현을 의미하는 것이 아니라 남녀노소를 불문하고 사람들 간의 자연스러운 친밀감 표현을 의미한다. 예를 들어 엘살바도르 사람들은 반갑게 인사를 나눌 때 서로의 볼을 맞대고 쪽 소리를 낸다. 한 단원은 처음 이 장면을 목격했을 때 둘이 연인사인가 하고 오해했다고 한다.

그래도 이런 인사는 다른 문화권인 한국인을 배려해 많이 하지 않았고, 어느 정도 예상한 단원들도 많았기에 괜찮은 편이었다. 단원들이 가장 당황한 스킨십은 현지 학생들과 사진을 찍을 때의 일이었다. 자연스럽게 허리를 감는다거나, 팔짱을 끼거나, 심지어 볼에 입을 맞추는 학생도 있었다. 처음에는 당혹감에 학생에게 의사표시를 해야 하나 싶기도 했지만, '로마에 가면 로마에 법을 따라야 한다'는 말이 떠올라서 참았다. 혹시나 싶어 나중에 코티처들에게 물어봤더니, 중남미 지역이 남녀노소 구분 없이 스킨십에 관대한 편이긴 하지만, 정도가 심하면 제재하는 것이 맞다고 한다. 아무리 로마여도 모든 법을 따르지 말고, 학생이 기분 나쁜 스킨십을 한다면 단호하게 거절하거나 코티처의 도움을 요청해야 함을 기억하자.

다음으로 알고가면 좋을 문화는 현지인들이 동양인에 대해 가지고 있는 생각이다. 중남미 대부분의 국가는 '한국'이라는 나라가 어색했다. 따라서 수년 전에 중남미에 왔을 때는 그들이 동양인으로 여겨지는 사람을 마주하면, '치노(chino, 중국사람)'라고 부르거나, '곤니찌와(こんにちは, 일본어로 오후 인사)'라며 접근하는 경우가 있었다. 처음에는 기분이 무척 나빴지만, 나중에 천천히 생각해 보니 '이들이 한국이라는 나라를 알 방법이 없겠구나'라는 씁쓸한 생각이 들었었다. 물론 인종차별을 하며 놀리기 위해 사용하는 사람도 있지만, 대부분의 사람은 처음 보는 동양인에 대한 관심의 표현일 수 있으니 너무 분노하지 않기를 바란다.

하지만 이것도 대부분 과거의 이야기다. 이제 우리에겐 월드스타 '방탄소년단'이 있다. 이 7명의 보이그룹(boy-group) 덕분에 그들은 더 이상 우리를 중국인이나 일본인으로 생각하지 않는다. 오히려 거리를 지나가면 한국어로 인사 해주는 사람들도 많다. 방탄소년단은 엘살바도르 사람들이 동양인을 경계하지 않게 만들었을 뿐더러, 우리 봉사단에 대한 격한 환영으로 이어지게 만들었다. 현 시점에 한국의 국격을 가장 높이고 있는 컨텐츠는 손흥민 선수의 축구도, 대기업의 반도체도, 한식도 아닌 '방탄소년단'이 아닐까. 이 자리를 빌어 우리의 봉사활동을 한층 수월하게 해준 그들에게 심심한 감사를 전한다(그림 4-6).

그림 4-6 환영식에서 춤을 추는 단원들

그림 4-7 베이비 샤워 파티

기념일을 맞이하는 모습도 한국과 사뭇 달랐다. 한국에선 보통 청소년과 청년들만의 문화로 자리 잡은, 그 마저도 모두가 즐긴다고 말하기엔 무리가 있는 '발렌타인데이(남녀가 초콜릿을 주고받는 기념일)'가 이곳에서는 굉장히 의미 있는 날로 여겨진다. 가장 큰 차이점 두 가지는, 학교에서 공식적인 행사로 즐긴다는 점과, 전 세대가 함께 한다는 점이다. 학교에선 이 날 '발렌타인데이 기념행사'를 진행했다. 학생들은 사복을 입고 등교하며, 아침부터 곳곳에 커다란 인형이나 초콜릿 등을 받고 수줍은 듯 얼굴을 붉히는 친구들이 보인다. 우리 단원들과 코티처들도 이들처럼 초콜릿을 주고받았다. 기념행사가 진행되는 중 한 고등학교 교실에선 우리에겐 이름조차 생소한 파티가 진행되었는데, 바로 '베이비 샤워(출산이 임박한 임산부나, 갓 태어난 신생아를 축하하기 위한 행사)'이다. 임신한 학생을 다 같이 축하해주며 선물도 주고, 다과도 나눠먹으며 즐긴다. 우리도 축하 파티에 참석하여 그 친구를 진심으로 축복해 주었다(그림 4-7).[11]

다음으로 우리를 당혹하게 만든 현지 문화중 하나는 '느긋느긋하게'이다. 식당도, 버스도, 공공기관도, 학교도 모두가 느긋하다. 해외 봉사활동의 경험이 많은 담당 교수님이 외국의 '천천히' 문화에 대해 미리 알려주시긴 했지만, 막상 겪어보니 너무 답답했다. 하지만 1~2주쯤 지나 현지의 느긋한 생활에 익숙해졌을 쯤엔 우리가 한국에서 너무 빠르게만 살아온 것이 아닌가 생각이 들었다. 어떤 책의 제목처럼 '멈추면 비로소 보이는 것들'이 있다. 단원들과의 깊은 대화나, 조용한 곳에서 책 읽기, 해야 할 일에 전념하기, 왁자지껄 떠들어 가며 운동하기…. 한국과 상이한 문화 속에서 교육봉사를 하면서, 교육적인 깨달음 외에도 천천히 사는 것의 선물을 몸소 체험할 수 있었다.

---

11 고등학교 교실에서 동료 학생에게 베이비 샤워를 해주는 것은 한국에서는 거의 보기 어려운 모습이다. 해당 학생은 매우 행복해했으며, 태아도 건강하게 태어날 것으로 보였다. 이런 점에서는 엘살바도르가 한국보다 문화적으로 앞서 있다고 말할 수도 있겠다.

한국에도 코리안 타임이 있었다.
우리나라에도 시간 약속을 잘 지키지 않는 것을 말하는 코리안 타임이라는 표현이 있었다. 엘살바도르는 현재도 그렇다. 개인적인 약속이나 공식 행사 등도 30분 ~ 1시간 정도 늦는 것은 다반사다. 대절 버스 시간 약속은 약 30분 전으로 해 놓는 것이 좋다.

서술하지 못한 것 외에도 한국과 엘살바도르에는 다양한 문화적 차이가 있었다.[12] 따라서 그들이 사는 문화에 아무런 잡음 없이 섞여 들어가기란 불가능에 가까웠다. 그것은 그들이 수천 년 간 형성해 온 문화이기 때문이다. 그런데 놀라운 것은, 이처럼 커다란 간극을 자세히 살펴보면 역설적이게도 닮은 점들이 많이 보인다는 것이다. 새로운 만남을 앞두면 설레고, 친구들 끼리 다투기도 하고, 같은 연예인을 보며 즐거워하고, 공부하기 싫어하며, 헤어질 땐 똑같은 눈물을 흘린다는 것 모두가 말이다. 우리는 서로 겉모습이 다르고 살아온 환경이 다르지만, 결코 추구하는 가치가 다른 것은 아니다. 그들과 우리는 똑같이 사랑과 평화를 추구하며, 전쟁과 폭력을 원하지 않고, 아이들이 조금 더 나은 환경에서 교육받기를 원한다. 문화의 다양성은 오히려 가치의 공통성을 증명하는 것 같다.

꿀 TIP 작은 선물을 항상 준비해 놓는 게 좋다
현지 신문사나 방송사에서 봉사활동을 취재 나오는 경우가 종종 있다. 한국에서는 취재 기자가 인터뷰를 하는 사람에게 사례를 하곤 하지만, 니카라과나 엘살바도르에서는 기자나 카메라 기사에게 작은 선물을 주는 것이 좋다고 한다. 예고 없이 청소년센터에 방문한 시장에게는 수업을 하고 있던 지구본 모형을 선물로 주었는데, 그 옆에 있던 영어 교사가 자기도 하나 달라고 하고, 그 자리에 있던 센터장 등에게도 모두 하나씩 주니 참 좋아했다. 대학 버스를 이용하는 경우에도 기사에게 팁을 주는 것보다(물론 받지도 않는다.) 작은 선물을 주는 것이 좋다. 선물은 큰 것 하나보다 작은 것 두 개가 더 좋다.

6. 숙박

지구 반대편에서 한 달 동안 사는 데엔 머물 숙소가 어떨지가 커다란 관심거리중 하나일 것이다. 실제로 출국 전 단원들의 주된 관심거리는 숙소와 음식으로 양분될 정도였다. 결과부터 말을 하자면, 모두의 공통된 생각은 예상했던 것보다 훌륭한 숙소였다는 것이다. 후문에 의하면 단원 대부분이 오지와 같은 환경을 예상했다고 한다. 불행인지 다행인지 쓰러져 가는 기둥이나 비가 새는 지붕 같은 것은

---

12 엘살바도르에는 단골 개념이 없는 것으로 보인다. 한국에서는 두 번째 사면 좀 싸게 해 주는데, 여기서는 두 번째 사면 돈을 더 받으려고 한다. 니카라과에서도 이와 비슷한 얘기를 들었다.

없었다(그림 4-8, 4-9).

그림 4-8 산살바도르 숙소 내부

그림 4-9 아와차판 숙소 외부

봉사단의 예산이나 현지 환경에 따라 천차만별이겠지만, 우리의 경우 봉사할 지역에 따라서 총 세 번 숙소를 옮겼다. 세 숙소 모두 크게 다른 환경은 아니었는데, 외국의 호스텔이나 우리나라의 게스트하우스 정도로 생각하면 좋다. 대부분의 숙소는 수도에 위치함에도 불구하고 나라의 특성상 고층 건물이 많지 않으며(지진이 자주 발생[13]해서 그렇다고 한다.), 2~3인실로 이루어져 있다. 숙박비는 대략적으로 1박당 식사를 포함해 방 하나에 50$이다. 몇몇 방은 바퀴벌레, 개미, 모기[14]들이 습격하거나 습도조절이 안 되는 등의 불편이 있었지만, 나머지 대부분의 방은 생활하기에 무난했다.

봉사활동 숙소생활의 꽃은 룸메이트다. 룸메이트를 정하는 방법에는 여러 가지가 있을 수 있지만, 우리는 모두가 친해지길 바라는 마음에서 공평하게 '사다리타기' 게임으로 정했다. 방을 정하는데 앞서 교수님과 동행하시는 선생님들께 방 배정에 대해 여쭤보는 것이 좋다. 그 다음 전체 학생 수와 몇 인실인지의 여부를 고려해 정하면 된다. 누군가는 룸메이트는 중요하지 않다고 생각할 수 있지만 긴 시간동안 외국에 살면서 가장 가까운 곳에서 마음을 나눌 사람은 중요한 존재다.

숙소에 도착하면 짐 관리를 최우선의 과제로 생각해야 한다. 봉사활동의 특성상 학교에서 활동하는 시간이 많기 때문에 숙소에 남겨진 짐의 분실위험이 많다. 부끄럽지만 봉사단원 중에 짐 관리를 소홀히 하여 도난 사고가 발생하기도 했다. 짐 관리를 위한 몇 가지 팁을 소개하고자 한다. 첫째, 귀찮아도 캐리어는 꼭 잠그고(비밀번호 설정) 다니자! 아침에 바쁘게 준비하고 캐리어를 열어 놓은 채 방을 나

13 실제로 봉사활동 수업 중에 지진이 일어나 학생들과 교사가 모두 운동장으로 대피하여 여진이 끝날 때까지 대기한 경우가 있었다.

14 모기향을 피울 때에는 바닥에 흰 종이 한 장을 깔면 재 처리가 쉽다. 한국에서 벌레 방지약을 가져갈 수도 있지만, 현지에서 잘 듣는 것을 현지에서 사는 것이 더 좋다.

섰다고 생각해보자. 숙소 내 도난의 대부분은 숙소 안에 있던 사람에 의해 발생한다. 견물생심이라는 말처럼 캐리어 내부의 귀중품이 눈에 보이면 훔치고 싶은 마음이 들기 마련이다. 캐리어를 잠그는 것만으로 도난의 90%는 예방할 수 있을 것이다. 둘째, 고가의 귀중품은 작은 가방을 이용해 항상 휴대하자! 믿을 사람 하나 없는 요즘 같은 시대에 자신이 직접 챙기는 것만큼 효과적인 도난 방지법은 없을 것이다. 셋째, 돈은 분산해서 보관하자! 봉투를 여러 장 챙겨 하나는 책 사이, 하나는 옷 사이, 하나는 포켓 안쪽 등 여러 개로 분산시키면 한 번에 많은 돈을 잃어버리지 않을 것이다.

호텔에 머무는 경우 각각 방으로 구분되어 서로 연락하거나 공동 짐을 관리하는 게 쉽지 않은 경우가 있다. 각 방 문에 단원 이름, 공용물품 등을 적어 붙여 놓는 것이 좋다.

그 외에 숙소생활을 위해 체크해야할 것들이 있다. 먼저 수압은 숙소마다, 방마다 천차만별이라 단언하기 힘들다. 다만 자신의 방에 수압이 너무 낮으면 주인한테 찾아가서 정중히 부탁할 수 있는 용감함이 있으면 좋다. 다음으로 샴푸나 바디워시 같은 무게가 나가는 목욕용품은 현지에서 충분히 구할 수 있으니 공항에서 무게 때문에 고생하기보다 룸메이트와 상의해서 구입하는 것이 좋다. 마지막으로 외국의 낯선 문화 중 하나인 '팁 문화'이다. 나라나 문화마다 다르지만, 가장 먼저 생각해야 할 점은 우리가 공동체 생활을 하고 있다는 점이다. 따라서 섣불리 팁을 주는 행동은 지양하고, 통솔 하시는 교수님이나 선생님, 단원들과 상의 후 결정하는 것이 좋다.

꿀 TIP 커피는 항상 공짜가 아니다.

호텔에서 조식 메뉴에 커피가 포함되어 있거나, 메뉴에 없어도 음식과 같이 커피가 나오는 경우는 따로 커피값을 내지 않는다. 그렇지 않은 경우, 예를 들어 점심을 먹은 후 커피를 한 잔 달라고 해서 마시면 나중에 커피 먹은 비용을 추가로 청구한다.

7. 인간관계

인간관계 문제는 한국에서도 힘든 일인 만큼, 현지 봉사활동 중에도 종종 우리의 발목을 잡았다. 처음에는 서로 어떻게 친해져야 할지가 가장 큰 고민이다. 매 주 진행되는 사전교육과, 1박2일로 다녀온 합숙교육, 수업시연, 춤 연습 등 친해질 기회가 많이 있지만, 막상 출국하기 전까진 대부분이 어색한 사이이다. 무책임한 대답이지만, '시간'이 가장 확실한 해결책이다. 한 달 동안 서로 몸을 부대끼며 살기 때문에 친해지기 싫어도 친해질 수밖에 없기 때문이다. 하지만 시간에 안주하기만 하는 것은 경계해야 한다. 보다 질 높은 수업을 위해서나 서로 간의 호흡을 향상시키긴 위해선 촉진제가 필요하기 때문이다. 따라서 출국 전 봉사 준비 기간에 서로에게 조금 더 적극적으로 다가가 보는 것은 어떨까. 그렇게 한다면, 봉사활동이 끝날 때 무엇과도 바꿀 수 없는 소중한 인연을 분명히 얻을 수 있을 것이다(그림4-10).

다음으로, 많은 단원들이 봉사활동을 힘들게 한 것 중 하나는 '주어진 몫에 최선을 다하지 않는 것'이다. 다른 사람의 일까지 잘하길 바라는 사람은 아무도 없다. 그저 자신이 맡은 일은 잘 하진 못하더라도 최선을 다 하는 모습을 보이는 것이 단원간의 관계가 원만해지는 지름길이다. 하지만 말이야 쉽지 '1인분'을 한다는 것은 결코 녹록한 것이 아니다. 그 기준이 사람마다 다름은 차치하더라도, 봉사활동 기간 내내 자신의 수업 하나만 바라보는 것도 충분히 정신없기 때문이다. 따라서 조금은 관대하게 서로를 바라봐 주는 것도 잊지 말아야 한다.

그림 4-10 귀국 전 날 같이 찍은 사진

해야 할 일에 차별을 두지 않는 것도 좋은 관계를 얻기 위한 하나의 방법이 될 수 있다. '설거지는 여자가 해야 된다'거나, '무거운 것은 남자가 들어야한다', 혹은 '어린애들이 먼저 해야지'와 같은 발언은 좋은 일을 하려는 사람들도 맥이 빠지게 만든다. 부탁하는 사람은 이런 차별적인 발언에 주의하고, 감사할 줄 알며, 나머지 사람들은 힘들고 귀찮아도 자발적이고, 적극적으로 도와주는 것이 정말로 중요하다.

단원들 간의 관계 개선을 위해 재밌는 게임을 이용해 보는 것도 좋다. 바로 '마니또 게임'이다. 진행방법을 간략하게 소개하자면, 우선 종이에 단원들의 이름을 모두 적고, 자신의 이름을 제외하고 모두가 종이를 한 장씩 뽑는다. 그리고 나면 정해진 시간 동안 내가 뽑은 단원에게 들키지 않고 선행을 베풀면 된다. 정말 사소한 것들도 괜찮으니 부담을 가지지 않아도 된다. 어떤 단원은 잠들기 전마다 마니또를 위해 기도해 주었다고 한다(물론 증명할 길은 없다). 우리는 서로가 조금 더 가까워지길 바라는 마음에 노래 불러주기, 편지 써주기와 같은 미션을 추가하기도 했다. 마니또 게임 덕분에 봉사단원들끼리 관계도 돈독해지고, 서로에 대해 몰랐던 것도 알아갈 수 있는 등의 많은 수확을 얻었다.

8. 여가시간 활용

처음 봉사활동 시간표를 접하면, 공통적으로 떠오르는 의문이 있다. '하루치 수업이 끝나면 시간이 너무 많이 남는데 뭘 해야 할까?'. 우선 질문에 대한 대답은, '눈에 보이는 대부분의 쉬는 시간은 수업준비나 대본을 수정하는 데 사용해야 한다는 것'이다. 그것도 '자의적'으로 말이다. 따라서 이 절에서 알려주고자 하는 정보는 '수업 준비나 대본 수정까지 다 하고 나서도 시간이 남으면 뭐하지?'라고 질문하는 사람들을 위한 것이다. 수업 준비가 1순위임을 명심하자. 그렇다면 지금부터 봉사활동에 다녀온 사람들이 가장 많이 들었던 질문을 취합해 Q&A 형식으로 진행해보겠다.

Q. 책 읽을 수 있나요?

A. 여가시간에 가장 추천하는 활동입니다. 많은 단원들이 여러 권의 책을 가져가지 않은 것을 후회했습니다. 한적한 곳에서 노래를 틀어놓고 조용히 독서하는 것만큼 수업의 피로를 풀어주는데 좋은 것은 없습니다. 특히 머리 아픈 내용 보다는 소설, 시집, 자기계발서 등 생각에 잠겨볼 수 있는 책들을 추천합니다.

Q. 전공 공부를 할 수 있나요?

A. '할 수 있는지'를 물어보면 대답은 '네'이지만, '잘 할 수 있는지'를 물어본다면, '아니오'라고 대답하고 싶습니다. 수업하느라 바쁜 일정에 전공 공부까지 해낸다는 것은 쉽지 않습니다. 심지어는 우선순위가 바뀌는 최악의 상황도 초래할 수 있습니다. 공부도 체력이 소모되는 행위인 만큼 전공 책은 많은 생각을 한 뒤에 챙겨가길 바랍니다. 굳이 공부를 해야겠다면, 간단히 암기할 것이나 영어 단어 등을 가져갈 것을 추천합니다.

Q. 혼자만의 시간을 가질 수 있나요?

A. 마음만 먹는다면 혼자 사색을 즐길만한 기회가 충분히 있을 것입니다. 다만 봉사활동은 공동체 생활인만큼 여가시간의 대부분을 혼자 보내거나, 연락이 닿지 않는 곳에 혼자 있는 행위 등은 지양하는 것이 좋습니다.

Q. 산책 할 수 있나요?

A. 봉사활동 지역의 특성에 따라 천차만별이지만, 저희가 갔던 엘살바도르는 치안이 좋지 않은 국가에 속해서 산책이 금지되었습니다. 하지만 이와 같은 특이한 경우가 아닌 이상, 대부분 숙소 근처에서 하는 가벼운 산책은 가능합니다. 당연하지만 한국이 아닌 만큼 안전, 도난문제에 각별히 주의해 주시기 바랍니다.

Q. 운동 할 수 있나요?

A. 산책과 마찬가지로 봉사국가의 상황에 따라 다릅니다. 대부분의 숙소는 마당과 같은 장소가 딸려있는 경우가 많습니다. 따라서 '패드민턴'이나 '제기' 같이 좁은 장소에서도 즐길 수 있는 운동기구를 챙겨가는 것이 좋을 것 같습니다. 저희 봉사팀의 경우 숙소 밖에서는 '현지 학생들과의 축구'나 '다

이어트 센터(헬스장, gym)' 같은 곳에 등록해 운동하곤 했습니다.

사실 웬만한 질문들, 예를 들어 '~을 할 수 있나요?'와 같은 질문들의 대답은 대부분 'YES'이다(온라인 게임을 할 수 있는지 물어보는 사람은 없을 것이라 믿는다.). 다만 거듭 말했듯 수업준비가 1순위임을 잊지 말아야하는 점, 봉사국가의 상황에 따라 천차만별일 수 있다는 점을 꼭 기억하자.

5장

교육

교육 봉사활동에서 가장 중요한 것은 학생들에게 좋은 교육을 제공하는 것이다. 교육의 많은 부분은 다양한 수업을 통해 이루어지는데 엘살바도르에서 우리 봉사단이 어떤 수업을 하였는지 이 장에서 소개하고자 한다.

1. 간단한 수업소개

1) 프랙탈 카드 만들기

학생들은 수학의 닮음이라는 개념과 관련된 프랙탈 구조를 가진 카드를 만든다. 실생활에서 찾아볼 수 있는 프랙탈의 예를 관찰하고 프랙탈 카드를 만드는 과정을 통해 프랙탈의 의미를 배운다.

2) 무한큐브 만들기

무한큐브 만들기 수업은 수학과 미술 수업이다. 학생들은 3차원 도형에 대해 배우게 된다. 8개의 정육면체를 연결하여 무한히 움직일 수 있는 큐브를 만든다. 그것을 관찰함으로써 그들은 3차원 도형을 이해할 수 있다.

그림 5-1 프랙탈 카드

그림 5-2 무한큐브 만들기

3) 무게중심

학생들은 이 수업에서 무게의 중심을 배운다. 질량의 중심에 관한 원리를 배우고, 우리가 배운 아이디어를 사용하여 종이로 잠자리를 만든다.

4) 부메랑 만들기

부메랑 만들기 수업에서는 종이로 직접 부메랑을 만들어 보고 부메랑의 원리를 배운다.

그림 5-3 무게중심

그림 5-4 부메랑 만들기

5) 정전기

정전기 수업은 3가지 실험을 통해 정전기의 원리를 알고, 몸소 느껴보고, 활용하는 수업이다. 이 수업을 통해 학생들은 정전기의 원리와 특징을 알 수 있다.

6) PS판 열쇠고리

이 수업의 주제는 열가소성 플라스틱인 PS판으로 열쇠고리를 만드는 것이다. 학생들은 열가소성 플라스틱과 열경화성 플라스틱의 차이를 이해할 수 있다. 열쇠고리를 만드는 과정에서 오븐 속의 플라스틱이 줄어드는 것을 보면서 열가소성을 경험할 수 있다.

그림 5-5 정전기 체험

그림 5-6 PS판 열쇠고리

7) 색이 변하는 꽃

학생들은 실생활에서 산과 염기에 대해 배운다. 산과 염기의 특징을 배운 후 지시약을 통해 어떻게 색이 변하는지 관찰한다. 이를 바탕으로 종이꽃을 만들고 지시약을 활용하여 꽃을 염색한다.

8) 멸치 해부

마른 멸치를 해부해 봄으로써 어류의 각 기관과 그 기능에 대해 배우는 수업이다. 멸치에 어떤 기관이 있을지 자유롭게 이야기 해보고, 직접 멸치를 해부하며 관찰해본다.

그림 5-7 색이 변하는 꽃

그림 5-8 멸치 해부

9) 모세관 현상

물이 담긴 접시 위에 접은 종이꽃을 올려 펴지는 실험, 수성 사인펜의 색깔이 물을 만나 퍼져 나가는 것을 관찰하는 크로마토그래피 실험, 부러트린 이쑤시개의 부러진 부분에 물을 떨어트려 점점 중심이 벌어지며 별 모양이 되는 실험을 통해 모세관 현상을 관찰한다.

10) 로봇 코딩 수업

로봇 코딩 수업으로, 로봇을 제작하고 작동하는 법을 배운 뒤 그것을 응용해 게임을 진행하는 수업이다. 로봇과 친숙해지고, 코딩에 익숙해지고, 최종적으로 컴퓨팅 사고력을 기르는 것이 학습 목표다.

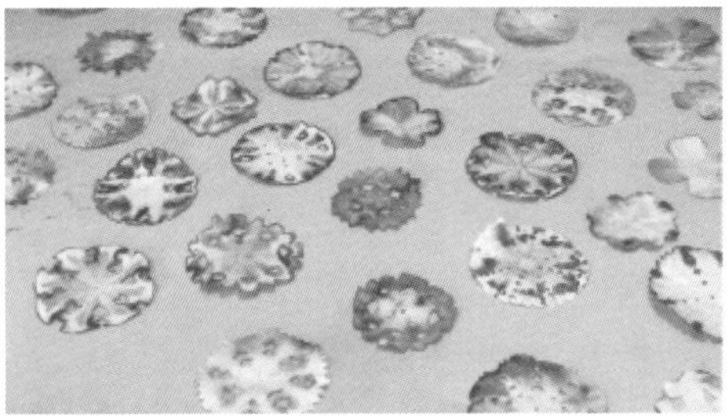

그림 5-9 모세관 현상

그림 5-10 로봇코딩

11) 세계 여행 버킷 리스트

세계 여러 나라의 국기와 수도, 유명한 것을 간단히 소개시켜주면서 학생들이 나중에 가고 싶어 하는 버킷 리스트를 작성하고 팀을 나누어 세계 여행 게임을 진행하는 수업이다.

12) 지구본 만들기

5대양 5대주의 이름과 위치를 배우고, 지구본을 만들어보는 수업이다. 이 수업을 통해 학생들은 5대양 5대주의 이름과 위치를 설명할 수 있고, 세계에 대한 호기심을 가질 수 있다.

그림 5-11 세계 여행

그림 5-12 지구본 만들기

13) 그림 퀴즈

이 수업은 비언어적 언어를 사용하여 다른 언어를 사용하는 사람들과 의사소통하는 방법을 배우는 것을 목표로 한다. 학생들은 몸짓과 몸짓으로만 이 그림의 의미를 전달하고 맞추는 그림 퀴즈 게임을 한다.

14) 리코더

이 수업에서는 학생들이 리코더를 사용하여 한국 전통 음악인 아리랑을 연주한다. 리코더를 연주하는 법과 아리랑에 대해 배운 다음 직접 아리랑을 연주해 본다.

그림 5-13 그림 퀴즈

그림 5-14 리코더

15) 부채 만들기

부채 만들기 수업에서 학생들은 부채를 디자인해본다. 한국의 사군자에 대해 배우고 부채에 사군자를 그려본다.[15]

16) 태권도

한국의 전통 무술인 태권도에 대해 배운다. 태권도를 통해 한국 문화를 경험한다.

그림 5-15 부채 만들기

그림 5-16 태권도

2. 수업 내용 예시

1) 수학

(1) 프랙탈(fractal) 카드 만들기

프랙탈 카드 만들기 수업은 닮음이라는 수학적 개념과 관련되어 있는 프랙탈과 카드 만들기 및 꾸미기라는 미술 활동을 함께 하는 수학·미술 융합수업이다. 프랙탈은 일부 작은 조각이 전체와 비슷한 모습을 가지고 있는 기하학적 형태를 말한다. 리아스식 해안선, 식물의 나무와 나뭇가지 형태, 번개, 눈송이 등 자연에서도 프랙탈 구조를 많이 찾아볼 수 있다. 프랙탈이 갖는 구조적 특징은 자기 유사성과 순환성이다. 프랙탈 카드는 이런 프랙탈의 구조를 띄는 카드를 만들어 보는 활동으로서 반복적인 과정을 통해 카드를 만드는 만들기 활동 속에서 프랙탈의 의미와 특징을 스스로 깨닫는데 목적을 두고 있다.

수학 과목에 다양한 활동 수업이 있지만 초등학생부터 고등학생까지 지도해야 하는 학생들의 수준의 편차가 크고, 수업 준비물 등의 현지 여건을 고려하여 수업 수준 조절이 용이하고, 쉽게 준비할 수

15 이 수업에서 남은 재료를 가지고 단원들이 각자 그림을 그려 즉석에서 선물을 만들기도 했다.

있는 준비물로 이루어지는 수업인 프랙탈 카드 만들기 수업을 선정하게 되었다.

프랙탈 카드 만들기 수업은 실생활의 프랙탈 사진들을 보여주고 사진들 간의 공통점을 찾는 등의 느낀 점을 공유하며 시작된다. 프랙탈의 개념을 알려주지 않은 상태에서 학생들 스스로 프랙탈의 개념을 구성해 보는 과정을 통해 사고력을 향상하고, 자연계에 있는 프랙탈 구조의 예시를 접함으로써 프랙탈이 우리 주변에 많이 존재하는 것이라는 것임을 깨닫게 하여 흥미 유발과 동기부여를 유도했다. 또한 미리 만들어 놓은 여러 프랙탈 카드를 보여줌으로써 수업의 결과물을 제시하는 것 또한 학생들의 흥미를 유발할 수 있는 장치이다.

프랙탈의 개념을 설명하고 나면 이제 본격적으로 카드 만들기가 시작된다. 카드 만들기는 '접기-자르기'가 유사한 방식으로 반복되는 과정을 통해 이루어진다. 이는 프랙탈 개념의 본질과 닿아있는데, 학생들은 직접 이 과정을 수행하면서 프랙탈의 의미를 체험할 수 있다. 카드를 만들기 위해 프랙탈 카드 도안, A4 색지, 가위, 풀, 사인펜이 필요하다(표 5-1). 교사의 설명에 맞춰 학생들은 도안을 따라 자르고 접는 활동을 반복한다. 도안에는 학생들이 접고, 오려야 하는 선이 그려져 있고, 각 선에는 번호를 매겨놓았다. 이는 학생들이 카드를 접고 자르는 활동을 좀 더 쉽고, 빠르게 진행할 수 있게 해주고, 교사가 카드 만드는 과정을 설명하는데 도움이 된다. 카드를 만드는 과정은 다음과 같다(표 5-2).

표 5-1 프랙탈 카드 만들기 수업 준비물

수업 준비물
교재, 시각자료(실생활 예시), 프랙탈 카드 도안, A4색지, 가위, 풀, 사인펜

표 5-2 프랙탈 카드 제작 과정

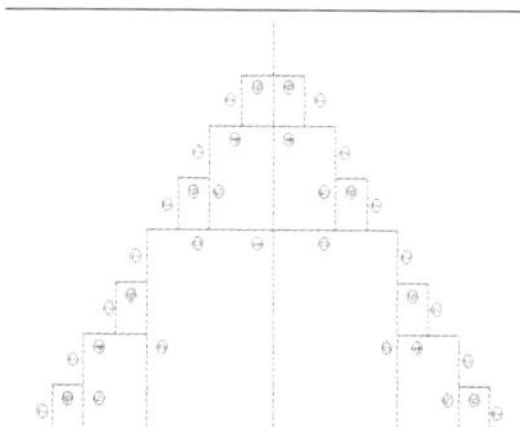	프랙탈 카드 도안	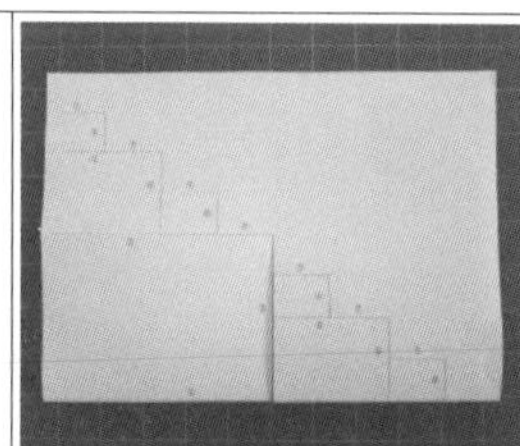	① 도안을 세로로 반으로 접는다. (1번 선을 따라 접는다.) ② 접힌 선의 중간 부분을 높이의 절반만큼 자른다. (2번 선을 따라 자른다.)
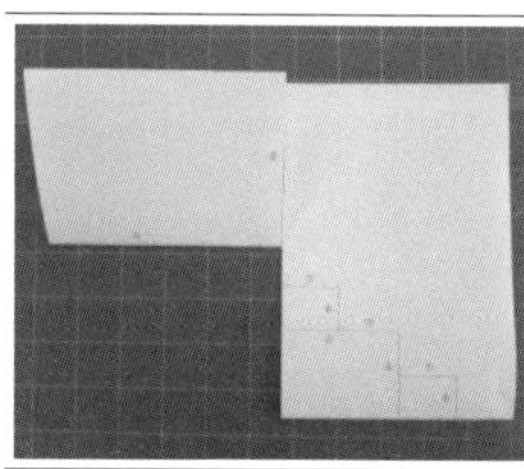	③ 자른 부분의 왼쪽 부분을 접었다가 핀다. (3번 선을 따라 접었다가 핀다.)	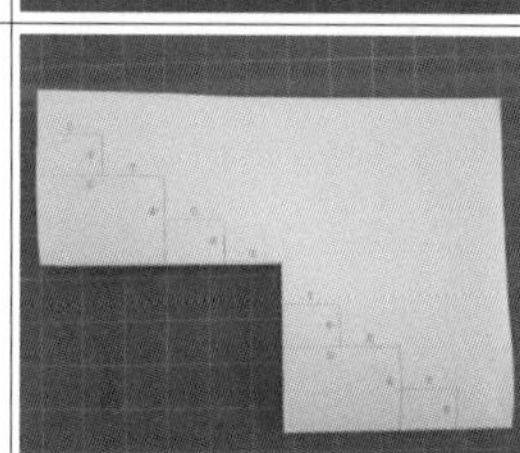	④ 접힌 선을 따라 안쪽으로 접어 넣는다.

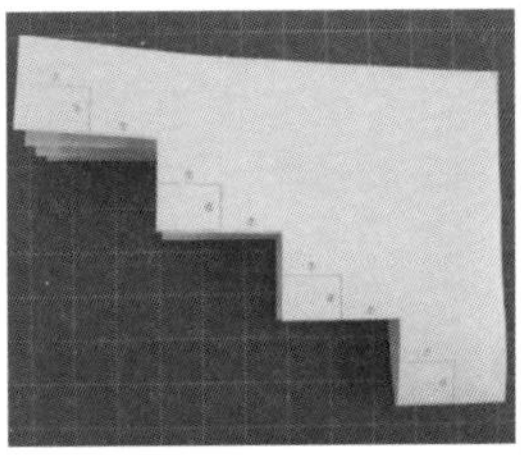	⑤ 접어 넣은 선의 중간 부분을 높이의 절반만큼 자른다. (4번 선을 따라 자른다. 이때 4번 선은 2개다.) ⑥ 자른 부분 각각의 왼쪽 부분을 접었다가 핀다. (5번 선을 따라 접었다가 핀다. 이때 5번 선은 2개다.) ⑦ 접힌 선을 따라 안쪽으로 접어 넣는다. (5번 선을 따라 안쪽으로 접어 넣는다.)	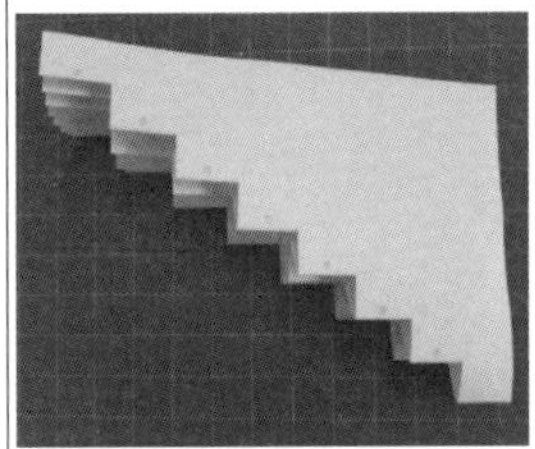	⑧ 접어 넣은 선의 중간 부분을 높이의 절반만큼 자른다. (6번 선을 따라 자른다. 이때 6번 선은 4개다.) ⑨ 자른 부분 각각의 왼쪽 부분을 접었다가 핀다. (7번 선을 따라 접었다가 핀다. 이때 7번 선은 4개다.) ⑩ 접힌 선을 따라 안쪽으로 접어 넣는다. (7번 선을 따라 안쪽으로 접어 넣는다.)
	펼친 모습		⑪ 색지를 세로로 절반 접는다. ⑫ ①~⑩에서 만든 카드와 ⑪에서 만든 색지를 풀을 이용하여 붙인다.

프랙탈 카드 만들기 활동이 끝나면, 학생들은 각자가 만든 카드를 친구들에게 소개하고, 교사는 수업 시간에 만든 카드와 다른 모양을 가진 다양한 프랙탈 카드를 보여주며 수업을 마무리한다.

본 수업의 구성과 내용은 엘살바도르에서 수업 시연을 하고 실제 수업을 하면서 많은 변화가 있었다. 현지에서 변화된 부분 첫 번째는 도안의 활용이다. 한국에서 수업을 준비할 때는 프랙탈 카드의 도안을 활용하지 않았었다. 하지만 학생들이 도안 없이 카드를 만드는데 어려움을 느꼈고, 스페인어를 통해 제작 과정에 대해 자세히 설명하고 이해시키는데 한계가 있었다. 이를 해결하기 위해 도안을 제작하고 제작 과정에 따라 접고, 자르는 선에 따라 번호를 붙여 학생들이 좀 더 쉽게 카드를 만들 수 있고, 제작 과정을 좀 더 효율적으로 설명할 수 있었다.

두 번째는 실생활에서 찾아볼 수 있는 프랙탈의 예시를 설명하는 데 활용할 시각자료를 제작한 것이다. 시각자료를 준비하기 전에는 교재에 수록된 예시의 사진을 활용하였는데 이 과정에서 학생들의 주의력이 흐트러지는 경향이 있어 학생들의 수업 집중도를 높이기 위해 커다란 하드보드지에 프랙탈의 예시 사진을 붙인 시각자료를 제작하였다. 교재에서 해당 부분을 찾는 과정 없이 교사에게 학생들이 집중한 상태를 유지한 채로 수업을 이어갈 수 있다는 점에서 도움이 되었다.

세 번째는 프랙탈 카드의 샘플을 다양하게 준비한 것이다. 카드를 만들고 나면 제작한 카드를 꾸미는 활동을 하는데 몇몇 학생들이 카드를 선뜻 꾸미지 못하는 경우가 있었다. 그 학생들에게 꾸미기를 주저하는 이유를 물었을 때 많은 학생이 어떻게 꾸며야 할지 잘 떠오르지 않는다는 이야기를 많이 들었다. 수업 시간이 한정적이었기 때문에 꾸미기 시작하기까지 많은 시간을 소요하여 꾸미기를 마무리하지 못하는 경우도 발생하였다. 이를 해결하기 위해 어떻게 꾸밀지 고민하는 학생들이 참고할 수 있도록 단원들의 도움을 받아 다양하게 꾸민 카드 샘플들을 준비하여 보여주기는 과정을 추가하였다.

네 번째는 보조 교사들의 구체적인 역할분담이다. 초창기의 수업에서는 보조 교사의 역할이 명확하게 제시되지 않아 다소 혼선을 겪는 경향이 있었다. 이를 해결하기 위해 수업 진행 과정에 따라 보조 교사 각자의 역할을 명확하게 제시하였다. 특정 모둠에 보조 교사들이 몰리는 현상을 예방하기 위해 각 보조 교사들이 한 모둠씩 맡아 자리하게 하였다. 또한 카드 제작 과정에 따라 보조 교사들도 함께 카드를 만듦으로써 본인이 맡은 모둠의 학생들에게 예시를 제공하고 학생들이 실수를 하여 새로 제작이 필요한 경우 보조 교사가 만들고 있던 카드를 제공함으로써 해당 학생이 수업에 연속적으로 참여할 수 있게 하였다.

본 수업의 목표 중 하나는 프랙탈 카드를 만들며 유사한 과정을 반복하며 프랙탈의 성질인 자기 유사성과 순환성을 스스로 체험해보는 것이다. 이러한 프랙탈 구조의 성질에 따라 프랙탈 카드를 만드는 과정도 유사한 과정의 반복으로 이루어지는데, 현장에서 수업을 진행하면서 일부 학생들은 어느 정도의 단계가 지나고 나면 다음 단계를 설명해 주기도 전에 스스로 프랙탈 카드를 완성해 가는 모습을 관찰할 수 있었다. 이는 카드를 만드는 과정 속에서 유사한 과정 즉 유사한 구조의 반복이라는 프랙탈의 의미를 학생들이 잘 체험하고 있다는 것을 의미한다는 점에서 유의미한 반응이었다. 본 수업에서는 마지막 단계를 앞두고 다음 단계를 어떻게 진행해야 할지 함께 고민해보는 시간을 갖고, 학생들에게 다음 단계에서 어떻게 카드를 만들어야 할지 발표하게 함으로써 프랙탈 구조에 대한 학생들의 깨달음을 공유하고자 하였다(그림 5-17, 5-18, 5-19).

그림 5-17 프랙탈 카드 만들기 수업

그림 5-18 프랙탈 카드 만들기 수업

그림 5-19 프랙탈 카드 전시

⑵ 무한큐브 만들기

무한큐브 만들기 수업에서는 수학 시간에 배우는 여러 가지 입체 도형과 그 전개도를 소개하고, 정육면체 8개를 서로 이어 한 방향으로 무한히 돌릴 수 있는 입체 도형인 무한큐브를 만들어 본다. 이런 활동을 통해 학생들은 다양한 입체 도형의 구조를 친근하게 접할 수 있다. 또한 미리 준비된 자신의 사진이 인쇄되어 있는 전개도에 자신이 꿈꾸는 미래의 모습을 그려보고 발표해본다.

본 수업을 진행한 단원은 충북대학교 2기 해외 교육 봉사단의 단원으로 니카라과에 다녀온 경험이 있었다. 그 경험을 통해 세계 어느 나라에나 수학을 좋아하지 않는 학생이 많다는 것을 느꼈고, 수학을 더 재밌게 가르치는 방법을 생각하다 무한큐브 만들기와 입체 도형을 함께 수업하면 좋을 것 같다는 생각에 이를 수업 주제로 선정하였다. 또한 니카라과 학생들에게 인화된 자신의 사진이 귀했기 때문에 엘살바도르 학생들에게 자신의 사진이 붙어있는 정육면체가 흥미를 이끌기 좋은 소재라고 생각하였다. 이에 더불어 자신의 현재 모습, 그리고 미래 모습과 꿈에 대해 생각하는 시간을 통해 학생들에게 꿈에 대해 생각해보는 시간을 갖고자 하였다.

무한큐브 만들기 수업은 수업 구성상 한 시간에 마무리하기에 내용이 많기 때문에, 두 시간 연달아 수업하는 블록 타임 수업으로 진행하였다. 수업은 평면 도형과 입체 도형을 설명하며 시작된다. 준비한 여러 입체 도형을 보여주고, 실생활에서 각각의 도형의 모습을 가지고 있는 예에 대해 함께 이야기해본다. 입체 도형에 따라 전개도가 어떤 모양인지, 전개도로 어떻게 입체 도형을 만들 수 있는지 함께 알아본다.

다양한 평면 도형과 입체 도형에 대해 알아보고 난 후, 미리 만들어 놓은 무한큐브를 보여주어 학생들의 흥미를 유발하며 무한큐브 만들기를 시작한다. 수업 준비물과 무한큐브를 만드는 과정은 다음과 같다(표 5-3, 5-4).

표 5-3 무한큐브 만들기 수업 준비물

수업 준비물
정육면체 모형 8개, 정육면체 전개도, 학생 사진, 테이프, 색연필, 유성 매직

표 5-4 무한큐브 제작 과정

	① 정육면체 두 개에 테이프를 붙인다.	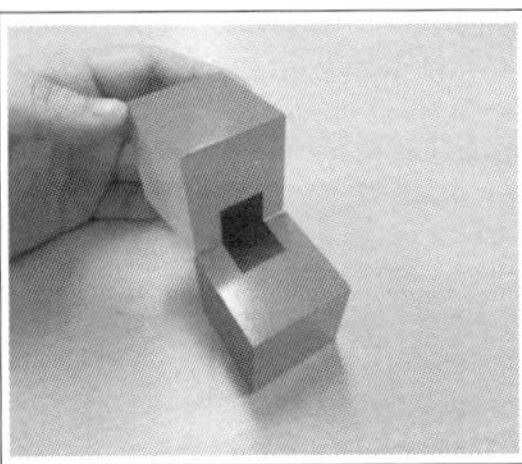	② 붙인 쪽으로 정육면체를 올린다.

	③ 바로 앞에 테이프를 붙인다. ④ 위 과정을 네 쌍의 정육면체에 반복한다.	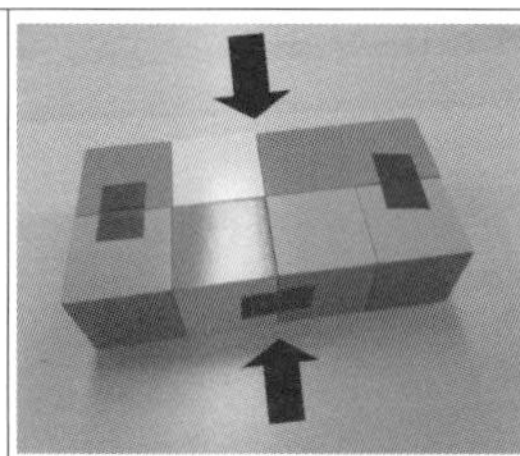	⑤ 네 쌍을 그림과 같이 놓는다. 이때, 가운데의 두 쌍의 정육면체는 테이프가 붙은 부분이 바깥쪽(화살표 부분)을 향하게 한다.
	⑥ 한꺼번에 뒤집는다. ⑦ 그림과 같이 테이프를 붙인다.		⑧ 양 끝을 들어 올린다.
	⑨ 옆면(화살표 부분)에 테이프를 붙여 무한큐브를 완성한다.		

무한큐브를 다 만들고 나면 전개도를 활용하여 '꿈 사면체' 만들기를 한다. 꿈 사면체는 각 면에 학생들이 꿈꾸는 자신의 미래 모습을 그린 사면체이다. 우선 서로의 미래의 모습에 대해 이야기한다. 이때 교사는 자신이 꿈꾸는 미래 모습을 먼저 말하여 학생들이 좀 더 자신의 이야기를 쉽게 할 수 있고 서로의 꿈에 함께 교감하기 쉬운 분위기를 조성한다. 자신의 꿈을 그림과 설명으로 자유롭게 표현해본다. 그 다음 준비한 사면체의 전개도에 앞에서 그린 그림을 붙이고, 전개도를 접어 사면체를 만든다. 꿈 사면체가 완성되고 나면 학생들은 완성한 꿈 사면체를 친구들 앞에서 발표해본다. 발표가 끝나고 나면 서로의 꿈이 이루어지기를 격려하며 수업을 마무리한다.

무한큐브를 만드는 과정에서 실수를 하는 학생이 많고, 그 경우 무한큐브는 제대로 조작되지 않는다. 한 부분이라도 잘못 연결하면 큐브가 돌아가지 않기 때문이다. 그래서 교과서를 준비하면서 무한큐브의 제작 과정을 사진과 함께 매우 자세하게 설명하였다. 하지만 학생들이 교과서와 교사의 시범을 보고 따라하는 과정에서 실수를 하는 경우가 많이 발생하였다. 이 문제를 해결하기 위해 모둠별로 보조 교사들을 나눠 담당하여 학생들의 진행 과정을 단계별로 살피며 잘못 만드는 학생이 있을 경우 그때그때 바로 잡아 주도록 하였다.

또 본 수업을 준비할 때 학생들의 개인 사진이 필요하다. 따라서 수업 전 이 수업을 듣게 될 학생들을 미리 방문하여 사진을 찍어두고 전개도의 사이즈에 맞추어 사진을 인쇄해 두어야 한다. 엘살바도르에 도착한 직후 한국에서 준비해 간 프린터가 며칠 간 고장이 나서 위의 수업준비를 못하게 되어, 대신 학예 수업으로 준비했던 비석치기를 하며 수업 시간을 채웠다.

수학에 흥미가 없는 학생들이 많았지만, 무한큐브 만들기 수업은 대부분의 학생들이 수업을 잘 따라오고 관심을 가져주었고, 수학 수업에서 연관 짓기 힘든 만들기와 자신의 꿈 이야기를 하여 수학 수업의 딱딱함을 벗어날 수 있는 수업이었다(그림 5-20, 5-21, 5-22).

그림 5-20 무한큐브 수업

그림 5-21 무한큐브 수업

그림 5-22 무한큐브 전시

2) 과학

(1) PS판으로 열쇠고리 만들기

과학 수업 중 첫 번째로 소개할 것은 화학 수업인 'PS판으로 열쇠고리 만들기'이다. 이 수업은 열을 가하면 줄어드는 투명한 플라스틱인 PS판을 이용해 자신만의 열쇠고리를 만드는 활동 중심의 수업으로, 수업의 도입부에서는 핵심 용어인 열가소성이라는 용어를 도입, 전개 부분에서는 활동의 방법을 설명하고 만들기, 정리부분에서는 핵심내용 확인과 결과물 공유의 방식으로 수업을 진행했다. 활동 중심의 수업이라고 해도 과학 수업이기 때문에 이론적인 부분을 다루지 않을 수가 없었는데, 그 내용이 학생들에게 굉장히 생소한 열가소성(열을 가하면 모양이 변하는 성질), 열경화성(열을 가해도 모양이 변하지 않는 성질)과 같은 전문 과학 내용이라 어려워하고 지루해하는 아이들도 있었다. 이런 점을 보완하기 위해 수업을 수정한 과정을 뒤에서 소개하겠다. 우선 수업 자체에 대한 소개를 마저 하자면, 열쇠고리 만들기에 필요한 재료는 표 5-5와 같다.

표 5-5

오븐, ps판(투명), 장갑, 펀치, 가위, 네임펜, 매직, 열쇠고리, 변압기, 도안, 호일, 마카, 지우개, 예시 작품, 오븐에서 꺼낸 열쇠고리를 누를 것(파일철 등)

꽤 많은 종류의 재료가 필요해서 거의 매 수업마다 놓치는 준비물이 발생하곤 했었다. 놓친 준비물

이 있다는 것을 깨닫는 순간 속으로는 엄청 당황했지만, 호일을 두고 왔을 때는 같은 날에 정전기 수업이 있는 것을 기억해 호일을 빌리고, 구워진 플라스틱을 꺼낼 장갑을 두고 왔을 때는 학교 주방에서 행주를 빌리고, 파일철을 두고 왔을 때는 주변에 있던 플라스틱 부채를 이용하는 등 임기응변으로 무사히 수업을 진행했다. 잦은 실수에도 결국에는 무사히 수업을 진행한 것이 다행이긴 하지만 덕분에 팀원들은 고생을 좀 했다. 마지막 수업에서는 재료가 남아서 엘살바도르의 한글학교 아이들에게 줄 선물과 코티처들에게 줄 선물로 열쇠고리를 만들었다. 준비물과 관련해서 이 주제로 수업을 할 교사에게 조언을 하자면, 준비물은 넉넉하게 준비해가며 많은 종류의 준비물을 담기 위한 이동용 주머니와, 전시회 때 사용할 긴 끈도 준비해가면 좋을 것이다.

재료들을 가지고 열쇠고리를 만드는 방법은 표 5-6과 같다. 학생들이 자신이 만든 플라스틱을 가지고 오븐 앞에 줄을 서면 차례대로 플라스틱을 오븐에 넣고 관찰하게 되는데, 이때 열가소성 플라스틱인 PS판이 줄어드는 모습을 볼 수 있다. 몇몇 수업 후에는 학생들의 열쇠고리를 걷어서 해당학교에서의 마지막 날에 있는 전시회 때 전시에 사용했다.

표 5-6

	① 원하는 도안을 골라 PS판을 대고 따라그리기&색칠		③ 플라스틱을 오븐에 넣어 굽기
	② 모양을 따라 자르고 펀치로 구멍 뚫기		④ 오븐에서 꺼내 눌러주고 열쇠고리 끼우기

앞에서는 'PS판으로 열쇠고리 만들기' 수업에 대해 간단히 소개했다. 그렇다면 본격적으로 이 수업 주제를 가지고 어떻게 한국에서 수업준비를 했고, 현지에서는 또 어떻게 수업이 변화했는지에 대해서 알아보자. 먼저 한국에서의 수업 지도안, 교과서, 대본 작성은 수업준비과정에서 소개한 내용과 별다른 것은 없었다. 조별로 수업 시연을 할 때는 처음으로 오븐에 PS판을 구워봤는데, 굽는 것이 생각보다 쉽지 않아서 플라스틱의 모양이 이상해지기도 하고 덜 구워지기도 했다. 오븐의 세기와 시간을 어떻게 해야 할지 감이 안 잡혀서 조원들뿐만 아니라 다른 단원들, 학과 사람들 등 많은 사람들과 함께 연습을 여러 번 했다. 열쇠고리 도안을 준비하면서는 현지 아이들이 어떤 캐릭터를 좋아할지, 한국에서 인기가 좋은 캐릭터를 중남미에서도 알고 있을지, 미리 니카라과 코티처에게 물어봐서 선정하게 되었다.

이렇게 한국에서 수업을 준비해갔지만, 현지에서 막상 실제로 수업을 해보니 교실·아이들·수업시간·재료 등의 다양한 변수가 존재해서 끊임없이 수업이 변화하고 마지막에는 한국에서 준비한 대본과 전혀 다른 수업이 되었다. 현지 대학교에서 수업시연을 할 때는 대상 학생들이 코티처(현지 대학생)임에도 불구하고 예상보다 만드는 시간도 오래 걸리고 이론 부분도 이해를 못하는 친구들이 많이 있었다. 여러 단원들이 좋은 의견을 많이 내준 것을 참고해 이론 부분에서 분자구조와 같이 어려운 부분은 생략하고, 학생들이 조금 더 쉽게 받아들일 수 있도록 말로만 이론을 전달하는 것이 아니라 몸짓을 통해 열가소성 플라스틱인 페트병은 힘을 가해 변형시킬 수 있고, 열경화성 플라스틱인 풀은 힘을 가해도 변형시키지 못한다는 것을 보여주는 방식으로 수정했다.

현지 학교에서 실제 수업을 여러 번 거치다보니 한국에서 미리 준비하지 못했던 재료들의 필요성이 느껴졌다. 수업에서 아이들이 가장 많이 사용하는 매직은 테두리를 따라 그릴 때 사용하는 검은 펜인데, 조별로 재료를 함께 사용하다보니 검은 펜이 부족하게 돼서 보충하였다. 이외에도 도안과 PS판을 고정하기 위한 클립, 열쇠고리 칠이 벗겨지지 않도록 코팅하기 위한 투명 매니큐어도 보충했지만 클립은 생각보다 기능이 별로이고 투명 매니큐어는 오히려 색칠이 녹아내려서 실패하였다. 또한 현지 학생들이 K-pop 아이돌들을 아주 좋아하는 모습을 보고 BT21이라는 BTS캐릭터의 도안을 보충했더니 아이들의 반응이 좋았고, 아이들과의 접점이 생겨서 더욱 가까워질 수 있었다.

청소년 센터, 중학교, 고등학교에서 수업을 거치면서 갈수록 수업에 들어오는 아이들은 많아지고, 수업시간은 매우 부족해서 여러 가지 방법을 모색해봤다. 도입부분의 이론 설명이 너무 긴 것이 가장 문제라고 생각해서 도입부에 이론적인 내용을 거의 다 생략하고, 이론보다는 재미를 잡을 수 있는 페이크 마술쇼를 추가했다. 학생 한 명을 마술도우미로 하고, 그 학생이 오븐에 PS판을 넣으면 교사가 주문을 외우고 밑에 몰래 숨겨놨던 열쇠고리를 꺼내 보여주는 것이다. 이런 방법을 사용하면 과연 아이들이 유치해하고 야유하지는 않을까 걱정했었는데, 의외로 고학년 아이들까지도 정말 마술에 속곤 했다. 이런 방법을 사용하니 학생들의 집중도도 좋고 시간도 절약할 수 있었다.

열쇠고리 만들기는 조별로 진행되고 도안을 고르러 나갈 때 교실이 혼잡해지는 것을 방지하기 위하여 조별로 도안을 고르러 가는 순서를 임의로 정했더니 마지막 순서 아이들이 불만을 가지게 되었다. 어떻게 하면 아이들이 만족하는 순서정하기를 할 수 있을까 고민을 하다가 평가회 때 다른 단원이 낸 아이디어인 도레미파솔라시도~노래를 부르며 차례대로 조를 지목해 마지막 '도'에 지목된 조부터 나가기, 각 팀에게 번호를 붙이고 주사위를 굴려 나온 번호의 조부터 나가기 등의 방법으로 해결할 수 있었다.

현지 상황에 맞추어 우리가 미리 수업의 구성을 변화시킨 것 외에도, 개별 수업에서 즉흥적으로 새로운 에피소드가 생긴 일도 있었다. 어떤 수업에서는 학생들을 대상으로 준비한 수업임에도 남녀노소 할 것 없이 수업을 즐겼다. Centro Escolar España에서는 담임 선생님, 아와차판 청소년 센터에서는 식당 아주머니와 아저씨가 수업을 지켜보다가 본인들도 열쇠고리를 만들어보고 싶다고 부탁을 하셔서 재료를 드리고 함께 만들었다.

또 어떤 수업에서는 아이들에게 활동을 설명할 때 미리 주어진 도안 중 마음에 드는 것을 골라 열쇠고리를 만들라고 했었는데, 고등학교에서는 아이들이 도안에 주어진 그림 뿐 아니라 자신만의 캐릭터 또는 이름을 적어 더욱 독창적인 열쇠고리를 만들었다.

열쇠고리를 다 만든 후에 자투리에 그림을 또 그려서 가져와 구워달라고 하는 학생들도 있었다. 수업을 너무 좋아해주는 건 고맙지만 한 학생을 해주면 모든 학생들을 해주어야 하기 때문에 수업시간이 부족해져서 사전에 허용해주지 않기로 했다. 이렇게 매번 생기는 예상치 못한 에피소드들에 수업을 준비한 우리 역시 뿌듯함도 느끼고 같은 대본으로 수업을 진행하더라도 매번 새로운 느낌을 받을 수 있었다.

마지막으로 누군가가 이 수업주제를 다음 봉사활동에 사용한다면, 이 수업의 이론 부분이 어렵고 생소한 내용이고 수업 시간도 충분하지 않기 때문에 이론보다는 활동에 비교적 초점을 두는 수업을 권장한다. 이러한 이유로 준비해간 이론 부분을 거의 다루지 못해서 아쉬웠다. 아이들이 받아들이기에 생소하고 어려운 내용이라서 수업이 끝난 후에 얻어가는 지식이 거의 없고, 단지 열쇠고리만이 남는 것 같아서 항상 고민하고 아쉬웠지만 결과적으로는 아이들이 이 수업을 즐겼다는 사실에 만족했다(그림 5-23).

그림 5-23 직접 그린 도안을 들고 있는 학생

(2) 멸치 해부

다음으로 소개할 과학 수업은 '멸치 해부 수업'이다. '생물'에서 흔히 하는 실험인 해부를 학생들에게 생소한 '멸치'를 이용해 직접 해보고, 현미경으로 관찰해봄으로써 학생들이 어류의 구조의 기능을 알고 생물에 흥미를 느낄 수 있는 수업이다. 해부하는 생물 중에서도 엘살바도르에 쉽게 가져갈 수 있는 것이 마른 멸치였고, 또 2년간 니카라과에서 성공적으로 이루어진 수업이기에 망설임 없이 이 수업을 선택했다.

표 5-7

멸치, 비닐장갑, 핀셋, 현미경, 슬라이드 글라스, 해부도, 신문지, 물티슈

준비물은 표 5-7과 같이 간단한 편이다. 해부 수업이지만 어린 아이들을 대상으로 하는 경우도 있고, 멸치가 작은 물고기기 때문에 날카로운 칼이나 가위가 아닌 핀셋을 이용해 해부한다. 해부도는 교사가 미리 만들어가야 한다.

처음에 학생들에게 멸치를 보여주며 어떤 물고기인지 물어보며 흥미를 유발한다. 이후 간단하게 멸치 해부 방법을 판자를 사용해 만든 큰 멸치 모형을 통해 보여주고 자유롭게 해부하도록 한다. 학생들은 비닐장갑을 끼고 핀셋을 이용하여 해부하고 해부한 장기는 우리가 미리 만들어간 '해부도' 위에 올려놓는다. 학생들이 잘 찾지 못하는 기관들은 조원들과 코티처들이 돌아다니며 학생들을 도와줘야 하므로 모든 조원들이 멸치해부 과정에 대해서 설명할 수 있을 정도로 잘 알고 있어야 한다. 어느 정도 학생들이 해부를 하면 현미경을 사용법을 설명한 후 나누어주고 관찰하게 한다(그림 5-24). 관찰이 끝나면 모든 재료들을 정리한다. 이 수업 중 가장 중요한 것은 복습시간이다. 큰 멸치를 그리고 선생님이 한번 장기들을 그리며 간단하게 기능을 설명한다. 바로 지우개로 장기들을 다 지우고 학생들을 한명씩 나오게 하여 장기들을 그리도록 한다. 해부할 때 관찰 했던 그 위치를 떠올리며 학생들이 한 번 더 생각할 수 있게 한다. 다음으로는 '이 장기들을 현미경으로 관찰하면 어떻게 보이는지' 준비해간 여러 장의 코팅한 사진 중에서 선택하게 한다. 이후 수업 마무리를 하게 된다.

그림 5-24 멸치 해부 수업

한국에서 이 수업을 준비하면서 이전에 이 수업을 한 선생님들이 있나 인터넷을 검색해보던 중, 한 선생님이 학교에서 이 실험을 하고 자료들을 업로드 해놓은 것을 발견했다.[16] 그 중 해부도가 정말 깔끔하게 잘 만들어져 있어서 한글을 스페인어로 바꿔서 코팅하여 그대로 수업에 사용했다. 그 홈페이지에 해부과정을 동영상으로 촬영하여 올려놓았지만 완벽히 아는 것에는 어려움이 있어서 작년 이 수업을 했던 단원에게 찾아가서 도움을 요청했다. 친절히 해부과정을 설명해주셨고 여러 가지 수업에 관한 팁도 들을 수 있었다.

조별 수업 시연 과정에서는 조원들이 해부과정을 완벽히 숙달하는 것이 필요했기 때문에 실제 수업 전까지 3~4번은 조원들과 같이 연습해 보았다. 어려워하는 조원도 있었으나 여러 번의 반복 끝에 수업을 잘 마칠 수 있었다. 여러 번 시연과 연습을 하며 멸치를 몇 분 삶아야 하는지, 30명의 수업에는 어느 정도의 멸치가 필요한지 등을 터득하게 되었다.

현지에서 많은 수업을 거치며 여러 번 수업이 변화하게 되었는데, 그 중에서도 유달리 크게 기억에 남는 수업 변화가 있다. 수업 후에는 조원들과의 회의를 통해 부족한 점을 고치려고 노력했다. 도입부에 해부과정을 설명하는 것이 너무 학생들에게 지루한 것 같아서 더 좋은 방법을 고민하고 있던 와중,

---

16 아마도 그 선생님이 이 실험을 최초로 개발한 장본인일 수도 있다. 2017년 니카라과 봉사활동에서 이 실험을 처음으로 할 때, 이 실험을 개발한 선생님에게 도움을 받았다.

여러 주변 사람들의 도움으로 그림 5-25처럼 앞서 이야기 한 큰 멸치 모형을 사용하는 방식으로 도입 부분이 변화하게 되었다. 이 방법을 도입한 후의 학생들의 반응 역시 좋았지만, 더욱 기억에 남는 것은 이러한 변화가 이루어지게 된 과정이었다. 이 수업을 진행한 단원은 스스로 한 것이 정말 없는데 주변 사람들이 하나 둘 도와줘서 더 좋은 수업을 할 수 있었기에 너무 감사했고 앞으로 이런 경험을 다시 할 수 있을까 하는 생각이 들었다고 한다. 다음은 평가회 때 멸치 해부 수업을 진행한 단원이 말한 내용이다.

> "아까 말한 큰 멸치 그림이 어떻게 만들어졌는지를 이야기 하고 싶습니다. 저는 그저 혼자 앉아서 수업에 대한 고민을 하다가 연수언니한테 '수업을 어떻게 할지 고민이다.'라고 말만 했는데 그 이후로 모든 일이 일사천리로 진행되었습니다. 연수언니가 그 이후에 마임으로 표현하자고 해서 즐겁게 아이디어를 짜고 있었는데, 교수님이 그런 저희의 모습이 불쌍했는지 딱딱한 큰 종이에 실제 멸치랑 최대한 똑같이 표현해서 보여주면 어떻겠냐는 의견을 제시해주셨고, 다음엔 준범오빠가 위에 종이를 붙여서, 넘긴 다음 멸치 내부를 볼 수 있도록 하자는 의견을 내주셨고 조원들이 여러 기관들을 실제 멸치처럼 만들어 줬고 완성을 했습니다."

그림 5-25 해부과정 설명의 변화(멸치 모형 사용)

수업을 준비하고, 진행하면서 특히 기억에 남는 일화들이 몇 가지 있다. 수업 준비를 하면서 멸치를 삶으면 불어서 장기가 잘 떼어지고 분리하기 쉽기 때문에 매 수업 전 멸치를 삶았다. 호텔에서 머무를 때에는 그 숙소에서 요리하시는 분에게 부탁을 드렸다. 스페인어로 말을 해야 했기 때문에 말도 조금 늘었고 그 분과 많이 친해졌던 것 같다.

복습시간에 학생들이 한명씩 칠판 앞에 나와서 교사가 이야기한 기관을 칠판에 그리는 과정이 있었다. 앞서 강조했듯이 이 복습시간이 수업 중 가장 중요한 시간이었는데, 하고 싶은 사람? 이라고 물어봤을 때 처음에 아무도 손을 들지 않아서 방법을 고민하게 되었다. 그러다 같은 조 단원이 아이디어를 내주었는데 한 조를 고른 다음 '도레미파솔라시도' 한 글자에 학생 한 명씩 지목하여 가리키는 방법을 사용해보라고 하였다(마치 우리나라의 '코카콜라 맛있다 맛있으면 또 먹지 또 먹으면 배탈나 척척박사님 알아맞혀 보세요 딩동댕동' 처럼). 이 방법을 사용했더니 신기하게도 정말 학생들이 웃는 모습으로 앞으로 나와 문제를 풀었다. '도레미파솔라시도시라솔파미레도', '도레미파솔라시도레미파솔라시도' 등으로 응용해 사용하기도 했다. 이걸 할 때 마다 학생들의 표정을 보는 것이 너무 재미있었다. 누가 걸릴까 긴장하고 있는 그 표정! 걸린 후에는 모두들 재미있게 웃는 그 상황! 앞으로 교사가 되어서도 사용해보아야겠다.

고등학교, 대학교에서 학생의 입장으로 수업을 들으면서 해부실험을 해보기는 했지만 직접 해부 수업준비를 하고 학생들에게 실험을 진행해본 것은 처음이었기에 그 과정에서 느끼는 어려움을 잘 몰랐다. 이번 수업을 진행하년서 가장 크게 고민한 것은 학생들에게 해부과정을 완벽히 알려주자니 학생들한테 탐구의 자유를 제한하는 거 같았고, 학생들에게 알려주지 않고 자유롭게 찾아보라고 하자니 해부순서를 너무 어려워할 것 같았다. 처음 선택한 방식은 학생들에게 해부과정을 다 설명해주는 것이었지만 역시나 학생들이 지루해보였다. 그래서 설명 과정을 적당히 간추리고 자유롭게 찾을 수 있는 시간을 조금 더 주었다. 그랬더니 학생들이 잘 찾지 못하기도 했다. 또한 학생들이 여러 명이고 각자마다 수준이 다르기도 해서, 결론적으로 완벽한 절충점을 찾지 못했다. 하지만 앞으로 생물교사가 되어 해부 실험을 진행할 때 이 경험을 바탕으로 더 수월하게 학생들을 이해하며 진행할 수 있을 것 같다.

3) IT

(1) 로봇코딩

IT 교과 수업으로는 로봇 코딩 수업을 진행했다. 4차 산업혁명 시대를 맞이한 만큼, 세계적으로 코딩 교육의 필요성이 제기되었고 나아가 우리나라는 필수 교과목으로 지정까지 되었다. 그만큼 코딩은 점점 더 우리 삶과 밀접해지고 필수지식이 되어가고 있다. 엘살바도르 학생들에게도 우리나라의 코딩 교육을 소개해주고, 관심을 가질 수 있도록 지도해주고 싶어 수업을 준비했다. 많은 코딩 분야 중에서도 학생들이 흥미를 갖고 참여할 수 있도록 비교적 쉽고 눈으로 직접 보이는 '로봇 코딩'을 주제로 선정하게 되었다.

우리나라 코딩 관련 교육과정에서는 문제 해결과 실습에 중심을 두고 있다. 그래서 이러한 교육과정에 따라 다양한 활동을 마련해 문제 해결에 중점을 두면서도, 짧은 시간이지만 학생들이 실생활에서 사용할 수 있을 정도의 코딩 실력과 응용력을 기를 수 있는 수업을 하고 싶었다. 이를 위해 코딩 수업은 2교시로 이루어졌다. 첫 번째 차시 때는 이론을 배우는데, 이때는 로봇을 제작해보고 기초적인 작동법을 익히도록 했다. 두 번째 수업 때는 통신의 개념과 블록 프로그래밍 방법을 배우고 게임을 통해 이를 응용과 실행력을 기를 수 있도록 수업을 구성했다. 이제 진행한 수업에 대한 구체적인 설명을 하겠다. 우선 수업 준비물은 다음과 같다.

표 5-8

위드봇 로봇키트, 블루투스 모듈, 태블릿, 게임 지도, 주의사항·게임 안내 종이

로봇이 다니는 길을 표시하기 위한 검정 테이프나, 장애물로 사용할 막대, 종이 등을 준비해도 좋으나 현장에서 쉽게 구할 수 있는 교과서, 볼펜 등으로 대체가 가능하므로 따로 적지 않았다. 로봇 코딩 수업은 모둠으로 이루어지는 만큼 주의사항을 미리 숙지하고, 게임의 내용을 정확히 이해하는 것이 중요하다. 따라서 수업시간에 설명하는 것 외에도 그림 5-26과 같이 미리 주의사항 및 게임 안내 자료를 준비해 조별로 배부하도록 했다.

< Precauciones >

1. Procuren no lastimarse por el conductor.

2. Por favor procuren no perder las piezas. ¡Especialmente los tornillos!

3. Cuando construyan el robot, conecten la batería en el M5 de Aduino.

< Reglas de juego >

1. El profesor dice 'El número de bloques que pueden pasar a través' y 'el número que deberian encontrar'

2. Calculen para encontrar y codificar el camino con el robot.

3. El equipo más rápido obtiene dos puntos, y el equipo que resuelva el problema obtiene un punto

4. El equipo que resuelva el problema debe esperar por el otro equipo que esté compitiendo o cifrando.

그림 5-26 주의사항과 게임 안내 종이

먼저 1교시 수업에 대해 설명하겠다. 우선 수업 전 미리 5개- 6개(작동되는 로봇의 수에 따라 팀을 나눈다.) 모둠으로 나눈다. 남녀 비율이 맞도록 무작위로 앉게 한다. 이는 친한 친구끼리 모둠이 되어 분위기를 흐리거나, 몇몇 학생이 로봇을 독점하는 경우를 막기 위해서이다. 수업을 시작하면 로봇을 보여주고 이것이 무엇인지 물음으로써 학생들의 흥미를 유발했다. 학생들의 주의를 집중시킨 후 학습 목표를 간단히 소개하고 주의사항을 숙지시킨다.

이후 교과서의 로봇 제작방법을 참고하여 학생들이 로봇을 제작하도록 한다. 이 때 코티처들과 팀원들은 미리 담당 조를 지정해 학생들이 제작하는 것을 지켜보고, 크게 어긋났을 때만 도움을 주도록 했다(그림 5-27 ①). 여러 시행착오를 겪으면서 느낀 것인데, 너무 자주 도움을 주는 것보다 학생들 스스로 머리를 맞대가며 제작하는 것이 학생들 입장에서 성취감도 월등히 높고 배워가는 것도 많다고 느꼈기 때문이다. 로봇 제작을 할 때 자주 잃어버리는 건전지나 고장 나기 쉬운 블루투스 모듈은 선생님들이 따로 관리하도록 했다. 실제로 수업을 진행하면서 모듈을 잘못 꽂아 고장 나는 경우를 많이 봤기 때문에, 이런 예민한 장비들은 따로 보관하고 제작을 마친 조에 개별적으로 꽂아주는 것이 좋다.

로봇 제작을 마치면 레이싱 어플을 통해 자유롭게 로봇 조작을 하도록 연습 시간을 준 뒤, 레이싱 게임이나 벽 피하기 게임(그림 5-27 ②) 등을 통해 조작을 익숙하게 한다.

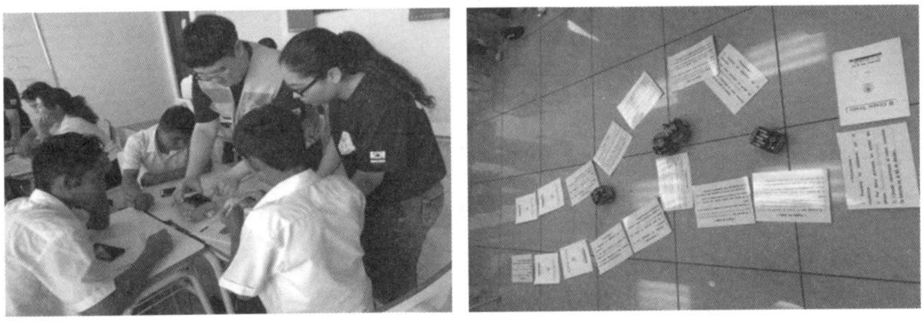

그림 5-27 ① 로봇 제작을 도와주는 모습, ② 벽 피하기 게임

이후 2교시에서는 블루투스 모듈을 통한 단거리 통신을 통해 로봇과 프로그래밍 어플을 연결시키고, 블록 코딩기법을 이용하여 로봇을 원하는 대로 조작하는 활동을 진행한다. 처음에 어플을 통해 블록 코딩하는 방법을 설명해주는데, 여건이 된다면 칠판에 그리거나 자료를 따로 만들어 앞에 붙여 놓고 설명하는 것이 좋다(그림 5-28 ①). 교과서에 로봇 조작방법이 나와 있긴 하지만, 학생들이 교과서를 안보는 경우가 많기 때문이다. 설명을 할 때 자신이 원하는 블록을 이어 붙여 명령을 내리는 과정이 코딩임을 강조했는데, 이유는 이 수업에서 학생들이 이것만은 꼭 알아갔으면 하는 개념이기 때문이었다. 직접 앞에서 명령을 내려 로봇이 그대로 움직이는 것을 보여주고 조별로 연습 시간을 주었다.

조별로 충분히 연습이 끝나면 게임을 진행했다. 여러 생각해 놓은 게임 후보들 중에서 '사칙연산 퍼즐 게임'을 준비했는데, 이유는 이 한 게임으로 초·중·고등학생 모두에게 난이도만 다르게 하여 사용할 수 있기에 준비물이 줄었기 때문이었다. 직접 진행해보니 중·고등학생에게 적합해서, 여유가 된다면 꼭 수준별 수업, 즉 학년별로 다른 활동을 준비하면 좋겠다.

그림 5-28 ① 학생들에게 게임을 설명하는 모습, ② 학생들이 답을 찾는 모습

'사칙연산 퍼즐 게임'은 6x4 칸의 지도를 만들어 놓고, 그 안에 다양한 숫자와 연산기호들을 적절히 배치해 놓는다. 선생님이 몇 칸을 이용해 어떤 숫자를 만들라고 얘기하면, 학생들은 로봇이 다닐 수 있는 경로로 칸이 이어지게끔, 숫자를 계산해서 맞는 경로를 찾는다. 답을 찾았으면 로봇으로 코딩을 해서 로봇이 그 경로대로 움직이게 만든다. 그렇게 먼저 5문제를 푸는 팀을 승리팀으로 해서 상품을 주거나, 아니면 자유 시간을 주어 다른 활동들을 할 수 있도록 했다(그림 5-28 ②).

로봇 코딩 수업을 진행했던 학교 중 Centro Escolar España에는 방과 후 동아리 활동으로 로봇 클럽반이 있었다. 엘살바도르에서 유명한 동아리로, 많은 활동경력과 수상내역을 가지고 있었다. 마지막 날에 서로 준비해온 수업과 활동을 교류하는 시간을 가졌는데, 학생들이 능숙하게 로봇을 제작하는 모습이 인상 깊었다.

그림 5-29 ① 학생들의 수업을 듣는 모습, ② 로봇 클럽반 수상 내역

'사칙연산 퍼즐 게임'에 대해 좀 더 자세히 설명하겠다(표 5-9). 우리가 사용한 사칙연산 퍼즐 게임의 맵은 다음과 같다. 사칙연산 기호와 숫자가 번갈아 가며 나오게끔 배치하면 되고, 시작 위치는 상관없으나 로봇이 움직일 수 있도록 이어지는 경로를 만들어야 한다. 예를 들어 3칸을 사용해 2를 만드는 것이 문제라고 가정하자. 다음과 같이 이어지는 경로만 가능하다.(표 5-10, 11)

표 5-9

+	4	-	1	+	1
2	x	1	-	2	+
-	8	-	3	x	5
9	+	6	+	4	-

표 5-10

+	4	-	1	+	1
2	x	1	-	2	+
-	8	-	3	x	5
9	+	6	+	4	-

표 5-11

+	4	-	1	+	1
2	x	1	-	2	+
-	8	-	3	x	5
9	+	6	+	4	-

센서와 사용할 수 있는 기능에 제약이 있어서 이러한 수학 문제와 코딩을 융합한 수업을 진행했다. 다행히 학생들의 반응도 좋았다. 만약 IT 수업을 진행하는데 기능에 제약이 있다면 이 게임을 진행하는 것을 추천하고, 초음파나 기타 센서등을 사용할 수 있다면 미로 찾기나 라인트레이서를 활용해 다른 스토리를 적용한 게임을 진행하는 것을 추천한다. 학생들의 나이가 어릴 경우에는 로봇에 펜을 묶어놓고, 그림을 그리거나 색칠하는 수업을 진행해도 좋을 것 같다. 생각은 많이 해뒀으나, 준비물의 제약 때문에 실행할 수 없어서 많이 아쉬웠다. 만약 봉사를 가게 된다면, 미리 준비해서 수준별 수업을 꼭 준비할 것을 당부한다.

이 수업을 진행하면서 아쉬운 점이 참 많았다. 이를 보완한다면 완벽한 수업을 할 수 있을 것 같아 몇 가지 조언을 하겠다. 첫 번째로, 준비물을 넉넉하게 준비해가라. 미리 준비물 수량을 넉넉하게 가져가지 못해서 블루투스 모듈이 고장 난 로봇은 사용하지 못했던 점이 너무 아쉽다. 두 번째로, 모듈처럼 예민한 장비는 직접 관리할 것. 학생들이 한 번만 방향을 잘못 꽂아도 고장나기 쉽다. 재료를 수급하기 어려운 환경이므로 꼭 직접 관리하자. 세 번째로, 수업 준비 미리 해가기. 미리 시연도 여러 번 해보고 준비물도 미리 준비해서 위에서 얘기 했던 활동들을 미리 보완하고, 완벽한 상태로 출국해라. 늦게 아이디어가 떠올라 적용하지 못했던 활동이 너무 많다. 더 완벽한 수업을 할 수 있었는데 아쉬움이 항상 남는다. 뭐든지 준비는 한국에서 미리미리 해둘 것, 꼭 잊지 않았으면 좋겠다. 마지막으로 대체할 수 있는 게임을 준비해가기. 현지에서 학생들의 수준이 어떨지, 상황이 어떨지는 아무도 알 수 없다. 중심 활동 말고도, 다른 활동들을 준비해간다면 학생들의 수준과 재료 상황에 맞게 게임을 진행할 수 있을 것이다.

4) 문화

⑴ 태권도

이번에 소개할 수업은 한국을 대표하는 문화 중 하나인 태권도 수업이다. 다른 수업들과 달리 이론을 전하는 것이 아니라 태권도의 기본동작을 소개하고 배우며 한국의 문화를 알리는 것에 의미를 둔 수업으로 현지 학생들 중 이미 태권도를 알고 있는 사람이 많았고, 아이들이 야외활동과 몸을 사용하는 수업에 많은 관심을 가지고 좋아했다.

표 5-12

조원들의 태권도 도복, 스파링 미트, 송판, 학생들의 체육복

준비물은 위와 같이 간단하지만, 체육 활동인 만큼 제일 중요한 것은 학생들의 복장이다. 현지 학교에 체육복이 없는 경우도 있어 전날 학생들에게 편한 복장을 챙겨오라고 공지를 해야 한다. 체육복을

챙겨오지 못한 학생을 위해 여유분 체육복을 챙겨가기도 했다. 다수 학생들이 치마를 입고 있을 경우에는 발차기를 할 때 스파링 미트 낮게 해서 참여를 유도한다.

수업은 다음과 같이 진행했다. 수업 시작 전에 아픈 학생이 있는지 물어본 후, 수업에 참여할지 학생에게 선택할 기회를 주었다. 후에 한국에서 자주 하던 몸 풀기 방식으로 준비 운동을 했다. 허리나 목 돌리기 같은 준비 운동은 학생들이 따라하면서 신기해했다. 태권도에 대해 소개를 한 후, 격파 시범을 보여주며 학생들의 관심을 끌었다. 수업은 지르기, 막기, 발차기의 기본동작을 먼저 보여준 후, 수업 진행자를 같이 따라하며 배우는 방식으로 진행했다. 진행자는 앞에서 진행하고 조원들은 학생들의 잘못된 동작을 교정해 주거나 칭찬을 해주며 돌아다녔다. 각 동작을 다 같이 연습을 한 후, 발차기는 줄을 나눠 미트를 직접 찼고 후에 학생이 송판을 직접 깨보는 기회를 주었다. 자신감에 찬 몇몇 학생들은 자신이 격파한 송판을 집에 챙겨가도 되냐고 묻기도 했다. 마지막으로 부상학생이 있는지 확인한 후, 마무리 운동으로 수업을 끝냈다.

한국에서 태권도 수업을 준비할 때는 수업 지도안을 토대로 수업 과정과 대본을 작성했다. 대본읽기 연습을 계속 해보면서 제일 어려웠던 점은 대본 발음과 외우는 것이다. 특히 태권도 수업 진행은 시범을 하거나 학생들 동작을 봐야하므로 대본은 외울 수 있도록 짧은 문장으로 바꿨다. 최대한 발음하기 쉬운 단어로 바꿔 대본을 외울 수 있도록 연습했다. 조별 수업시연을 진행할 때에는 태권도는 조원 모두가 동작을 알아야하기 때문에 틈틈이 조원들과 동작 연습을 했다. 수업 진행 틀이 어느 정도 잡히면 스페인어로 진행하는 연습을 하고 매번 조원들의 피드백을 받아 수업을 수정해나갔다.

한국에서 이렇게 개인적으로 또 조원들과도 함께 수업준비를 해갔지만, 처음 UES 수업 시연 때 실제 코티처를 학생으로 생각하고 수업을 진행한 후에도 수정한 부분이 많았다. 지금까지 연습한 수업 시연과는 다르게 걱정했던 의사소통 문제가 실제로 일어났다. 대본 번역이 잘못되어 다른 뜻을 의미하는 경우도 있었다. 이후 우리 조 코티처와 대본을 계속 수정하며 최대한 짧고 발음하기 쉬운 단어들로 바꿨다. 그리고 코티처들이 생각했던 것보다 기본 동작 배우는 것을 어려워해서 동작을 알려줄 때는 천천히 알려주고 직접 돌아다니며 자세를 교정해주는 것으로 바꿨다.

청소년 센터에서 수업을 진행할 때는 대상이 저학년이다보니 학생들을 집중시키는데 어려움이 있었다. 체육 활동은 쉽게 소란스러워지기 때문에 목소리를 좀 더 크게 내고 학생의 이름을 직접 호명해 집중을 유도했다. 송판 격파 같은 경우에는 생각보다 하고 싶어 하는 학생들이 많아 '가위바위보'를 해서 정했다.

중학교 수업에서는 학생들을 집중시키기 위해 그림 5-30에서 볼 수 있는 것처럼 세로줄에서 가로줄을 길게 세우는 방식으로 바꿨다. 이후 수업 진행자의 동작이 더 잘 보여 잘 따라하며 집중도가 높았다. 반면 고등학교 수업에서는 전보다 확실히 기본 동작을 배우는 속도가 빨랐다. 학생들의 흥미를 위해 좀 더 어려운 2단 발차기, 2단 옆차기를 추가해 가르쳤다. 스파링 미트를 찰 때는 따로 진행하는 방식으로 바꿨다. 야외수업의 경우 수업 진행자의 말에 집중하기 힘들어 각 조원이 각자 스파링 미트 줄의 발차기 호명을 하며 진행했다.

그림 5-30 태권도 수업

가기 전까지는 몰랐지만 운이 좋게도 우리가 갔던 청소년 센터는 KOICA와 맺어져있는 학교라서 놀랍게도 학교에 태권도 체육 교실과 태권도 선생님이 있었다. 바닥에는 매트가 깔리고 스파링 미트, 발차기 장비, 겨루기 장비 등 여러 물품도 마련되어 있었다. 몇몇 학생들은 태권도 겨루기 대회에 참여해 수상을 하기도 했다. 먼 타지에 이렇게 태권도에 관심이 있는 학생들이 있고 학교에서 지원을 해줘서 너무나 고마웠다. 덕분에 수업 내내 이 학교 학생들의 집중도는 높았다. 한국에서의 겨루기를 물어보거나 더 어려운 발차기를 알려 달라 하기도 했다. 처음 진행한 수업으로 제일 미숙했지만 좋아하는 학생들 덕분에 만족감이 제일 컸던 수업이다.

학생들과 언어가 다르기 때문에 수업 중 완벽하게 의사소통하기엔 무리가 있다. 기본 동작은 말로 전해주려기 보다는 최대한 동작이나 몸짓을 활용해 전달하면 더 좋을 것 같다. 야외 수업은 학생들이 산만해질 수 있으므로 중간에 주의집중 시킬 수 있는 '안무'를 정하고 목소리는 보다 크게 말해야 한다. 줄은 최대한 횡렬로 많은 학생들이 수업 진행자를 볼 수 있도록 세우면 좋다.

태권도는 신체를 이용하는 활동적인 수업인 만큼 학생들이 재미있어 했다. 도복을 입고 돌아다니면 마치 '연예인'이 된 기분을 주었다. 학생들이 태권도 동작을 보여주거나 앞으로 달려와 사진과 싸인을 요청하기도 했다(그림 5-31). 혹은 태권도를 더 배우고 싶다며 방과 후 수업 시간을 이용해 수업에 참여하는 학생도 있었다. 이렇게 수업 진행을 맡으면서 좋아하는 학생들 덕분에 뿌듯해하며 수업을 준비할 수 있었다.

그림 5-31 태권도 수업 후 몰려든 학생들

현지 수업활동 정리표 작성

수업 준비 과정을 정리했듯, 현지에서 봉사활동을 하면서 수업을 진행한 과정도 일정, 내용별로 정리를 한다. 여기에 예시한 수업들은 이렇게 정리한 내용을 바탕으로 기술한 것들이다. 부록 6의 현지 수업활동 정리표를 참고한다.

6장

교류

1. 환영식
2. 환송식
3. 춤
4. 운동
5. 청소년 센터
6. 한글학교
7. 엘살바도르 가족의 방문

우리가 엘살바도르로 향한 목적은 해외교육봉사이지만, 항상 수업만 했던 것은 아니다. 때론 그 나라를 이해하는 것도 봉사의 중요한 목적이 된다. '엘살바도르'라는 나라를 다방면에서 이해함으로써 그 나라 학생들에게 더 나은 수업을 제공해 줄 수 있기 때문에 우리는 문화 교류에도 많은 신경을 썼다. 다소 차이가 있는 두 나라의 문화가 우리와 학생들 양쪽 모두에게 생소했지만 적극적으로 서로의 문화를 받아들이고 즐기는 모습이 아름다웠다. 덕분에 우리는 책이나 인터넷이 아니라 직접 현지에서 그 나라의 문화를 접하는, 무엇과도 바꿀 수 없는 경험을 얻어왔다. 이번 장에서는 교실 밖에서 문화교류를 하며 더욱 가까워진 한국과 엘살바도르의 이야기를 전한다.

엘살바도르의 한류

엘살바도르에 처음으로 묵었던 호텔에서 전체 평가회의 끝나고 춤 연습을 더 한다고 해서, 로비에 가서 다른 손님이 있냐고 물었다. 그걸 왜 묻냐고 하기에 소음으로 민폐를 끼칠 것 같아서라고 하니, 호텔 주인은 오히려 손님은 없으며 다른 나라 문화를 볼 수 있어서 좋다고 웃으며 괜찮다 말했다. 그렇게 외국인이 재미있게 봐주고 있다는 말을 단원들에게 전하니 단원들도 좋아한다.

1. 환영식

환영식은 새로 만나게 될 학생들에게 우리 봉사단을 소개하는 행사다. 언제나 새로운 시작은 가슴 떨리는 일이다. 환영식에서는 우리가 이곳에 온 목적과 활동 계획을 소개하며 해당 학교에서 봉사활동의 시작을 알린다. 새로운 학교를 방문했을 때의 설렘은 환영식에서 학생들과의 만남을 통해 봉사에 대한 열정으로 치환된다.

5주 동안 세 곳의 교육기관(청소년 센터 혹은 학교)에서 봉사활동을 진행하였는데 교육기관마다 환영식의 분위기에 조금씩 차이가 있었다. 처음 방문했던 아와차판에 위치한 청소년 센터의 학생들은 우리에게 쉽게 다가오지 못하고 다소 부끄러워하는 모습을 보인 반면 두 번째로 방문했던 Centro Escolar España에서는 학생들이 매우 열정적으로 우리를 반겨주었고, 몇몇 학생들은 우리를 위한 전통 춤 공연을 준비해 주기도 하였다(그림 6-1, 6-2). 마지막 방문하였던 Instituto Nacional Albert Camus에서는 장소가 열악하여 좁은 운동장에서 우리와 학생들이 겨우 다 들어갔을 정도의 공간에서 환영식이 진행되었다(그림 6-3).

우리는 환영식을 통해 학생들에게 좀 더 친근하게 다가가기 위해 그들이 좋아하는 K-pop 춤을 준비했다. 현지에서 인지도를 고려하여 Twice의 'Heart Shaker', BTS의 '고민보다 Go', 슈퍼주니어의 'Sorry Sorry' 라는 노래에 맞춰 춤을 연습해 공연하였다. 세계적으로 K-pop의 인기가 많은 만큼 엘살바도르 학생들도 우리가 준비한 공연에 엄청난 호응을 보였다. 평소에 춤을 많이 춰보지 못한 단원들이 대다수였던 만큼 춤을 연습하면서 많은 어려움이 있었는데, 학생들이 함께 즐겨주는 모습을 보니 그간의 노력이 충분한 보상을 받는 기분을 받았다. 새로운 학교를 방문하기 전 학생들이 우리를 반겨주지 않으면 어떡하지 하는 걱정이 있었는데, 방문한 학교마다 환영식에서 보여 준 학생들의 환대에 우리는 새로운 힘을 얻고 더 열심히 수업과 봉사활동을 준비하는 원동력을 얻게 되었다.

그림 6-1 환영식 전경

그림 6-2 환영식 중 현지학생 공연

그림 6-3 환영식 중 봉사단원 공연

2. 환송식

우리는 청소년 센터를 제외하고 총 두 개의 학교에서 수업을 진행했는데, 수업이 끝나는 마지막 날은 항상 환송식을 했다. 환송식 날에는 개별 수업이 아닌 우리가 준비한 모둠별 학예 수업을 진행했는데, 각 조별로 4번 정도의 학예 수업과 한 번의 전시회 관람 통제를 맡았다. 학예 수업은 20분 단위로 여러 반에 짧게 돌아가며 진행되고, 기존 수업처럼 교과 지식을 소개해주는 것이 아니라 우리 문화를 소개해주는 수업이다. 우리는 팽이 만들기, 비석치기, 제기차기, 딱지치기, 단체줄넘기 수업을 준비해갔는데 직접 몸으로 활동하는 수업이다보니 인기도 많고, 또 우리나라의 문화를 체험해보고 싶어하는 학생들이 많아서 반응도 매우 좋았다. 20분간 계속해서 쉬는 시간 없이 수업을 진행하다보니 다소 힘들긴 했으나 시간이 너무 짧아서 아쉬울 정도로 즐거운 수업이었다(그림 6-4).

그림 6-4 학예수업 비석치기(좌), 제기차기(우)

전시회에서는 일주일간 수업했던 내용과 결과물들을 전시했는데, 모든 학생이 볼 수 있도록 부스를 길목에 설치해 놓았다. 전시회 준비를 위해 환송식 날은 항상 학교에 일찍 가서 결과물을 전시해놓고, 모든 활동이 끝나면 수거했던 결과물을 다시 학생들에게 돌려주었다[17](그림 6-5).

그림 6-5 학예전시회 모습

17 모든 학생의 작품을 전시할 수는 없으며, 그렇다고 잘 만든 작품만 전시하는 것도 어렵다. 수업을 한 모든 반에서 작품을 걷되, 수업별로 한 반 것을 전시하면 많은 학생들이 자신의 작품이 전시된 것을 볼 수 있게 된다.

학예 수업과 전시회가 끝나면 환송식을 진행했다. 식순에 따라 양국 국가[18]와 교가 제창, 교장 인사말, 단장 인사말, 축하 공연 등으로 진행된다. 환송식은 보통 학생들의 춤이나 감사의 말을 듣고 끝났는데, 마지막 고등학교에서는 스페인어 노래인 El Carbonero를 준비해 불렀다. 수업이 끝난 후 고등학교의 관악단과 함께 연습을 했고(그림 6-6), 코티처 3명이 전통복으로 갈아입고 깜작 공연을 해 주면서 모두 같이 불러 뜻깊었다(그림 6-7). 또 현지 학생들과 교사들도 매우 좋아해서 환송식 때 부를 노래를 미리 준비해가면 좋겠다고 생각했다.

그림 6-6 환송식 노래를 준비하는 학생

그림 6-7 환송식때 춤을 준비한 코티처

환송식을 마친 후에는 항상 학교의 선생님들과 함께 피자파티를 했는데, 선생님들의 말씀과 조언 등을 들으며 식사할 수 있는 자리였기에 뜻깊었다.

두 학교에서 봉사활동을 마친 후 수업에 활용했던 모든 물품, 기자재, 교과서, 학습자료를 반으로 나누어 두 학교에 기부하였다. 먼저 활동을 했던 학교에서는 교장이 직접 와서 물품을 받아갔고, 그 다음 날 호텔로 와서 단원들 전체에게 나눠주라고 선물을 주고 갔다.

봉사활동 마지막 날에는 엘살바도르에 있는 한국 대사관의 초대를 받아 방문했다(그림 6-8). 방문을 환영해주시고, 한식도 많이 준비해주셔서 너무 감사하고 진귀한 경험이었다. 5주간의 교육 봉사활동 일정을 말씀드리고, 여러 대화를 나누었다. 돌아갈 때 단원들 모두 방명록에 간단한 인사와 서명을 남기고 돌아왔다.

그림 6-8 ① 대사관 정원에서의 담화, ② 단원들이 남긴 방명록

18 해외에 나가 애국가를 들으면 새삼 본인이 국가의 대표라는 느낌을 받을 수 있다.

3. 춤

각 학교에서 우리가 서로 가르치고 배운 것은 단지 교실 내에서 전달되는 지식뿐만이 아니다. 우리는 교실 밖에서 각 나라의 춤을 함께하면서 서로의 문화를 더욱 가까이 느낄 수 있었다.

Centro Escolar España의 무용선생님께서 우리에게 'La Suaca'라는 엘살바도르의 전통 춤을 가르쳐 주셨는데, 이것은 남녀가 짝을 이루어 눈을 맞추면서 사랑스럽게 추는 춤이어서 처음에 배울 때는 남자단원과 여자단원이 함께 춤을 추는 것이 낯간지러워서 어색했지만 그래도 하다 보니 재미있었다. 굉장히 더운 날씨에도 다들 열심히 춤을 따라하는 모습을 발견할 수 있었다.

우리가 앞서 각 학교 학생들과의 첫 만남에서 환영식 때 준비한 K-pop 공연을 선보였다는 얘기를 했었는데, Centro Escolar España 학생들의 반응이 너무 폭발적이어서인지 한 반의 담임선생님께서 자신의 수업시간에 K-pop 수업을 해달라고 부탁했다. 그 반의 아이들에게 가장 배워보고 싶은 K-pop을 설문조사하고, 춤 담당이 숙소에서 틈틈이 연습해서 'BLACK PINK-Forever Young'이라는 노래의 춤을 1절 준비해서 아이들과 야외 강당에서 함께 춤을 췄다. 미리 준비된 수업이 아니라서 부족한 부분이 많았고, 일회성 수업이라 많은 내용을 전달하지는 못했지만 워낙 아이들이 K-pop에 열광하고 엘살바도르 사람들이 타고난 흥이 많아서 다행히 모두가 즐거운 수업을 할 수 있었다.

이 날은 우리가 Centro Escolar España를 떠나기 전날이었는데, 우리와 함께 춤을 배웠던 아이들 중에서 몇 명이 다음날에 함께 환송식에서 그 춤을 공연하고 싶다는 얘기를 하였다. 1시간 남짓한 시간동안 다른 나라의 춤을 배워서 아직 익숙하지 않고 많이 어려웠을텐데 먼저 함께 공연하자고 해준 아이들이 기특하고 고마웠고, 우리도 함께 공연하고 싶은 단원들과 코티처들이 모여 하루 동안 열심히 연습했다. 다음날 환송식에서 한국 단원들, 엘살바도르 코티처와 학생들이 함께 춤 공연을 선보였다. 항상 환영식 또는 환송식에서 우리가 준비한 공연을 보여주고, 학생들이 준비해준 공연을 보곤 했었는데, 이렇게 모두가 함께 무대를 꾸미는 것은 처음이라 우리에게도 학생들에게도 새롭고 잊지 못할 추억이 되었다(그림 6-9).

그림 6-9 학생들과 함께 K-pop을 연습하고 공연하는 모습

전통놀이를 배워 보자
최윤희 선생님이 엘살바도르 전통놀이 책을 대학 서점에서 사 오셨는데, 그 중 쉽고 재미있는 것을 코티처와 단원들이 함께 하면서 처음에 친해질 수 있었다.

4. 운동

신체적인 활동을 함께 하는 것은 친교를 다지는데 매우 효과적이다. 특히 한국 봉사자들과 엘살바도르 학생들은 말로 의사소통을 하는데 어려움이 있었기 때문에 함께 운동을 하는 것은 서로에게 마음의 벽을 허물고 한발 다가서는데 매우 강력한 도구이다. 점심시간이나 방과 후 시간 단원들은 학생들과 축구, 농구, 줄넘기 등을 하기도 하고 현지 선생님이 진행하시는 체육 수업에 참가하여 함께 배구를 하는 등 다양한 체육 활동을 통해 학생들과 빠르게 친해질 수 있었다. 특히 중남미에 위치한 국가인 만큼 축구를 즐겨하는 학생들이 많았는데, Instituto Nacional Albert Camus에서의 마지막 날 단원들과 학생들의 5:5 풋살 대결은 단원들과 현지 학생들에게 즐거운 추억을 남겨주었다(그림 6-10).

그림 6-10 학생들과의 풋살 대결

5. 청소년 센터

청소년센터에서 어느 날은 우리가 평소에 수업을 하던 학생들이 아닌, 청소년센터에서 한글을 배우는 일반인들이 우리를 만나러 온 날이 있었다. 한국에 대해 알아가는 그들에게 직접 한국의 문화를 접하게 해주고 싶어서 한국에서 미리 가져온 한식재료들로 한식파티를 준비했다(그림 6-11). 자장밥, 주먹밥, 전, 계란찜, 고추장찌개, 계란말이, 김밥, 잡채 등의 한국 음식을 단원들과 선생님들이 함께 교내 식당에서 준비했다. 요리를 많이 해본 단원들도 있고 주방이 익숙하지 않은 단원들도 있었지만, 다들 재료손질, 요리, 요리 세팅, 뒷정리 등 각자의 역할을 맡아 모두 함께 한식파티를 준비했다. 우리 역시 엘살바도르에 와서 한식을 거의 접하지 못해서 요리하는 동안 냄새에 군침이 돌았지만, 난생처음 한국음식을 먹어보는 그들을 먼저 생각했다. 처음으로 한국음식을 먹으면서 조금은 매워하기도 했지만 대부분은 한국음식을 마음에 들어 했다. 그 중 엘살바도르 사람들에게 베스트로 꼽힌 음식은 김밥과 잡채였다.

한식파티를 하고선 이번에는 한국의 K-pop을 함께하는 시간을 가졌다. 역시나 이곳에서도 K-pop의 인기는 엄청났고, 이미 많은 노래와 가수를 아는 사람들도 있었다. 단원들과 그분들이 함께 '선미-가시나'라는 노래에 맞춰 춤을 배워보았다. 워낙 한국에 관심이 많아 한글까지 배우는 분들이라 이미 춤 동작까지 아는 분들이 많아 함께 춤을 추기 수월했다. 함께 춤을 추고 서로의 짧은 한국어와 스페인어를 통해 잠시 이야기를 나누는 시간. 헤어지기 전에는 그들이 준비해 온 티셔츠에 단원들이 롤링페이퍼처럼 다들 한마디씩 적어주었다. 이런 추억을 함께한 사람들은 나중에 우리가 청소년센터를 떠날 때 모든 단원들에게 엘살바도르의 전통음식인 뿌뿌사 모양의 열쇠고리에 각자의 이름을 새겨서 선물로 주었다. 짧은 시간이었지만 우리의 문화를 소개하는 기회가 되어서 자랑스럽고 그들이 기뻐하는 모습에 우리 역시 기뻤다.

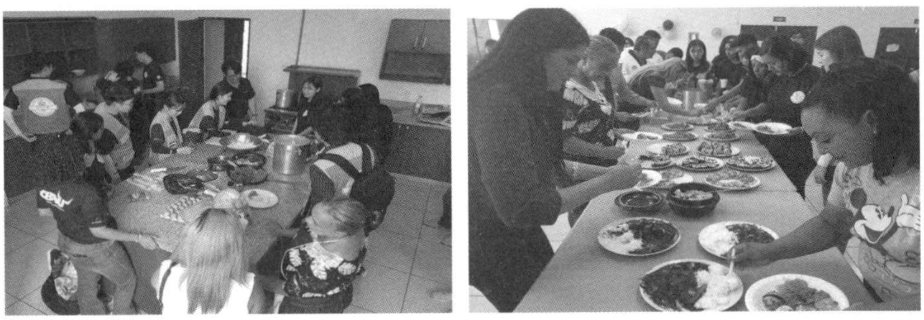

그림 6-11 한식파티

6. 한글학교

엘살바도르에는 한글학교가 있는데, 주택단지 안에 있는 집 하나를 임대 후 개조하여 한글학교로 사용하고 있다고 한다. 공식적으로 방문 해보는 것은 좋은 경험이 되겠지만, 현지 대통령 선거로 인한 주말 일정 조정과 이동 경비 등의 문제 때문에 모든 단원이 방문하지는 못했다. 미리 자원을 받아 몇몇 단원만이 갈 수 있었고, 한글학교에서 준비해주신 차량에 탑승해 안전하게 도착할 수 있었다. 처음 들어가자마자 한글로 된 책들과 초·중등학생들이 한복 접기 등의 색종이 접기 놀이를 하고 있는 모습을 보고 많이 놀랐다. 엘살바도르에도 한글학교가 있다는 게 참 놀라웠고, 한글로 된 책들을 보니 감회가 새로웠다.

도착해서 학생들을 한데로 모두 모으고, 교감 선생님 사회로 간단히 서로 소개를 마쳤다(그림 6-12).

학생들은 대부분 간단한 한국어를 구사할 수 있었고, 인사도 한국말로 해서 한국어를 매우 잘하는 것처럼 보였다. 그러나 대부분 현지에서 오래 사는 1.5세대, 2.5세대들이라 한국말을 잘 하지는 못한다고 한다. 한국과 외국 등을 자주 오가는 경우에는 한국어를 열심히 공부하지만 그렇지 않고 현지에 사는 아이들은 한국어의 필요성을 잘 느끼지 못한다고 한다. 그래서 대부분은 국제학교를 다니며 영어와 스페인어를 배운다고 해서 조금 아쉬웠다.

한국어와 우리 문화를 많이 소개해주고 싶다는 생각을 했다. 소개를 마친 뒤 미리 준비해온 K-pop 춤을 보여주고, 부메랑 만들기 수업을 간단하게 진행했다. 아이들과 같이 부메랑을 날리며 시간을 보내니 즐거웠다. 이후에는 한글학교 선생님의 지도로 윷놀이, 비석치기 그리고 제기차기 등의 게임을 했다.

우리가 한글학교에 간 날은 2월 2일로, 설날 행사를 진행 중이어서 점심으로 떡국을 먹었다. 떡국과 김치를 엘살바도르에서 맛볼 수 있어서 너무 행복했다. 식사 후에는 계속 자유 시간을 주어 무궁화 꽃이 피었습니다, 술래잡기, 눈치게임, 수건돌리기, 끝말잇기 게임 등을 하며 아이들과 놀아주었다. 우리가 봉사활동으로 준비해 온 수업을 해 주지는 못했지만, 이렇게 모국에서 온 대학생 언니 오빠 누나 형들과 같이 어울려 노는 것은 현지 한국인 자녀들에게 매우 드문 일이고 좋은 기억으로 남을 것이다. 같은 동포인 한국인의 정을 느낄 수 있는 시간이기 때문이다. 그래서 재밌었고 뿌듯했다. 돌아갈 때는 다음에 김밥과 떡볶이 등을 만들어 주시겠다고 하시며 한글학교 텀블러도 20개나 선물해주셨다. 엘살바도르에 이렇게 한국인 봉사단이 와서 활동을 해 주면 현지 교민들에게 많은 도움이 된다며, 이런 교류가 계속되기를 바란다. 단원들 모두 느끼는 것도 많았고, 함께 시간을 보낼 수 있어서 행복했다. 어느 나라에 가든 한글학교가 있다면 꼭 가볼 것을 추천한다.

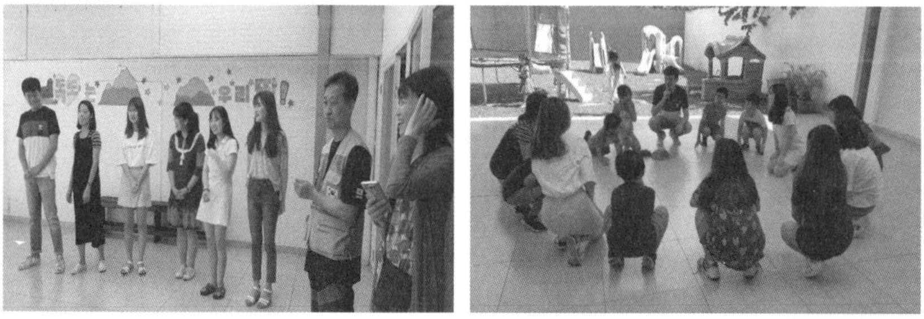

그림 6-12 서로 소개하는 사진(좌), 아이들과 함께 놀아주는 모습(우)

7. 엘살바도르 가족의 방문

단원 한 명이 학교에서 친해진 여학생이 한 명 있는데, 그 여동생과 어머니가 호텔을 방문한 적이 있었다. 아래는 그 당시 모습에 대해 단장이 쓴 글이다.

3시에 온 여학생은 B반으로 들을 기회가 1번밖에 없었다. 그런데 국병이는 어떻게 그 학생과 친하게 된 것일까? 어쨌든 학생 엄마와 동생이 같이 맛있는 음식을 가지고 왔다. 바나나 도너츠, 고구마, 빵, 길쭉한 튀김, 전통 음료, 시럽 등. 점심이 조금 부실했는데 간식으로 잘 먹었다. 아침 내내 준비한 음식이라고 한다. 국병이가 이미 아이들 선물을 두둑이 준비했고, 부채, 스펀지밥 등을 담은 usb, 즉석 사진 인화, 고급 머리빗 등을 챙겨 주었다. 한국어를 공부하고 싶다는 아이는 꿈이 참 많았고, 여동생 아이는 매우 귀여웠다. 봉사단과 재미있게 어울려 놀고 있는 아이들을 흐뭇한 눈길로 보고 있던 엄마는 초콜릿을 만들어서 화요일쯤 또 오고 싶다고 얘기하는데, 시장에서 가게를 하는 사람이라 평일에 또 오라 하기 부담스러워 오늘 온 것으로 충분하다고 최윤희 선생님이 정중히 말하였다. adios 하며 가던 꼬마 아이가 다시 뛰어와 국병에게 안기는 영화를 찍으며 눈물을 흘렸다는 후문. 오늘 가장 행복한 사람은 엘살바도르 가족 3명인 듯하다.

7장

코티처

1. 단원들에게 코티처란?
2. 코티처들에게 교육봉사란?

1. 단원들에게 코티처란?

1) 엘살바도르 코티처[19]와의 역할 분담

한 조당 코티처는 2~3명이 배정되었고, 한사랑에 단원들이 주교사로써 수업을 진행하고, 코티처들은 보조 교사로서 수업진행을 위해 도움을 주었다. 코티처들에게 담당 수업을 정해줘 특정 수업에 집중하여 진행할 수 있도록 했을 때 맡은 수업에 대한 이해도가 높아 더 매끄러운 진행이 가능했다. 단원들은 대부분 스페인어로 작성한 대본을 보고 수업을 진행하기 때문에 갑작스런 상황이 발생하거나, 학생들과 소통하거나, 전반적인 수업 분위기를 통제하거나 할때 등에서 대해서는 코티처들의 도움을 받았다. 수업 전반적인 내용을 주교사가 이끌며, 중간 설명이 부족한 부분에 대해서는 단원들이 코티처에게 영어로 설명하고, 코티처들이 학생들에게 스페인어로 통역을 해주며 수업을 진행하였다. 학생들이 익숙하지 않은 우리의 스페인어 발음을 듣고 이해하지 못하는 경우가 있었고, 그때마다 코티처들이 보충설명을 해주었다.

이렇듯 나 혼자 만들어가는 것이 아니고 모두가 협력했을 때 좋은 수업이 이루어졌고, 서로 피드백해주며 수업내용과 진행 방향을 수정해 나갔다. 특히 수업 시간이 제한적이기 때문에 정해진 시간 이

---

19 코티처와 함께 수업을 준비, 실행, 반성하는 것을 코티칭(coteaching)이라고 한다. 엘살바도르 코티처 중 한 명은 '내가 교육내용은 잘 모르지만 엘살바도르 학생들에 대해서는 잘 안다.'라고 말했다. 이것은 코티칭을 잘 설명해 준다. 함께 가르치는 사람이 각자의 전문성을 공유하는 것, 그리고 그 전문성은 각자에게 고유한 것이며, 전문성이 공유됨으로써 공동 행위(코티칭)의 목표 달성에 도움이 되는 것, 이것이 코티칭이다.
예를 들어, 엘살바도르 학생들은 외국인에 대한 적대감이 심해서 처음에 잘 응대를 하지 않을 것이라고 말하며, 코티처가 수업 시작하기 전에 봉사단원을 한명씩 이름을 말해 주며 학생들을 가르쳐주기 위해 멀리서 온 대학생들이니 전혀 위험하지 않다고 소개를 해 주었다고 한다. 수업 초반에 수업 상황 설명을 해 줌으로써 라포를 형성하는 데 도움을 준 것이다.

내에 외국어로 학생과 소통하며 수업을 이끌어 나간다는 것이 정말 어려웠다. 그러나 코티처들이 수업 시작 전 수업에 성실히 참여해야 한다는 규칙을 설명해주고, 학생과의 유대감 형성을 위해 많은 노력을 했으며, 소란스럽지 않은 수업분위기를 조성하는데 도움을 받아 좋은 수업을 할 수 있었다.

코티처와 수업 역할 분담을 잘 하려면?
가끔씩 코티처가 수업에 너무 많이 개입하면서 수업 진행을 주도하는 경우가 생길 수도 있다. 그런 일이 생겼을 경우, 수업 후에 코티처에게 자신이 한 설명을 적어 달라고 한 다음에, 그에 따라 대본을 수정해서 다음 시간에 활용하면 좋다.

2) 의사소통

엘살바도르 코티처들은 언어학을 전공하는 학생으로 코티처로 선발될 당시 자격 조건 중 하나가 영어가능자였다고 한다. 한사랑에 단원들은 사범대학 학생과 교직이수를 한 학생으로 전공은 다양했다. 그러다 보니 언어의 장벽이 있었고, 의사소통 할 때 어려움이 있었다. 특히 듣는 부분보다는 자신의 생각을 말하는데 더 어려움을 느꼈다. 그렇기 때문에 진지한 얘기를 많이 나누지 못하고, 깊은 감정 공유가 어려웠고 간단 간단하게 단어로 의사소통을 해 아쉬워하는 단원들이 많았다.

그래도 코티처들이 우리들의 이야기를 끝까지 들어주는 자세에 감동을 받았고, 단어를 더듬더듬 말해거나, 번역기를 사용하여 열심히 대화를 이어나가려고 노력했다. 처음에는 단원들이 영어에 대한 자신감이 부족하여 코티처들과 대화를 부담스러워 하기도 했지만 자신감을 가지고 대화를 하다 보니 코티처들과 더 친해질 수 있었다. 의사소통은 영어를 잘 하고, 못하는가에 대한 문제보다는 얼마나 자신감 있게 말을 하느냐에 대한 문제이기도 했다. 해외봉사를 준비한다면 미리 언어를 공부하는 것은 매우 중요한 일이지만 내가 실력이 부족하다고 해서 말하는 것을 두려워하지 말고 자신감을 가지고 의사소통하려고 노력해야 한다.

현지인과 함께 하기
봉사단원 20여명과 코티처 10여명이 함께 이동할 때에는 버스 2대가 필요했다. 처음에는 봉사단원과 코티처가 따로따로 버스를 탔는데, 단장과 대표는 코티처들이 탄 버스에 자원해서 탔다. 버스 이동 중 쉬지 못하는 것을 감수하면서 코티처와 얘기하고 떠들고 웃으며 보낸 시간은 매우 소중하다.

3) 엘살바도르 코티처에게 받은 도움

코티처들에게 엘살바도르에서 안전하게 생활할 수 있도록 도움을 많이 받았다. 숙소에서 학교로 이동할 때 길 안내와 도로를 건널 때 안내를 해주었고, 지리를 잘 알지 못하는 우리를 위해 근처 마트를 같이 가주곤 했다, 코티처들의 숙소에서 가까운 사람도 있었지만 멀게는 왕복 6시간[20]이 걸릴 정도로 먼 곳에 집이 있음에도 단원들을 도와주기위해 항상 노력해주었다. 이뿐만 아니라 다음날 점심 식사를 예약할 때, 계산을 할 때, 주말 여행지를 알아보고 예약할 때 등 생활 속 깊숙이 도움을 주었다. 코티처들이 없었다면 사소한 부분조차 어려움을 겪었을 것이다.

봉사가 시작 후 단원들은 예의 있게 행동을 하고자 도움을 적극적으로 구하지 않고 스스로 일을 해결하려고 했으나 코티처들은 단원들이 도움을 거절하거나 구하지 않는 행동을 보고 아쉬워하는 경우도 있었다. 문화적으로 우리는 '도와줄까?'라는 질문에 괜찮다고 하는 것이 예의 있게 대답하는 것이지만, 그들에게는 오해를 사기도 했었다. 이러한 문화 차이를 이해하고 생활 한다면 더 좋은 결과를 이끌 수 있을 것이다.

그림 7-1 수업 중 코티처의 도움

그림 7-2 같이 수업을 준비하는 코티처

코티처들은 수업을 할 때는 든든한 보조교사였고(그림 7-1), 그 이후에는 친구이자 정신적인 지주가 되어주었다. 수업을 준비 시 대본작성에 있어 틀린 부분을 교정해주고, 더 적합한 단어로 바꿔주었고, 발음교정을 위해 같이 대본을 여러 번 읽어주었다(그림 7-2). 특히 외국인이라는 우리의 상황을 공감해주고 그의 맞는 도움을 주려고 노력하는 모습이 정말 고마웠다. 특히 엘살바도르에 도착 후 처음 만났을 때에는 엘살바도르의 음식을 대접해주기도 했고, 나이가 비슷해서 인지 더 빨리 친해졌다. 코티처들은 우리의 멘토이자 친구가 되어주었으며 이 봉사활동에 대해 애정을 가지고 최선을 다해 참여해주었다.

코티처와 함께 캠퍼스 투어

대학에서 수업 준비를 할 때 시간을 내어 현지 대학 캠퍼스를 구경하는 시간을 가지는 것이 좋다. 코티처와 자연스럽게 얘기하고 사진도 찍으며 친해질 수 있는 계기가 되고, 현지의 상황이나 대학 실정도 파악하며, 코티처를 이해하는 데에도 도움이 된다.

20 이 코티처는 특히 팔 골절로 깁스를 하고 있어서, 봉사활동 후반에는 이틀에 한번 집에 가지 않고 호텔에 머물도록 했다.

4) 한국에서 준비한 코티처 선물

지난 기수 봉사단원들에게 조언을 구한 뒤 미리 한국에서 코티처들에게 줄 선물을 준비해갔다(그림 7-3). 현지에서 도움을 많이 받기 때문에 고마운 마음을 표현하기 위해 현지에서 선물을 구입하여 주는 것 보다는 한국에서 미리 준비해 가는 것이 더 좋다는 말을 듣고 각 조에서 따로 선물을 준비했다. 코티처들이 가장 좋아했던 선물은 한국적인 디자인의 물품을 가장 좋아했다, 또한 화장품과 팩 등 미용용품도 좋아했는데 엘살바도르의 화장품은 값이 비싸고 질이 좋지 않다고 했다.

그림 7-3 조별로 준비한 코티처 선물

준비해간 선물

공책, 부채, 가방, 좋아하는 캐릭터 물품들, 전통수첩, 컵받침, 소주잔, 전통 타투스티커, 서시 보틀(국립박물관문화재단), 책갈피, 볼펜, 팩, 화장품, 한국 전통 스티커, 전통 문양 편지지, 꽃 그려져 있는 엽서

2. 코티처들에게 교육봉사란?

2018 충북대학교 단기 해외교육봉사에서 맹활약했던 엘살바도르 현지 대학생, 코티처들의 이야기를 안 들어볼 수 없다. 앞으로 전개될 내용은 13명의 코티처 중 9명(69.23%)이 응답한 설문지 내용을 재구성한 것이다. 그들에게 질문한 내용은 첫째, 봉사활동 지원 계기, 둘째, 봉사활동 자격조건 및 준비 과정, 셋째, 봉사활동 중 본인의 역할의 장단점, 넷째, 봉사활동 중 고충과 개선 요구사항, 마지막으로 봉사활동을 하며 좋았던 것과 나빴던 것, 총 5문항이다. 코티처들은 질문에 대하여 주관식으로 기술해 제출했다. 이에 한 가지 질문에도 여러 가지 대답이 나왔다(표 7-1).

1) 봉사활동 지원 계기

표 7-1

질문 1	이번 봉사활동을 지원한 계기는 무엇인가요?
외국어 연습을 위해 (4명, 31%) 문화 교류를 위해 (4명, 31%) 봉사활동이 좋아서 (4명, 31%)	가르치는 것이 좋아서 (2명, 15%) 새로운 사람들을 만나기 위해 (2명, 15%) 꿈을 위해 (1명, 8%)

코티처들의 봉사활동 지원계기는 우리들의 봉사활동 지원계기 만큼이나 다양했다. 코티처들의 봉사활동 지원계기 중 가장 많이 언급된 내용은 '외국어(영어 또는 한국어) 연습을 위해', '문화 교류를 위해', '봉사활동이 좋아서'이다. '외국어 연습하기 위해'와 '봉사활동이 좋아서'는 대학생이라면 국적을 막론하고 한번쯤 고민해본 사항일 것이다. 하지만 '문화 교류를 위해' 봉사활동에 참가한다는 것은 주목할 만하며 앞으로의 교류에 있어 고무적인 일이다. 이는 엘살바도르 대학생들이 우리나라 문화에 관심이 많다는 의미기 때문이다.

2) 봉사활동 선발 및 준비 과정

표 7-2

질문 2-1	이번 봉사활동의 자격조건은 무엇이었나요?
영어 가능자 (5명, 38%) 팀워크 (2명, 15%) 친근감 (2명, 15%) 과거 봉사 경력 (2명, 15%) 기타 (2명 15%) 가르침에 대한 열정 (1명, 8%)	끈기 (1명, 8%) 공감능력 (1명, 8%) 카리스마 (1명, 8%) 외향적 성향 (1명, 8%) 책임감 (1명, 8%) 현대 언어학 전공자 (1명, 8%)

코티처들은 국립 엘살바도르 대학교(UES)에서 현대 언어학을 전공하는 대학생들이었다. 이는 봉사활동에 있어 영어 가능자를 모집해 활동 시 우리들과 원활히 소통할 수 있게 하고 능률적인 봉사활동을 지원하기 위한 UES 측의 선택이라고 생각된다. 코티처들은 우리들과 같이 1차로 서류를 제출해 심사 받았고 2차로 영어 면접을 통해 최종 선발되었다(표 7-2).

표 7-3

질문 2-2	이번 봉사활동을 위해 무엇을 준비했나요?
조별 수업 준비(언어 포함) (8명, 62%)	시간 (1명, 8%)
한국 문화 학습 (4명, 31%)	의지 (1명, 8%)
교수법 준비 (1명, 8%)	열정 (1명, 8%)

코티처들은 최종 선발 후 우리가 만든 지도안과 수업 자료들을 검토하였으며 각자 관심있는 수업을 선택해 조를 편성했다(표7-3). 코티처들은 우리들과의 소통을 위해 한국 문화 학습에 힘썼다. 한국 문화에 대해 전혀 몰랐던 코티처들도 있었는데 한국 문화를 배우는 과정에서 한국에 대한 관심과 애정이 생겼다고 했다. 봉사활동이 끝난 후에는 본인의 인생 버킷리스트에 한국 방문을 포함시킨 코티처들이 대다수였다.

3) 봉사활동 중 본인의 역할의 장단점

표 7-4

질문 3	각자 역할을 맡은 것의 장점과 단점은 무엇인가요?
장점	**단점**
각자 무엇을 해야 할지 앎 (4명, 31%)	
일에 책임감을 느낌 (4명, 31%)	담당이 아닌 일은 돕기 어려움 (2명, 15%)
일을 효율적으로 할 수 있음 (3명, 23%)	상호작용(의사소통)이 덜함 (2명, 15%)
자기 일에 집중할 수 있음 (1명, 8%)	단합을 어려움 (1명, 8%)
여러 일을 동시에 할 수 있음 (1명, 8%)	담당자가 없을 경우 혼란이 있음 (1명, 8%)
조별 과제를 잘 수행할 수 있음 (1명, 8%)	

우리들은 출국 전 각자의 역할을 나눠 봉사활동에 임했다. 하지만 봉사활동 중 우리는 다양한 문제와 직면했고 코티처들의 도움이 필요했다. 이에 봉사활동 도중 코티처들의 동의를 구해 그들에게도 역할을 부여했다. 우리는 역할에는 어떤 것이 있는지 제시했고 코티처들끼리 자유롭게 본인의 역할을 선정하도록 했다. 코티처들의 역할 선정 후 그들은 봉사활동에 더 큰 책임감을 느꼈다고 했으며 각자 무엇을 해야 할지 알기 때문에 우리를 마냥 지켜보지 않아도 돼서 좋았다고 전했다. 하지만 코티처들의 역할 선정 이후 본인 담당이 아닌 일에 나서서 도와주는 것이 제한되었고 이에 따라 단원들 간 상호작용, 의사소통이 적어져 아쉬웠다고 덧붙였다.

4) 봉사활동 중 고충과 개선 요구사항

표 7-5

질문 4	봉사활동 중 어려웠던 점은 무엇인가요? 우리가 개선해야 할 점은 무엇인가요?
단원들이 도움을 청했으면 함 (2명, 15%) 의사소통이 불편함 (2명, 15%) 수업(교실과 학생 찾기)의 혼선 (2명, 15%	앞으로도 활동이 계속 되었으면 함 (1명, 8%) 조별 성취기준을 제시했으면 함 (1명, 8%)

우리는 각자의 역할에 대해 많은 책임감을 느끼고 다른 단원들에게 피해를 끼치지 않기 위해 최선을 다했지만 이는 오히려 코티처들로 하여금 딜레마에 빠지게 했다. 코티처들은 우리가 도움을 청하지 않고 힘든 일을 혼자서 하는 것을 자처한다고 했다.[21] 코티처들은 일을 진행함에 있어 서로의 의견을 나누는 것을 무엇보다 중요하게 생각했고 힘든 일은 서로 조금씩 부담하자고 했다.

코티처들은 매번 수업에 혼선을 주는 학교 시스템을 개선해 달라고 강력히 요구했으나 개선되지 않자 혼선을 최소화하고자 우리와 같은 마음으로 고민했다.

5) 봉사활동을 하며 좋았던 것과 좋지 않았던 것

표 7-6

질문 5	봉사활동 중 좋았던 점과 나빴던 점은 무엇인가요?
좋았던 점	**나빴던 점**
문화를 교류한 것 (6명, 46%) 잊지 못할 경험과 추억을 만들어 준 것 (6명, 46%) 좋은 친구들을 사귄 것 (2명, 15%) 시간 약속을 잘 지킨 것 (1명, 8%)	체류 기간이 1달 밖에 안 된 것(3명, 23%) Eduardo가 다친 것 (2명, 15%) 돈을 분실한 것 (1명, 8%) 수업(교실과 학생 찾기)의 혼선 (1명, 8%) UES로부터의 지원이 부족한 것 (1명, 8%) 학생들의 태도 (1명, 8%)

21 봉사단원이 코티칭을 할 때 필요한 기능이 있는데, 바로 도움을 요청하는 기능이다. 한국인은 도움이 필요하냐고 물으면 대부분 괜찮다고 말한다. 코티처들이 도움을 주고 싶은데 무엇을 도와줄까 물으면 단원들이 필요한 것 없다고 말해서, 돕고 싶어도 도와야 할 것을 몰라 답답했다고 한다. 도움이 필요해도 요청하지 않는 것, 고개를 끄덕이지만 그것이 yes를 의미하는 게 아닌 것, 이것은 동양 문화의 모습이다. 일본어를 배우면서 동양의 문화를 조금 알고 있는 한 코티처는 yes라는 표현이 yes가 아님을 알고 있었다고 한다. 이러한 문화 차이는 단원과 현지 대학생 사이의 의사소통을 방해하므로, 처음에 양쪽 사람들이 이런 차이를 알고 주의하는 게 필요하다. 즉, 의사소통 문화 교육이 필요하다.

코티처들은 귀국 후 꽤 시간이 흐른 지금까지 SNS를 통해 잊지 못할 경험과 추억을 만들어줘 고맙다고 했다. 다수의 코티처들은 문화 교류를 성공적으로 마쳤다고 했으며 이번 봉사활동을 계기로 한국에 대해 많이 알게 됐고 더 알고 싶다고 전했다. 코티처들은 5주의 봉사활동 기간이 너무 짧게 느껴졌다며 다음에는 더 길게 체류하길 바란다고 했다. 그림 7-4는 충북대에서 만들어 간 코티처 자원봉사 감사 증서이다.

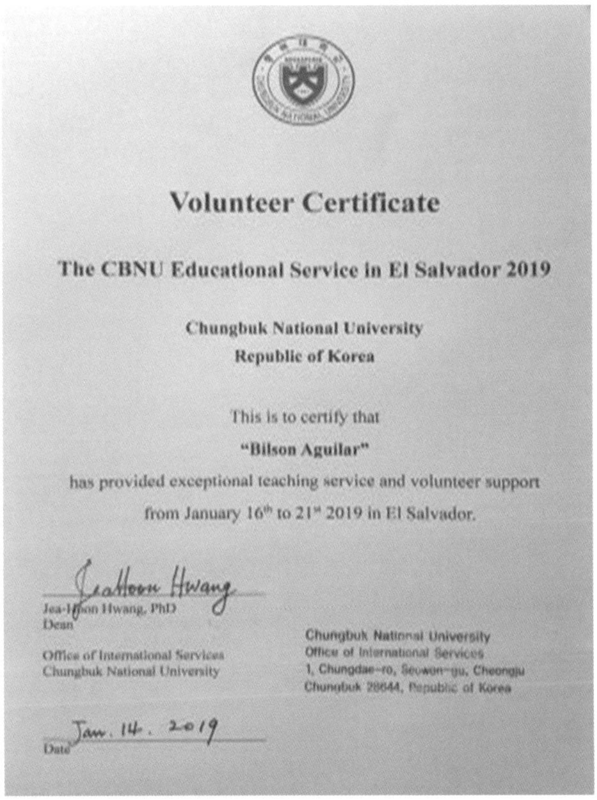
Volunteer Certificate

The CBNU Educational Service in El Salvador 2019

Chungbuk National University
Republic of Korea

This is to certify that
"Bilson Aguilar"
has provided exceptional teaching service and volunteer support
from January 16th to 21st 2019 in El Salvador.

Jea-Hoon Hwang, PhD
Dean

Office of International Services
Chungbuk National University

Chungbuk National University
Office of International Services
1, Chungdae-ro, Seowon-gu, Cheongju
Chungbuk 28644, Republic of Korea

Jan. 14. 2019
Date

그림 7-4 코티처에게 준 감사 증서

8장

평가회

1. 평가회가 갖는 의미

우리는 매일 저녁 넓은 책상에 둘러 앉아 평가회를 가졌다. 평가회란 냉철한 기준으로 어떤 평가를 내려야 하는 차가운 모임이 아니라 '오늘 하루는 어땠는지', '수업엔 이상이 없었는지', '하루 종일 어떤 생각을 했는지' 등을 허심탄회하게 나누는 따듯한 시간이었다. 누군가는 한명도 빠짐없이 이야기를 나눠야 하는 이 시간을 조금 부담스러워 했지만, 그런 단원들조차 이 시간이 우리에게 필수적임을 부정하진 않았다. 말할 내용이 적든 많든 간에 스스로 하루를 정리하는 것은 봉사활동에 있어서 중요한 의미를 갖는다. 이 시간을 통해 우리는 한 걸음씩, 그리고 꾸준히 더 나은 방향으로 나아갔다.

그렇다면 평가회가 갖는 의미는 구체적으로 어떤 것들이 있을까? 우선 첫 번째로 수업에 관한 '자기반성'을 들 수 있다. 자기반성이라 함은 '대본에 손볼 곳은 없었는지', '준비물은 잘 챙겼는지', '학생들에게 다정하게 대했는지', '시간배분은 잘했는지' 등을 점검해보며 오늘의 수업을 되돌아보는 과정이다. 따라서 평가회가 시작되기 전, 하루를 돌아보며 오늘은 어떤 반성할 일이 있었는지 생각해보는 것이 좋다. 그때그때 메모장에 적어 놓던지 저녁을 먹고 나서 봉사일지나 다이어리에 적던지 어떤 방법을 활용해도 좋다.

주의해야 할 점은 잘못했던 일들만 말하는 것이 자기반성의 역할이 아니라는 것이다. 스스로 잘한 부분을 칭찬하고, 꾸준히 발전시키는 모습을 보여주는 것도 중요하다. 못했던 일이 어느 정도고 잘했던 일이 어느 정도인 지는 중요하지 않다. 단원들 앞에서 용기 있게 고백하는 '나'의 하루는 누군가의 봉사활동에 중요한 지침이 될 수 있기 때문이다.

"내 지구본 만들기 수업의 준비물은 플라스틱 재질이다. 따라서 아이들이 쉽게 깨트릴 것 같다고 생각이 들어 항상 여유분을 챙겼다. 아니나 다를까 준비해 둔 여유분은 요긴하게 쓰였다. 혹시라도 수업에 소모성 준비물을 사용하는 분이 있다면, 여분을 더 챙겨가 만약의 상황을 대비하면 좋을 것 같다."

(19. 2. 4. 평가회 中)

두 번째로, 평가회는 '정보공유의 장'이 된다. 내 수업에만 집중해서 하루를 보내다보면 다른 수업에 필요한 중요한 정보를 놓쳐버리는 경우가 있다. 놓친 것은 학생들의 수나 특징들일 수도 있고, 수업할 교실 환경일 수도 있고, 공용 준비물에 관한 것일 수도 있다. 이러한 중요한 정보들을 상기시켜주는 것은 단원들 모두에게 일종의 의무이다. 따라서 모든 단원이 모여 있는 평가회는 정보공유의 최적의 장소가 된다. 수업에 관한 정보 공유 중 가장 필수적이었던 것은 학생 수 와 교실환경이었다. 각 조가 맡았던 반의 학생수를 정리해 기록해 두면 수업 준비물을 챙길 때 효과적이고, 교실환경에 대한 정보가 공유되면, 환경에 제약받는 수업들이 대안을 생각해 낼 기회가 생긴다.

"준비해 온 리코더 숫자가 모자라서, 각 반의 인원을 알고 싶습니다."

"가반은 34명, 나반은 27명, 다반은 24명, 라반은 22명, 마반은 25명입니다. 준비하실 때 참고해 주세요."

(19. 1. 26. 평가회 中)

꼭 수업에 관련된 정보가 아니어도 좋다. 여행팀이나 파티팀, 사진팀, 전시회 팀 등 자신이 맡은 역할에 관련해서 여론을 조사하거나, 공지사항을 전달하는 것도 평가회 시간에 이루어졌다. 심지어 아주 사소한 정보라도 좋다. 어떤 단원들은 '학교에서 탄산음료를 판매하지 않는 것', '선거에 출마한 세 번째 정당에 관하여(봉사활동 기간이 선거기간과 겹쳤었다.)', '화장실 이용 꿀팁' 등과 같은 사소한 얘기까지 나누고자 했다. 여기서 중요한 점은 어떤 정보든, 심지어 자신과 관련 없는 정보라 해도 귀담아 듣는 자세이다. 경청과 존중이 활성화 될 때 수많은 정보들이 오고 갈 수 있고, 그것은 과장을 조금 보태서 봉사의 향방을 가를 수도 있다.

"이번 대통령 선거가 엘살바도르에서 매우 중요한 순간이자 위험한 순간이라고 한다. 처음으로 새로운 당인 중도당이 선거에 나왔고, 이것이 선거에 큰 영향을 끼칠 수 있기 때문이라고 한다. 외국인들은 선거기간 중에 특히 조심하는 것이 좋을 것 같다고 말했다."

(19. 1. 27. 평가회 中)

현지 정보에 귀를 기울이자

어느 나라나 사립학교는 공립학교에 비해 등록금이 비싸고, 엘살바도르도 예외는 아니다. 공립학교 학생들은 집안이 어려우니 빈부격차나 외모 등에 관련된 자극적인 말을 조심해야 한다.

세 번째, 평가회는 '감정공유'의 시간이 될 수 있다. 피 한 방울 안 섞인 단원들과 한 달 동안, 그것도 타지에서 동고동락 하는 것은 결코 쉬운 일이 아니다. 시간이 지날수록 한마디 툭 내뱉는 말이나, 사소한 행동들에 의해 상처받는 일이 늘어난다. 그뿐 아니라 수업에서 오는 스트레스, 도무지 익숙해질 것 같지 않은 음식들, 심지어 찌는 듯한 더위까지도 내 감정을 다스리는데 하등 도움을 주지 않는다. 이런 때 일수록 자신의 감정에 솔직해지는 것이 중요하다. 혼자만 삭혀두는 감정은 치료하지 못한 상처처럼 곪다가 언젠간 썩어버리기 마련이다.

이런 상황에서 평가회 시간이 솜씨 좋은 '병원'이 되곤 한다. 하지만 특이하게도 그곳의 '의사'는 타인이 아닌 본인의 역할이다. 실제로 우리들은 감정의 골이 깊어질 때 마다 솔직하게 자신의 생각을 공유하면서 그 골을 스스로 메워 갔다. 때론 눈물도 흘려가며 서로의 솔직한 감정이 오고 가면, 비가 온 뒤 더욱 단단해지는 땅처럼 우리도 단단히 뭉쳐지는 기분이었다.

"아무 반응이 없어 우리가 힘들어 했던 반이 다른 조 수업에서는 반응이 좋았다는 소식을 듣고 하루 종일 기분이 좋지 않았다. 이 일만 해도 너무 속상했는데, 이것저것 다른 일들이 겹쳐 나를 너무 힘들게 했다. 수업 주제가 원인인가 하는 고민도 든다. 내일은 연습한 대로 잘 진행되면 좋겠다."

(19. 2. 11. 평가회 中)

마지막으로 평가회는 '예비교사로서의 마음가짐'을 길러준다. 수업지도안 작성, 대본작성, 스페인어 공부, 준비물 구입, 수업시연, …. 이 모든 과정을 거친 우리는 이미 교사의 길에 남들보다 두 걸음쯤 가까워졌다. 특히 평가회 시간에 예비교사의 관점에서 나누는 피드백들은 우리가 '선생'으로써 어떻게 행동해야 하는지 생각해보게 한다. 학생들에게 어떻게 대해야 하는지, 수업 중 동기부여는 어떤 것이 있는지, 수업 전 기분관리는 어떻게 해야 좋은지, 내 수업에 어울리는 교수방법엔 어떤 것이 있을지 등을 고민하며 단순한 봉사가 아닌 '교육봉사'로서의 우리의 마음가짐을 일깨워 준다. 이런 경험과 피드백들이 어떤 형태로든 교사를 향한 꿈에 확신을 갖게 해주고, 교직과 관련된 가치관 형성의 토대가 될 것이라 기대한다.

"아침부터 피곤한 상태로 학교에 갔다. 몸과 마음이 너무 힘들었지만 수업에 잘 따라오는 학생들을 보며 피곤함이 풀렸다. 최근 진로에 대한 고민을 많이 했지만 오늘 학교에서 느낀 긍정적인 감정들을 통해 교사가 되기로 다시 한 번 다짐하게 되었다."

(19. 1. 23. 평가회 中)

2. 평가회 진행방법

지금부터는 우리의 평가회 진행방법을 소개하고자 한다. 당연한 얘기지만, 평가회 진행방식에 '정답'은 없다는 것을 주의한다면 좋을 것 같다. 우선 전체 평가회의 시작에 앞서 '조별 평가회'라는 것을 진행한다(그림8-1). 말 그대로 조원들끼리만 진행하는 평가회라고 생각하면 된다. 서로의 수업내용, 수업 진행방식, 수업 중 변화한 것이나 부족한 것 등을 가장 잘 아는 것이 조원일 수밖에 없기 때문에 전체 평가회에 앞서 조별 미팅시간을 갖는 것이다. 서로 피드백을 나누는 중에 가장 중요한 점은 '솔직한' 평가가 오고가야 된다는 것이다. 단원 전체가 모인 평가회는 인원이 많고, 교수님이나 선생님들도 참여하기에 사람에 따라 피드백을 해주기 어려운 경우가 있다. 따라서 조별 평가회의 장점을 살려 서로간의 수업에 대해 솔직하게 피드백을 해주고, 고칠 점이나 잘하고 있는 점을 스스로 기록해 전체 평가회 시간에 보고할 수 있도록 준비해야 한다.

그림 8-1 자유로운 분위기의 조별 평가회

상황에 따라서 코티처들도 조별 평가회에 참여했다. 아와차판 지역에선 코티처들과 같은 숙소를 썼기에 매일매일 같이 진행할 수 있었고, 다른 지역의 학교에선 여유가 있을 때마다 수업이 끝난뒤 함께 진행하곤 했다. 그들과 함께하는 조별 평가회는 언어의 장벽 때문에 하고 싶은 말을 전부 전하기 어렵다는 단점이 있지만, 현지인의 관점으로 바라보는 수업 피드백을 들을 수 있다는 장점이 있다. 교육환경과 문화에 있어 차이점이 상당히 많은 이곳에서, 그들의 시선은 우리가 당연하게 생각하며 놓치고 있는 부분을 점검해 주어 수업개선에 많은 도움을 준다.

조별 평가회가 끝났다면 저녁을 먹은 뒤 한 시간 쯤이 지나고 나서 본격적인 전체 평가회를 시작한다(그림8-2). 평가회의 진행자는 이름순으로 돌아가면서 담당했다. 진행자는 시작 전 날짜와 함께 오늘은 어느 학교에서 봉사를 했는지, 혹은 어떤 일을 했는지 간단하게 요약해서 보고한다. 간단한 명언이나 재치 있는 문장들을 준비해서 분위기를 풀어주는 것은 진행자의 재량에 달려있다. 봉사 초반의 평가회는 긴장하는 단원들이 더러 있어서 진행자의 '아이스 브레이크(ice break)'가 커다란 효과를 발휘할 것이다.

첫 번째 순서는 조별 평가회에서 나눈 피드백, 계획, 반성 등을 보고하는 시간이다. 당연히 주된 내용은 오늘 진행된 수업에 관한 이야기들이 차지하게 된다. A조부터 E조까지 조원 중 한명이 대표자가 되어 발언하는데, 이때 발표하는 대표자 또한 조장을 중심으로 조원끼리 공평하게 나누는 것이 좋다. 서두에 말했듯이 평가회의 순서나 내용에 정답은 없지만, 효율적인 시간관리를 위해 이 시간에 사적인 이야기는 지양하는 것이 좋다.

조별로 대표자들이 조별 평가회 내용을 공유하고 나면 본격적으로 개인발언 시간이 시작된다. 진행자는 누구부터 어떤 방향으로 순서를 진행할지 정해준다. 보통은 단원들 먼저 시작하고, 기록을 담당하는 단원을 마지막으로 학생순서를 끝낸다. 그 다음엔 선생님들이 하루 동안 지켜본 수업에 관한 피드백을 해주시거나 단원들이 힘들어하는 것들에 대해 조언을 해주시는 등 여러 가지 좋은 말씀을 해주신다. 선생님들 순서가 끝나면 교수님이 말씀하실 순서이다. 교수님은 조별 발언과 개인 발언들에 대한 피드백을 해주시고 다음날 공지사항을 전달해주신다. 교수님 순서까지 끝나면 각 역할의 담당자들, 예를 들어 파티팀, 여행팀, 전시회 준비팀 등이 특별히 전달할 사항들을 공지한다. 모든 순서가 끝나고 나면 시작할 때와 마찬가지로 진행자가 준비한 클로징 멘트와 함께 평가회가 마무리 된다.

그림 8-2 다 같이 모이는 전체 평가회

마지막으로, 우리는 평가회의 모든 순간을 기록으로 남겼다. 녹음과 타이핑이라는 두 가지 방법을 사용했는데, 두 방법 모두 기록 담당자들이 담당하였다. 우선 음성녹음은 한국에서 챙겨온 캠코더를 이용했다. 촬영되는 영상은 신경 쓰지 않고 음성만 녹음할 수 있게 설치하니 불편한 점은 딱히 없지만 다른 곳에서도 쓰이는 캠코더이기 때문에 용량관리에 특별히 신경 써야 한다. 다음은 노트북으로 타이핑을 하는 방법이다. 단원들의 발언을 하나하나 기록하기는 현실적으로 불가능하니 요령껏 핵심 문장들을 기록하는 것이 중요하다. 가끔 노트북을 사용할 수 없는 환경에서 진행되는 경우는 핸드폰 메모장을 적극적으로 활용하는 것이 좋다. 이렇게 기록된 내용은 여러 가지 사후 활동에 큰 도움이 된다.

① 조장 미팅

전체 평가회 전에 각 조의 조장, 대표, 선생님, 단장 등이 모여 얘기할 내용을 미리 점검하는 자리를 가진 적도 있다. 세세한 내용 말고 평가회에서 언급할 내용 중 빠진 것이 없는지 아이디어를 모으는 자리다. 이것은 1주일에 1번 정도 하면 좋다. 운영진(단장, 선생님)이 미처 생각하지 못한 의견이 개진되기도 한다.

② 매일 미션

평가회에 이야기할 내용을 미리 공지하는 경우도 있다. 구체적인 내용(예, 나에게 여행의 의미는? 등)을 공지할 수도 있고, 방법을 공지할 수도 있다. 김미식 선생님이 낸 '5글자 표현' 미션은 재미있었다.

3. 평가회 관련 피드백

다음 주제는 평가회에 관련해서 다음 기수에서 반영되었으면 하는 피드백이다. 너무 강조해서 지겨운 말이지만 한번만 더 말하자면, 우리가 행했던 방법이나 피드백들을 다음 기수가 꼭 지켜야 할 의무는 없다. 단지 이 글이 평가회 운영의 기초적인 틀이 될 수 있길 바라거나, 우리가 공통적으로 느낀 불편들을 똑같이 겪지 않길 바라는 마음에서 나오는 조언 정도로 생각해주면 좋을 것 같다.

첫 번째는 평가회 시간의 유동적인 조정이 필요하다는 의견이다. 우리는 항상 저녁을 먹고 1시간 뒤인 8시쯤에 평가회를 시작했다. 몇몇 단원들은 이렇게 조금 늦은 시간에 진행되는 평가회가 부담이었다고 말한다. 밥을 먹고 여유 있게 내일 수업을 준비 하거나 휴식을 취하고 싶지만 평가회를 준비하느라 그렇게 할 수 없었다는 불만이다. 8시의 평가회는 평가회를 통해 하루를 마무리 할 수 있다는 장점이 있지만, 수업이 끝난 직후나 숙소로 돌아오자마자 진행하면 수업에 대해 조금 더 생생한 피드백을 공유할 수 있고, 시간을 알뜰하게 활용할 수 있을 것이라는 의견이 많은 지지를 얻었다.

두 번째는 하나의 싸이클, 즉 하나의 학교에서의 활동이 모두 끝나면(교육봉사 기간 중 보통 3~4개의 학교에서 활동이 진행된다.) 코티처를 포함해 모든 사람이 참여하는 중간 평가회를 열자는 의견이다. 매일 매일 나누는 수업에 관한 평가회도 중요하지만, 하나의 학교가 끝나고 나서 커다란 흐름을 논하는 평가회가 있다면, 다음 학교에 대해 대비도 수월하고, 코티처들의 의견을 통해 부족했던 점을 보완할 수 있는 좋은 기회가 될 것이다.

세 번째는 코티처 간의 평가회가 필요하다는 의견이다. 우선, 앞서 서술했던 특이한 경우를 제외하곤 코티처와 단원들이 같은 숙소를 쓰는 일은 거의 없었다. 따라서 평가회는 자연스럽게 한국 단원들 중심으로만 운영되었다. 하지만 코티처의 역할이 봉사활동의 성패를 가를 만큼 중요한 마당에 그들끼리 의견을 나눌 기회가 없다는 것은 말이 되지 않는다. 우리와 같은 공통의 숙소가 없어 시간과 장소의 제약이 문제가 된다면 SNS나 메신저(WhatsApp)를 적극적으로 활용하면 좋을 것이다. 그들이 주기적으로 교육봉사에 관한 의견이나 수업에 관한 피드백을 나눌 수 있게 주도해 준다면, 분명히 교육봉사의 질은 기하급수적으로 높아질 것이다.

마지막으로 말하기 연습의 중요성이다. 몇몇 단원은 평가회가 처음에는 의미 있는 시간으로 다가왔지만, 횟수를 거듭할수록 같은 말을 반복하는 경우나, 지나치게 늘려서 표현하는 경우, 상대방의 기분을 배려하지 않고 말하는 경우 등으로 인해 스트레스를 받는 시간으로 변해버렸다고 말했다. 누구나 말을 조리 있게 잘 할 수는 없음을 인정하지만, 최소한 너무 심한 경우엔 주변사람이나 리더가 주의를 시키거나, 스스로 발할 내용을 다듬고 나서 발언하는 연습을 할 것을 추천한다. 말을 잘 하지 못하는 것과, 말을 잘 할 생각이 없는 것은 엄연히 다르다는 의견이다.

4. 나에게 있어 평가회는?(평가회에 대한 단원들의 인터뷰)

지금까지 해외교육봉사의 꽃이라 볼 수 있는 '평가회'가 어떤 것인지, 어떻게 진행해야 하는 것인지, 고칠 점은 어떤 것이 있었는지 등을 알아보았다. 그렇다면 마지막으로, 인터뷰를 토대로 실제 단원들에게 평가회가 어떤 의미로 다가왔는지 솔직한 의견을 들어보도록 하자.

표 8-2 평가회에 대한 단원들의 인터뷰

① 평가회에서 단원들의 이야기를 들어보는 것이 너무 좋았습니다. 특히 현지 대학교에서 진행된 수업 시연 때 반대편 교실에 있던 A조, B조의 수업은 한 번도 본 적이 없어서 아쉬웠는데 평가회에서 하루를 공유함으로써 다른 조의 수업을 알 수 있어서 좋았습니다.
② 전 조별 평가회가 특히 기억에 남습니다. 나의 수업에 대한 조원들의 생각을 들어볼 수 있는 기회이자, 조원들의 수업에 대한 나의 생각을 말해 줄 수 있었던 값진 시간이었습니다. 이 때 조원들이 말해 준 피드백을 가지고 더 나은 수업을 진행할 수 있었습니다.
③ 하루 동안 단원들이 겪었던 다양한 경험들을 들어보고 나의 경험들을 공유할 수 있는 귀중한 시간이었습니다. 서로의 경험을 공유하며 감정적으로 의지할 수 있었고 문제에 대해 같이 고민하여 결국엔 기발한 해결책을 찾을 수 있었습니다.
④ 평가회 시간은 제가 정말로 좋아했던 시간입니다! 스스로 하루를 정리할 수 있는 시간이었고, 다른 분들의 생각을 들어보며 저를 반성해 볼 수도 있는 시간이었기 때문입니다.
⑤ 시간이 지날수록 늘 똑같은 반성거리가 나옴에도 불구하고 나아지지 않는 경우가 반복되었습니다. 또한 모든 단원이 알아들을 수 있게 이야기를 조리 있게 전달하는 방법을 연습했으면 좋겠습니다. 다음 기수 때는 자기의 발언시간을 제한해서 핵심적으로 요약해서 말할 수 있게 해보는 것은 어떨까요?
⑥ 자신의 감정을 공유한다는 것이 부끄러울 수도 있지만, 모두의 감정을 공유하고 나면 공감하며 같이 웃고, 울 수 있다는 점을 배울 수 있었습니다.

⑦ 매일 진행된 평가회는 마치 일기를 쓰는 것처럼 하루를 회상하고 내가 느꼈던 감정을 떠올려보는 소중한 시간이었습니다. 단원들과 나의 감정을 공유하며 혼자는 알 수 없던 더 많은 것들을 깨달을 수 있었습니다.

⑧ 저는 예민하고 세심한 편이 아니라 모든 것을 주의 깊게 살펴보지 않으면 놓치고 잊어버리는 부분들이 참 많았습니다. 하지만 평가회 덕분에 저의 하루를 다시 생각하고, 반성하는 시간을 가짐으로써 하루, 하루가 더 큰 의미를 가지게 되었습니다.

9장

여행, 쉼

1. 여행, 쉼이 갖는 의미
2. 엘살바도르 문화체험
3. 안전 여행 정보

1. 여행, 쉼이 갖는 의미

여행이란, 일이나 유람을 목적으로 다른 고장이나 외국에 가는 일을 말한다. 휴식이란, 하던 일을 멈추고 잠깐 쉼을 말한다(국립국어원 표준국어대사전, 2019.8.7. 최종열람). 엘살바도르에서의 여행과 휴식은 우리 20명의 봉사단원들에게 각기 다른 의미로 정의 되었다.

우리는 2019년 1월 19일 토요일, Santa Ana 화산을 시작으로 매주말 현지 여행을 계획했지만 2월 첫째 주말은 엘살바도르 대통령 선거로 인해 외출을 자제했다. 대선으로 인한 외출 자제 조치는 주 엘살바도르 대한민국 대사관의 특별 권고 사항이었다. 정치가 불안정안 엘살바도르는 대통령 선거 결과에 의해 폭동이 발생할 수 있다고 했다. 우리가 온 것을 그들도 안 것일까, 다행히 대선은 잘 마무리 되었다. 대선으로 인해 다녀오지 못한 여행은 2019년 2월 13일 수요일, San Salvador 도심 여행으로 대체했다. 우리가 다녀온 여행지 순서와 날짜는 다음과 같다(표 9-1).

표 9-1 여행지 순서와 날짜

순서	날짜	여행지
1	2019년 1월 19일 토요일	Santa Ana 화산
2	2019년 1월 26일 토요일	Los Chorros, Cafe Albania, Ataco 마을
	2019년 2월 3일 일요일	엘살바도르 대통령 선거
3	2019년 2월 9일 토요일	Atami
4	2019년 2월 13일 수요일	San Salvador 도심

자세한 여행코스와 예산은 2절 '엘살바도르 문화체험'에서 다룰 예정이다.

1) 나에게 여행이란?

여행, 즉 접해보지 못한 환경으로의 모험은 자칫 더 큰 피로와 스트레스를 야기할 수 있다. 그러나 한사랑에 봉사단원들은 달랐다. 우리는 여행을 통해 엘살바도르의 문화, 나아가 사람들을 이해하게 됐으며 다양한 돌발 상황에 유연하고 능동적으로 대처할 수 있게 되었다. 나아가 우리는 여행을 통해 봉사단원, 코티처들과 친목을 도모했고 서로에게 많은 것을 보고 배우며 스스로 부족한 점들을 채워갔다. 한사랑에 봉사단원들이 생각한 여행의 의미는 다음과 같다(표 9-2).

표 9-2 한사랑에 봉사단원들이 생각한 여행의 의미

나에게 여행이란?
① 저는 여행 계획 담당으로서 여행에 대한 부담이 컸지만 막상 여행을 갔을 때는 봉사단원들, 코티처들과 좋은 사진과 추억을 남길 수 있어서 좋았어요.
② 주말에 떠난 여행은 생소한 엘살바도르의 문화를 체험하고 이해할 수 있었던 기회였어요.
③ 더운 날씨에 매일 수업을 하다보면 지친다는 생각을 많이 했는데 주말에 떠난 여행은 지친 제게 비타민 같은 존재였어요.
④ 퇴근 후 안전사고의 문제로 외출이 어려웠는데 여행을 통해 자유를 만끽할 수 있어서 좋았어요.
⑤ 여행을 하며 스스로를 돌아보고 찾을 수 있는 시간을 가질 수 있어 좋았어요.
⑥ 봉사단원들, 코티처들과 친목을 도모할 수 있었던 최고의 시간이었어요.

어쩌면 우리는 엘살바도르에 다양한 뜻을 품고 여행을 떠난 것일지 모른다. 여행의 사전적 정의에 의하면 우리의 일, 다시 말해 해외교육봉사활동을 떠나는 것도 여행으로 분류할 수 있기 때문이다.

2) 나에게 휴식이란?

철은 달구어져 두드릴 때 보다 식을 때 더 단단해진다고 한다. 휴식은 우리에게 자신과 수업을 돌아보게 하는, 2보 전진을 위한 1보 후퇴의 과정이었다. 한사랑에 봉사단원들이 생각한 휴식의 의미는 다음과 같다(표 9-3).

표 9-3 한사랑에 봉사단원들이 생각한 휴식의 의미

나에게 휴식이란?
① 저는 개인적인 성향이 강해 주말에 의도적으로 개인 시간을 가졌어요. 개인 시간은 생각도 정리하고 피로도 풀 수 있었던 시간이었어요.
② 일주일 중 하루는 아무 것도 안하는 날이 있어야 한다고 생각해요. 숙소에서 쉴 때면 오히려 봉사단원들과 친해지는 기분이 들었어요..

③ 휴식시간을 활용해 수업을 정비하고 일기를 썼습니다.

④ 앞만 보고 달리면 넘어지기 마련이라고 생각해요. 휴식시간은 제게 옆과 뒤를 돌아보게 하는 시간이었어요..

⑤ 단체 생활에서 반드시 필요한 것 중에 하나가 개인 휴식 시간이라고 생각해요. 단체를 위해 양보하며 지낸 나에게 주는 보상이라고 할까요?

⑥ 외출을 못해 호텔에서만 휴식을 취했던 적이 많아 아쉽습니다.

개인 시간, 수면, 일기, 수업 정비 등의 자아성찰 및 계획은 휴식을 더 풍요롭게 했다. 단체 생활은 대의를 이루기 위해 반드시 필요하지만 개성과 기호를 박탈할 수 있다는 치명적인 단점이 있다. 개인의 개성과 기호가 박탈되면 구성원들은 스트레스를 받게 되고 이는 곳 조직 내 갈등으로 이어지기 마련이다. 이러한 조직의 와해를 막기 위해선 (개인적)휴식이 반드시 필요하다.

휴식은 유한하고 바쁜 일상 사이에 찾아와야 더 달콤하고 의미 있다고 생각한다. 휴식의 일상화, 무한한 휴식은 우리가 보상이라고 느끼지 못할 뿐더러 우리를 게을러지게 만드는 악순환의 시작이 아닐까?

① 단체 여행과 쉼

해외 봉사활동을 갔을 때 신체적으로 매우 힘든 경우가 많으므로, 여행을 가지 않고 숙소에서 쉬는 것이 필요한 단원도 있을 수 있다. 여행 계획을 세울 때 너무 무리한 일정이 되지 않는지 점검해야 하고, 여행을 가지 않는 경우도 하나의 선택지로 고려하도록 한다.

② 봉사활동과 음주

무더운 길을 걸어 호텔에 도착했을 때, 주말 저녁 봉사활동을 하지 않고 호텔에서 쉴 때, 여행지의 멋진 카페에 들어갔을 때 등, 봉사활동 중 시원한 맥주 한 잔이 간절해질 때가 있다. 그런데 봉사단원은 한국을 대표해서 해외에 나간 것임을 잊지 말아야 한다. 음주는 주중에는 금지했고, 주말에는 1인당 맥주 1캔 정도로 통제했다(알코올 도수와 부피를 고려해서 적절히 제한). 봉사활동 음주로 인해 곤란한 일이 생기지 않도록 특별히 주의해야 한다.

2. 엘살바도르 문화체험

1) Santa Ana 화산

Santa Ana 화산은 엘살바도르 Santa Ana 지역에 있는 거대한 성층 화산으로, 엘살바도르에서 가장 큰 화산이다. 이 화산은 활화산으로, 지금도 계속 화산 활동을 보이고 있다. 정상에는 유황호가 있으며 그 주변에서는 연기가 나온다(그림 9-1).

2019년 1월 19일 토요일, 우리는 엘살바도르에서 가장 크고 아름답다고 소문난 Santa Ana 화산을

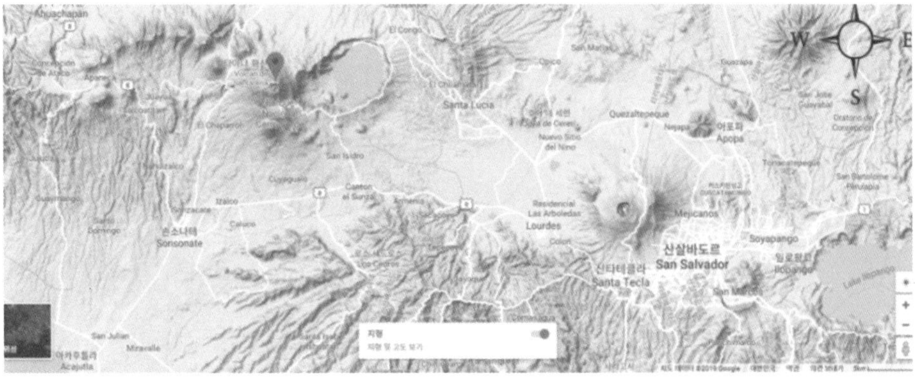

그림 9-1 Santa Ana 화산의 위치(구글 지도, 1:5,000, 2019.8.7. 최종열람)

여행했다(표 9-4). 활화산은 우리나라에서 찾아볼 수 없는 경관이다. 우리는 이색적인 경관에 금세 매료되었고 즐거운 마음으로 등반을 시작했다. 등반이 길어지자 우리는 자연스레 각자의 등반 속도에 맞는 단원들과 같이 걸었다. Santa Ana 화산 등반은 우리에게 세 가지 의미로 다가왔다.

표 9-4 Santa Ana 화산 여행 Tip

Santa Ana 화산 여행 Tip		
예산		참고사항
지출내역	금액	
26인승 버스 1대 대여	$170	버스 2대에 $280 대여 가능
현지 가이드 tip($1/인)	$26	등반하여 먹을 간식은 전날 준비 함
사유지 통과비($1/인)	$26	산살바도르에서 화산까지 2시간 소요
입장료(외국인은 $6/인)	$156	등반을 위해 편한 복장을 준비 함
주차료($3/인)	$78	등산 2시간 30분, 하산 1시간 30분 걸림

첫째, Santa Ana 화산 등반은 서로를 이해할 수 있었던 시간이었다. 우리는 장시간(왕복 3시간) 등반을 하며 서로 많은 얘기를 나눴다. 시시콜콜한 일상 얘기부터 미래에 어떤 사람이 되고 싶은지 등의 진지한 얘기까지 다양한 주제로 이야기를 나누다보니 자연스레 서로의 가치관과 기호를 알 수 있었고 서로 아는 만큼 가까워졌다.

둘째, 서로를 믿고 의지할 수 있었던 시간이었다. 단체 활동에는 항상 기량이 뛰어난 사람, 기량을 발휘하는데 많은 시간이 걸리는 사람, 낙오되는 사람 등 다양한 부류의 사람들이 보이기 마련이다. Santa Ana 화산 등반도 마찬가지였다. 정상을 향해 수월하게 전진하는 사람이 있었던 반면 늦어지는 사람도 있었다. 우리는 서로 옆에 같이 걷는 사람에게 의지하며 포기하지 않도록 격려했다. 짐을 서로 나눠 들기도 했다. 이러한 공동체 정신 덕분에 한명의 낙오자 없이 전원 정상에 무사히 도착할 수 있었다(그림 9-2, 그림 9-3).

그림 9-2 Santa Ana 화산 정상 경치

그림 9-3 Santa Ana 정상에서 단체사진

셋째, Santa Ana 화산 등반은 달라진 환경에 해이해진 몸과 마음을 다잡을 수 있었던 시간이었다. 엘살바도르에 도착한 첫 주, 장시간의 비행과 15시간의 시차로 인한 피로는 우리가 당면한 뜻밖의 과제였다. 육체적 활동은 우리의 몸과 마음에 새로운 활력을 불어 넣었고 Santa Ana 화산 등반 후 우리는 현지에 빠르게 적응할 수 있었다.

여행 중 길거리 음식 조심!

단체로 여행을 할 경우에도 등산이나 시장 등에서는 개별적으로 움직이는 경우가 생긴다. 이 때 노점이나 개인이 길에서 파는 음식을 접할 수 있는데, 이러한 길거리 음식을 먹는 것은 절대 금물이다. 화산 정상에 오르니 매우 더운데, 코티처가 아이스크림을 한 입 먹어보라고 주어 아무 생각 없이 한 입 베어 물었다가 '아차' 하고 다시 뱉어냈다. 더운 지역 길에서 파는 얼음은 어떤 물로 만들었는지 모르므로 절대 먹으면 안 된다. 실제로 이전 봉사활동에서 거리 얼음을 먹고 심한 설사로 고생했던 단원은 화산 정상의 아이스크림을 하나도 먹지 않았다 한다.

엘살바도르에는 왜 우리나라에서 볼 수 없는 화산들이 많을까?

① 엘살바도르의 자연환경

환태평양 지진대는 그 위에 놓여 있는 엘살바도르에 빈번한 지진과 화산활동을 포함한 구조상의 운동이 일어나게 한다. 최근 사례는 강도 7.7을 기록한 2001년 1월 13일에 있었던 지진으로서 산사태로 800명 이상의 사망자를 냈고 한 달 정도 뒤인 2001년 2월 13일에 있었던 지진은 255명의 사망자와 국가 전체 주택의 약 20%에 피해를 남겼다. 운이 좋게도 많은 가정이 산사태로부터 안전한 곳을 찾을 수 있었다. 산살바도르 지역은 1576년, 1659년, 1798년, 1839년, 1854년, 1873년, 1880년, 1917년, 1919년, 1965년, 1986년, 2001년, 그리고 2005년에 지진이 일어났다.

엘살바도르의 최근 가장 파괴적인 화산 폭발은 Santa Ana 화산이 화산재 구름을 분출하고 뜨거운 진흙과 돌이 인근 마을에 떨어져 2명의 사망자를 낸 폭발로서 2005년 10월 1일에 일어났다. Santa Ana 화산은 엘살바도르의 활화산이며 최근 분출은 1904년과 2005년에 있었다.

② 엘살바도르의 인문환경

- **교육**

  국민의 문해율이 84%에 달하는 등 문맹률이 낮고 높은 교육열을 자랑한다. 엘살바도르는 고등교육까지 학비를 면제한다.

- **대외관계**

  유엔과 미주기구연합, 중미공동시장, 중미의회, 중미안보위원회, 세계무역기구 등의 회원국이다. 대만(중화민국)과 외교관계를 맺고 있는 몇 안 되는 국가 중 하나이다. 과거에는 일본의 괴뢰국인 만주국을 승인한 적이 있었다. 이웃나라 온두라스와는 축구 경기로 전쟁을 치렀고 국경 분쟁도 잦았으나 국제사법재판소로 넘어가기 전에 평화조약을 체결하였다. 미국과는 국방 및 경제 분야에서 강한 유대관계를 맺고 있다. 1962년 대한민국과 수교하였다.

- **인구 구성**

  엘살바도르의 주민 90%는 메스티소(백인과 인디오의 혼혈)이며 나머지는 백인(대부분이 스페인 출신, 나머지는 포르투갈, 이탈리아, 프랑스 등 다양) 9%와 인디오 1%이다.

- **지리**

  서쪽으로 과테말라, 북동쪽으로 온두라스와 접하며 남쪽으로 태평양과 접한다. 중미에서 유일하게 대서양(카리브해)과 맞닿아 있지 않은 국가이며 중미에서 가장 좁은 면적을 가졌음에도 불구하고 동시에 멕시코를 제외한 중미에서 가장 많은 인구를 보유한 국가이다. 인구 밀도도 중미 최고여서 엘살바도르인의 근면한 이미지와 아울러 중미의 일본이라 부르기도 한다. 좁은 국토에 산악 지형으로 이용 가능한 토지자원, 혹은 자하자원이 거의 없어 이용 가능한 토지 전부와 산까지 농업용으로 개간하고 있기 때문에 환경 파괴가 심각한 국가이다. 지진 및 화산활동이 활발한 곳으로 심각한 자연재해도 종종 있다. 그러나 화산 인근의 화산재 토양이 농업에 적합한 비옥한 흙이기에 인구가 모여살 수밖에 없어 주민의 불안한 생활이 계속되고 있다(위키피디아, 2019.8.7. 최종열람).

2) Los Chorros, Cafe Albania, Ataco 마을

2019년 1월 26일 토요일, 우리는 Los Chorros, Cafe Albania, Ataco 마을을 여행했다(그림 9-4, 그림 9-6, 그림 9-9). 이 여행이 특별했던 이유는 우리와 동고동락한 코티처들이 함께 했기 때문이다. 그들은 우리와 함께한 여행자이자 안내자였다(표 9-5).

(1) Los Chorros

그림 9-4 Los Chorros의 위치(구글 지도, 1:20,000, 2019.8.7. 최종열람)

Los Chorros 폭포에서의 물놀이는 시원함 그 자체였다. 우리나라의 계곡과 달리 사람들의 손이 닿지 않아 아름다운 경치를 자랑했고 경이로운 자연을 느낄 수 있었다. 폭포는 물놀이 생각이 없던 사람들마저 물에 뛰어들게 했다. 탈의실이 없어 환복의 어려움이 있었지만 서로를 수건, 가방 등으로 가려주며 옷을 갈아입었다. 여벌의 옷을 준비하지 않은 사람들은 자연 건조를 해야 했는데, 강한 햇볕이 옷을 금세 말렸다(그림 9-5).

그림 9-5 Los Chorros에서의 물놀이

(2) Cafe Albania

그림 9-6 Cafe Albania의 위치(구글 지도, 1:10,000, 2019.8.7. 최종열람)

Cafe Albania에서는 엘살바도르의 특산품인 커피와 핫초코를 맛볼 수 있었다. 엘살바도르 커피는 진한 향과 부드러운 맛을 가지고 있어 전 세계 사람들이 즐겨 찾는다. 엘살바도르의 핫초코는 우리가 먹던 핫초코와 달랐다. 엘살바도르의 핫초코를 마시면 카카오의 진한 향과 단맛을 입 안 가득 느낄 수 있다(그림 9-7).

많은 사람들이 엘살바도르의 독특한 커피와 핫초코를 맛보기 위해 Cafe Albania에 왔지만 그곳에는 음료 외에도 농장체험, 미로체험 등 즐길 것들이 많았다. 우리는 미로체험에 도전했다(그림 9-8). 전망대에 올라 음료를 마시며 미리 미로의 길들을 숙지했지만 막상 미로에 들어가니 길을 잃기 십상이었다. 결국 아무도 미로의 출구를 찾지 못했지만 우리는 출구를 찾는 과정에서 협력하고 의사소통 하면서 더 가까워질 수 있었다. 우리는 미로체험을 하며 우리가 하고 있는 해외 교육봉사가 마치 미로와 같다고 생각했다. 해외 교육봉사활동은 미로와 같이 계획의 시간과 노력이 무색하게 일정이 변경되거나 돌발 상황들이 생기기 때문이다. 일정의 변경이나 돌발 상황이 발생할 때면 우리는 미로에서 출구를 찾으려 노력했듯이 협력하고 의사소통하여 복잡한 상황을 헤쳐 나갔다.

그림 9-7 Cafe Albania에서의 Tea time

그림 9-8 Cafe Albania 미로 체험

(3) Ataco 마을

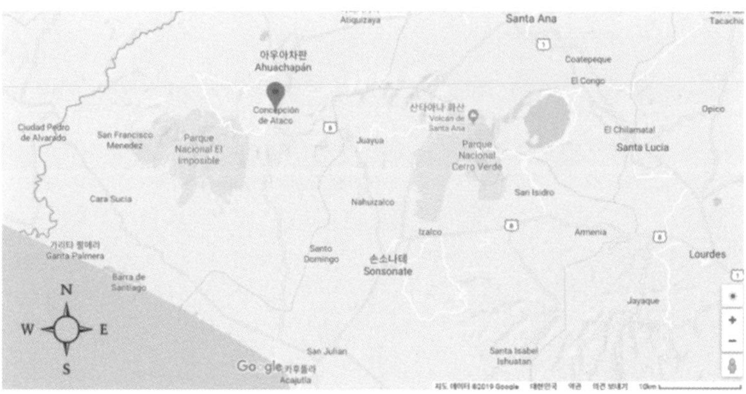

그림 9-9 Ataco 마을의 위치(구글 지도, 1:10,000, 2019.8.7. 최종열람)

Ataco 마을의 시장에는 현지인들이 직접 운영하는 식료품 가게들과 옷 가게들이 즐비했다. 돈을 소비하는 곳과 사람들이 많았기 때문에 우리는 소매치기 및 범죄에 노출되지 않으려 각별히 신경 썼다. 우리는 코티처들과 함께 마을과 시장을 구경하며 엘살바도르의 전통 공예품들을 보고 먹거리를 즐겼다. 건물 외벽에는 아름다운 벽화들이 그려져 있었고 광장에는 다양한 공연과 사람들의 웃음소리가 끊이지 않았다. Ataco 마을 사람들은 외부인(외국인)을 위한 축제가 아닌 본인과 마을 사람들의 안녕과 단합을 위한 축제를 하고 있었다. 어떤 조는 원활한 수업을 위해 고군분투하는 코티처들에게 이름을 새긴 팔찌를 선물하기도 했다(그림 9-10).

그림 9-10 Ataco 마을 전통시장

표 9-5 Los Chorros, Cafe Albania, Ataco 마을 여행 Tip

Los Chorros, Cafe Albania, Ataco 마을 여행 Tip		
예산		참고사항
지출내역	금액	
현지 가이드 tip	$30	버스는 KOICA에서 무료로 2대 대여 함
Cafe Albania 미로 찾기	$5/인	점심은 호텔에서 샌드위치를 포장해 감

엘살바도르의 경제 수준은 어떻게 될까?

○ 엘살바도르의 인문환경

- **경제**

  엘살바도르는 중미에서는 공업이 가장 발달하였으나 농업이 여전히 국가에서 큰 부분을 차지한다. 주요 재배작물은 커피, 사탕수수, 면화 등이며 미국계 거대 곡물 자본도 진출해 있다. 농업 생산량은 국내 과밀한 인구의 수요를 충족하지 못하여 부족분을 수입하고 있다. 해외 거주 엘살바도르인이 국내에 보내오는 송금도 국가 경제에 중요한 바탕이 되고 있다. 산업 시설은 수도 산살바도르에 집중되어 있어 산살바도르 지역은 공해 및 지방에서 밀려드는 빈민 계층으로 인해 몸살을 앓고 있고 지방은 저개발 농업 지역으로서 지역 불균형에 고통 받고 있다. 엘살바도르의 1인당 국민 소득은 약 $4,700 정도이다(위키피디아, 2019.8.7. 최종열람).

3) 선거

2019년 2월 3일에 있었던 엘살바도르 대통령 선거는 많은 역사적, 정치적 의의를 가지고 있다. 그 이유는 엘살바도르의 정치 역사를 이해한다면 쉽게 알 수 있다. 엘살바도르에서 엘살바도르 정치 역사는 스페인 식민지 시기, 군사독재정권 시기, 정치적 안정기로 나눠볼 수 있다.

엘살바도르는 마야 문명권에 속하였지만 화산 분화 이후 기존의 주민이 피난하고 남은 자들은 작은 부족 국가를 이루었으나 1524년 에르난 코르테스의 침략으로 스페인에 의해 정복되었다. 엘살바도르라는 나라 이름은 구세주라는 뜻으로 페드로 데 알바라도 장군이 산맥을 넘어 현 엘살바도르 땅에 도달한 뒤 구세주께 감사하라고 하여 명명하였다. 스페인의 지배 이후 과테말라 총독의 관할 하에 놓였으나 19세기 중남미에 자유주의 바람이 불면서 독립운동의 기운이 높아졌다. 1821년에 과테말라가 독립하자 엘살바도르 지역도 스페인의 지배에서 해방되었다. 과테말라, 온두라스, 니카라과, 코스타리카 등과 함께 중앙아메리카 연방 공화국을 결성하였으나 각자의 입장 차이와 이권 다툼으로 연방은 와해되고 엘살바도르 공화국으로 독립한다. 그러나 이후 내전과 군인들이 국민들을 박해하는 군사 독재가 이어지면서 정국이 줄곧 혼미한 상태가 된다.

20세기에 들어서도 쿠데타가 빈번하여 세계 경제 대공황기에 집권한 마르니테스 군사독재정권 기간에는 3만 명에 달하는 국민이 국가폭력으로 학살당했다. 1944년 다시 쿠데타로 마르니테스 정권은 붕괴하였으나 이후에도 쿠데타로 정권 교체가 계속되었다. 혼란의 와중에서 많은 사람들이 주변 각국 및 미국으로 경제 이민을 떠나가 엘살바도르 해외 인구 비율은 세계적으로 높은 편에 속한다. 1969년에는 국경 분쟁 및 온두라스로 유입된 엘살바도르인들의 지위 문제 등 알력이 있었던 온두라스와 축구 시합을 계기로 축구 전쟁이 벌어졌다. 1980년대에는 좌파 계열의 인민 해방 전선과 소수 군인 정치가들과 이들을 지지하는 지주들이 폭력으로 국민들의 인권을 침해하는 우파 군사 독재 정권 간에 내전이 발생한다. 당시 레이건 행정부의 미국은 엘살바도르 군사 독재 정권을 지원하였는데, 전투 및 우파 정부군에 의한 민간인 살상 등으로 수많은 사상자가 발생하였다. 또한 사회 구원을 강조하는 설교로 기독교인의 민주화 운동 참여를 격려해 온 로메로 대주교도 군사 독재 정권의 폭력에 의해 암살당한다. 이 과정은 영화 『살바도르(1986)』에서 잘 묘사되고 있다(그림 9-11).

그림 9-11 영화『살바도르(1986)』 포스터

이후에도 휴전과 내전의 공방전이 계속되다가 1992년 유엔의 중재로 양측의 평화조약이 체결된다. 이후 한동안 평화유지군이 파견되었다. 그 후 군사 투쟁을 벌이던 인민 전선도 정규 정당으로 편입되

는 등 1990년대 이후의 정치는 안정세로 돌아섰다(위키피디아, 2019.8.7. 최종열람)(표 9-6).

표 9-6 엘살바도르 대선, 37세 군소정당후보 당선, 30년 양당체제 종식(연합뉴스, 2019.8.7. 최종열람)

엘살바도르 대선, 37세 군소정당후보 당선, 30년 양당체제 종식
엘살바도르 대선에서 제 3당인 우파 국민통합대면맹(GANA)의 나이브 부켈레 후보가 승리해 30년간 계속된 양당체제를 종식했다. 로이터 통신 등 외신은 3일(현지시간) 치러진 엘살바도르 대선에서 37살의 나이브 부켈레 전 산살바도르 시장이 승리했다고 보도했다. 부켈레 후보는 득표율 54%를 기록했으며, 양대 후보인 좌파 집권당(FMLN)의 우고 마르티네스와 우파 민족공화연맹(ARENA)의 카를로스 카예하는 선거 결과에 승복했다. 엘살바도르에서는 ARENA가 1989년부터 20년간 정권을 잡은 뒤 2009년부터 FMLN이 10년간 집권하며 30년간 양당체제가 유지됐다. 부켈레 당선인은 승리 연설에서 "오늘 우리는 1라운드에서 승리했고 역사를 만들었다."고 선언하고 지지자들과 '셀카'를 촬영하며 기쁨을 만끽했다. 엘살바도르 선거관리위원회는 이틀 내로 최종 결과를 발표할 예정이다. 득표율 32.08%로 2위에 머문 카예하 후보는 "선거 결과를 인정한다."며 "당선인에게 전화해 행운을 빌어주겠다."고 말했다. 집권당의 마르티네스 후보는 득표율 14.23%위에 그쳤다. 부켈레는 아버지의 도움으로 18세에 홍보대행사를 설립한 기업인 출신으로 대선 전까지 기성 정치권으로부터 크게 주목받지 못한 '아웃사이더'였다. 하지만 그는 기성 정치에 대한 통렬한 비판과 수도인 산살바도르 시장 재직 시절 운동장, 도서관, 공원, 시장 등 사회간접자본시설에 대한 집중적인 투자로 대중적 인기를 얻으며 대권을 향한 꿈을 키웠다. 부켈레는 부패 척결을 위한 엘살바도르 반면책 위원회(Cicies)를 설립, 사회 인프라 개선을 통한 이민 억제, 경제 활성화 등을 공약으로 내걸었다. AFP 통신은 "부켈레 당선인은 교육 투자를 늘리고 부패와 싸우겠다고 약속했지만, 그의 주요 과제는 사회 불안에 대처하기 위한 프로그램을 시행하는 것"이라며 "먼저 의회를 장악한 우파와 손을 잡아야 할 것"이라고 전망했다.

4) Atami

그림 9-12 Atami의 위치(구글 지도, 1:10,000, 2019.8.7. 최종열람)

San Salvador 숙소에서 1시간 정도 버스로 달려 도착한 Atami 리조트는 기대 이상이었다(그림 9-12, 표 9-7). 따뜻한 햇볕, 싱그러운 야자수, 정돈된 잔디, 푸르른 파다, 편히 쉴 수 있는 해먹 등은 보는 것만으로 피로가 풀렸다(그림 9-13). 우리는 점심식사 전까지 각자 아름다운 경치와 그 속의 본인을 사진으로 남겼다(그림 9-14, 그림 9-15). 점심식사 후 바다 수영을 했다. 수영장과는 다르게 물이 짜고 파도의 영향을 받아 생각처럼 쉽지 않았다. 파도가 넘실대는 바람에 단원들은 선글라스 등의 소지품을 분실하기도 했으며 물에 빠질 뻔한 위험한 상황이 연출되기도 했다.

표 9-7 Atami 여행 Tip

Atami 여행 Tip		
예산		참고사항
지출내역	금액	
22인승 버스 1대 대여	$160	단체 패키지는 10인 이상일 때 가능 함
도착시간 연기로 운전사 tip	$10	옵션은 가장 저렴한 것을 선택 함
Atami Day pass(단체 패키지)	$22/인	water slide는 13:00-17:00 이용 가능 함
한식당(Seoul Garden)	$12/인	옵션에 있던 방은 사용할 수 없었음
* 옵션 : water slide 1시간, 에어컨이 있는 방, 간식, 음료 1회, 점심, 해먹		

그림 9-13 Atami 리조트

그림 9-14 Atami에서의 물놀이

그림 9-15 Atami 단체사진

5) San Salvador 도심

San Salvador 도심의 건축 양식은 유럽을 방불케 한다. 이는 엘살바도르가 과거 스페인의 식민지였음을 보여주는 증거다. 스페인 문화는 건축 양식, 언어, 종교 등의 형태로 아직까지 엘살바도르 문화 깊숙이 자리 잡고 있다. Palacio Nacional의 내부를 살펴보면 스페인 건축 양식과 프랑스 건축 양식의 영향을 받은 흔적을 쉽게 찾아볼 수 있다(표 9-8, 그림 9-16, 그림 9-17).

San Salvador 도심에는 커피를 파는 카페가 많았다. 얼음과 커피를 갈아 만든 특유의 음료는 우리 모두를 사로잡은 별미였다.

표 9-8 San Salvador 여행 Tip

San Salvador 여행 Tip		
예산		참고사항
지출내역	금액	
32인승 버스 1대 대여	$100	28인승 버스를 32명이 탔었음
		현지 가이드 tip은 무료였음[22]
		Palacio Nacional 입장료를 면제 받음
		Iglesia el Rosario는 입장료를 내지 않음

그림 9-16 San Salvador 도심

그림 9-17 San Salvador 궁전

엘살바도르의 인문환경

국민의 절대 다수가 로마 가톨릭 교회 신자이다. 엘살바도르에서 로마 가톨릭 교회는 문화적 영향력이 커서 주요 국경일도 로마 가톨릭 교회와 관계된 것이 많다. 이를 테면 5월 3일은 십자가의 날(Dia de la Cruz), 6월 17일은 아버지의 날(Dia de la Padre), 8월 4일부터 6일은 수호성인축일(Fiestas Patronales)이다.

엘살바도르 국민들은 축구를 매우 좋아하며 이외 배구와 야구 등도 널리 즐긴다(위키피디아, 2019.8.7. 최종열람).

3. 안전여행 정보

1) 출국 전 준비 서류

(1) 여권

출국 전 여권이 체류 기간을 포함해 최소 6개월 이상 남았는지 확인해야 한다.

(2) 비자정보

엘살바도르는 우리나라와 비자면제협정이 체결되어 있어 관광 목적의 경우 90일, 선원수첩 소지자의 경우 15일간 무비자 입국이 가능하다. 중미 4개국(엘살바도르, 과테말라, 온두라스, 니카라과) 간에는 자국간의 CA-4 국경협약에 따라 4개국 내 여행일자를 모두 합산하여 무비자 90일 간을 계산하므로 인근 국가로 여행 시 체류기간 산정에 주의할 필요가 있다.

대한민국에서 엘살바도르로 경유 없이 바로 가는 직항 비행기가 없기 때문에 반드시 미국을 경유해야 한다. 미국 경유 시 별도의 비자가 필요하므로 출국 전 발급 받을 수 있도록 한다. 학생이 발급 받을 수 있는 비자로는 대표적으로 ESTA가 있다. 또한 혹시 모를 분실 상황에 대비해 여권과 비자는 사본을 만들어 소지 및 개인 전자우편으로 발송해 놓는 것이 좋다.

(3) 예방접종 확인서 및 복용 약물의 처방전

개인의 건강과 안전은 개인은 몫이다. 이에 출국 전 예방접종했던 내역과 개인적으로 복용 중인 약물의 처방전은 미리 챙겨 가 유사시 의료 기관 방문에 효율적인 진료를 받을 수 있도록 한다. 처방전은 약물의 성분이 자세하게 명시된 것으로 가져가야 한다. 추가로 모든 서류는 방수팩에 보관하는 것이 좋다.

2) 출입국 심사

엘살바도르는 입국 시 반입이 허용되는 것은 술 2L, 담배 200개비 또는 시가 50개, 면세한도 금액 $500 미만 신제품, 약사 처방전이 있는 약품 등이다. 입국 시 반입금지 품목은 풍기문란 서적과 물건, 과일, 채소 등 농수산품, 룰렛게임 기계, 총기, 마약, 식물, 폭발물 등이다. $1,000 이상의 외국화폐는 세관신고서에 기록해야 한다. 출국 시 공항이용료는 항공권 구입 시 이미 포함되어 있으므로 공항에서 별도로 납부하지 않아도 된다.

3) 예방접종

엘살바도르는 입국 시 예방접종을 요구하지 않는다. 단, 황열병이 있는 나라로부터 입국 시에는 황

22 코티처들이 무료로 섭외를 했지만, 4명에게 10불을 주었다(보통 1불 정도 준다고 한다).

열병 예방접종카드를 소지하여야 한다. 우리는 단체로 파상풍, A형 간염, 장티푸스 주사를 미리 맞고 봉사활동에 임했다.

4) 대한민국과의 시차

엘살바도르는 대한민국보다 15시간 늦다. 출국 전부터 식사와 수면을 엘살바도르 시간대에 맞추면 시차적응에 도움이 된다(비행 중에도 포함). 출국 전 며칠간은 충분한 운동과 휴식을 취하는 것이 중요하다. 낮 시간에 도착할 경우 햇빛을 충분히 받는 것도 중요하다. 도착 당일에는 무리한 활동을 자제하는 것이 좋다.

5) 전력 사용 현황

엘살바도르에서는 110V, 60Hz 전력을 사용하므로, 220V-110V 연결잭을 넉넉히 준비해 가도록 한다.

6) 언어

엘살바도르는 스페인어를 공식 언어로 사용한다. 영어는 호텔 데스크와 공항 입출국 창구 외에는 거의 통하지 않으므로 간단한 숫자나 인사말은 배워두는 것이 좋다.

7) 환전

엘살바도르 공용화폐는 미화(US$)다. 치안이 불안한 나라일수록 돈은 분산해서 보관하는 것이 좋다. 돈을 분산해서 보관하면 소매치기와 같이 의도치 않게 돈을 잃어버린 경우 피해 금액을 최소화할 수 있는 장점이 있다. 돈을 분산할 때, 가깝거나 같은 장소에 동시에 보관하는 것은 지양하도록 한다. 매일 저녁 본인이 가져온 금액, 소비한 금액과 현재 가지고 있는 금액을 대조해보는 것도 분실을 예방하는 중요한 활동이다.

8) 날씨

엘살바도르 저지대에서는 고온다습한 열대성 기후를, 고원지대에서는 온화한 기후를 나타낸다. 건기(11-4월)와 우기(5-10월)로 나누어지고 수도인 San Salvador의 연강수량은 1,700-2,000mm이다. San Salvador는 해발 700m에 위치하고 있어 연중 온난하며, 연평균 기온은 25℃ 정도이나 11-1월 밤 기온은 13-15℃ 정도로 내려가서 조금 서늘해지며, 2-5월 중 낮 기온은 35-36℃로 덥다.

엘살바도르 방문 시 얇은 긴팔 외투를 챙겨 가면 좋다. 밤낮으로 일교차가 크기 때문이다. 큰 일교차는 면역력을 떨어뜨려 감기에 쉽게 걸릴 수 있는 환경이고 감기는 일정에 차질을 주는 변수이기 때문에 예방하는 것이 좋다. 대부분의 호텔에서 두꺼운 이불을 제공하지 않기 때문에 긴팔 외투를 입고 자지 않으면 새벽에 추위에 깰 수 있다. 적당한 두께의 양말을 착용하는 것도 체온 유지에 큰 도움이 된다.

9) 교통정보

버스는 대부분 노후 되어 매연이 심하고 고장이 자주난다. 현금을 이용하는 버스 승객을 대상으로 강도 사건이 자주 발생하므로 외국인은 이용하지 않는 것이 좋다. 대부분의 버스는 무보험으로 운행되고 있다.

택시는 미터기가 없어 탑승 시 요금을 확인해야 하며 차량상태가 열악하니 5-10분 되는 단거리일 경우 $5-10 선에서, 장거리일 경우에는 출발하기 전 미리 요금협상을 하는 것이 좋다. 안전한 택시회사인지 호텔 데스크에 문의하여 전화로 호출하는 것이 좋다.

교통신호체계가 미비한 곳이 많고 운전자가 교통법규를 준수하지 않아 사고가 빈발하며 인명피해도 많다. 도로가 패인 곳이 많아 펑크가 자주 나므로 여분의 타이어와 손전등을 잘 비치해 두어야 한다. 맨홀 뚜껑이 아예 없거나 안전표지판 없이 열어 놓을 때가 많고 도로 보수공사, 차량 고장으로 인한 정차 시에도 안전표지판을 설치하지 않는 경우가 많으므로 주의해야 한다. 항상 방어 운전을 하여 사고를 피하도록 하며 만약 사고를 당한 경우 가해자가 도주하는 사례가 많으므로 먼저 차량번호를 확인해 두는 것이 필요하다. 신호 대기 시 접근하는 행상, 거지, 신문팔이, 유리창 닦이 등이 협박적으로 접근할 경우를 대비하여 소액의 잔돈을 준비하는 것이 좋다. 국내 인터넷 상에 소개되어 있는 엘살바도르에서의 음주운전 적발 시 총살형 등 가혹한 처벌을 한다는 내용은 사실과 다르며 여느 국가들과 마찬가지로 음주운전을 불법화하고 경중에 따라 차등 처벌을 적용하고 있다(주엘살바도르대한민국대사관, 2019.8.7. 최종열람).

① 불안한 치안에 대비하는 방법? 연락망 구축하기!

불안한 치안에 대비하는 방법은 단원들 간의 연락망을 구축하는 것이다. 이에 우리는 엘살바도르 입국 후 현지 통신사에서 유심을 구입했다. 우리는 간헐적으로 발생하는 불가피한 개별 및 조별 행동 시 현지 유심을 활용해 메신저를 주고 받거나 통화를 해 서로의 안전 여부를 수시로 확인했다. 엘살바도르는 한국처럼 공공장소에 와이파이가 많이 설치되어 있지 않기 때문에 와이파이를 사용하는 연락이나 업무는 숙소에서만 가능했다.

② 위험지역 여행 시 경찰 에스코트 요청 가능

엘살바도르는 버스나 택시 등 대중교통을 이용하는 것이 매우 위험하며, 관광객이 방문하기 어려운 위험한 지역도 있다. 이런 곳에 여행할 때, 현지 경찰에게 에스코트를 요청하는 것도 가능하다, 1주일 이전에 요청해야 한다(코이카 사무소장 제공 정보).

③ 여행 중 상비약 준비

몸이 피곤한 상태에서 여행을 할 때에는 멀미를 하기 쉬우므로, 미리 약을 복용해 두도록 한다(비닐 주머니도 준비). 등산을 할 때에는 구급약품을 꼭 가지고 간다.

④ 개인 정보 조심

엘살바도르에서는 외국인이 어느 호텔에 머물고 있는지, 어디에서 일하는지(봉사활동 하는 학교 이름) 등을 말하면 안 된다고 한다. 범죄 목표물이 될 수 있기 때문이다. 코티처들도 현지 학생들 스마트폰에 본인 사진 찍히는 것을 꺼려한다. 특히 고등학생 중에는 범죄 집단과 연결되어 있는 학생이 있을 수 있어서, 학교에서 수업할 때 코티처는 명찰을 달지 않도록 했다.

10장

사후관리

1. 건강 체크
2. 사진전
3. 해단식
4. 보고서 작성
5. 성과보고회

한국으로 돌아왔다고 봉사가 끝난 것은 아니다. 백리를 가더라도 구십리가 절반이라 했던가? 그만큼 사후관리를 통한 봉사의 마무리는 중요하다. 이제 한국에 도착하고 봉사를 마무리 하는 단계를 살펴보도록 하자.

1. 건강 체크

해외에 다녀오고 혹시 모를 이상이 없는지 체크를 하는 것이 중요하다. 몸에서 발열이 있는지 체크를 해보고, 구충제를 일주일 이내에 복용하기를 권한다. 실제 단원들 중 감기기운, 시차 등으로 한국에서의 적응에 오랜 시간이 걸린 경우가 있었다. 풍토병은 잠복기간이 있기에 충분한 시간을 가지고 꾸준한 확인이 중요하다.

2. 사진전

우리는 우리가 했던 소중한 경험들을 눈과 마음에 담고 카메라에도 담았다. 카메라에 담긴 소중한 우리의 추억은 공용 웹드라이브에 모았고(그림 10-1) 이 중 의미 깊은 사진들을 골라 사진전을 열었다(그림10-2). 우리는 사진전을 열면서 우리학교 학생들에게 봉사했던 내용을 간단하게 소개하며 봉사에 대한 관심을 이끌고, 앞으로 있을 봉사의 기회에 참여를 기대했다.

그림 10-1 웹드라이브

그림 10-2 사진전

3. 해단식

이제 정말 끝, 해단식을 열어 우리의 해외 교육봉사를 마무리하고 기념했다. 그림 10-3은 해단식을 진행하고 있는 단원들의 모습이다. 해단식은 충북대학교 사범대학내에서 봉사단원, 그리고 충북대학교 사범대학 학장님과 사범대 행정실 선생님들과 함께 진행하였다.

그림 10-3 우수단원 표창과 마지막 단체사진

1) 인증서 수여

인증서를 받기위해 가는 봉사는 아니지만, 우리의 봉사를 기념할 인증서 하나가 책상 위를 지키고 있다면 그때의 우리가 한 번 더 생각날 것이다.

2) 우수단원 표창

봉사단 안에서도 많은 일을 맡아 수고한 단원에게 직접 봉사단원들이 투표를 해서 우수단원을 표창한다. 많은 봉사단원들 중 6명만 받을 수 있는 영광이다.

4. 보고서 작성

모든 봉사단원은 봉사활동을 정리하는 보고서를 작성한다. 보고서는 아래 내용을 중심으로 작성하며, 봉사활동을 가기 전과 후에 작성하는 설문지, 일지에 포함된 매일 설문 기록도 포함한다.

표 10-1 사후 보고서에 적을 내용

1. 해외 교육봉사활동을 지원할 때의 나 - 지원 계기 - 지원할 때의 마음 - 지원할 때의 교직에 대한 나의 생각	**2. 사전 교육 과정에서 느낀 점** - 조별/개인별 수업을 준비하면서: 지도안 작성, 대본 작성, 교과서 작성, 활동지 작성 등 - 수업 시연을 하면서: 한국어 수업시연, 스페인어 수업시연 - 스페인어 공부를 하면서 - 발대식, 9월 합숙 교육 - 기타 봉사활동 준비 과정
3. 교육 봉사활동을 진행하며 느낀 점 - 방문 기관별 경험과 느낀 점, 주말 문화 체험	**4. 봉사활동 전후에 달라진 나** - 글로벌 시민으로서의 봉사관 - 예비교사로서의 교육관 - 예비교사로서의 학생관 - 인류애를 지닌 인간으로서의 봉사관
5. 다음 기수 봉사단에 바라는 점(조언)	

단장은 국립국제교육원에 제출하는 전체 활동 결과 보고서를 작성한다. 전체 보고서에는 엘살바도르 봉사활동 5주를 포함하여 사전 준비와 사후관리 전체 내용이 들어가며, 총 149쪽에 달한다.

5. 성과보고회

국립국제 교육원에서 2019년 5월 3일 단기 해외교육봉사 파견 대학들의 성과보고회를 열었다(10-4). 우리 봉사단도 자리에 참여하여 봉사과정, 성과를 소개를 했다. 성과보고회를 마지막으로 하여, 우리가 많이 배우고 또 성장한 엘살바도르 교육봉사를 잘 마무리 할 수 있었다.

그림 10-4 성과 보고회

에필로그

1. 교수님 이야기
2. 선생님들 이야기
3. 단원들 이야기
4. 코티처들 이야기
5. 학생의 편지

2019년 1~2월 한국은 겨울이었지만 엘살바도르는 매우 더웠다. 그 뜨거운 엘살바도르에서 열정을 불살랐던 충북대 대학생과 엘살바도르 코티처들, 이 책은 그 열기를 되짚어보는 여정이다. 봉사단을 이끌었던 총괄책임자의 이야기, 봉사단원의 이야기, 코티처의 이야기를 간단히 정리해 본다.

1. 교수님 이야기

1) 봉사단 인솔을 하는 이유

2014년에 처음으로 해외 봉사활동을 동티모르로 갔다 와서 그 때의 경험을 논문으로 정리했다. 아래는 그 논문의 일부이며, 그림 11-1은 봉사활동에 대해 학회 등에서 발표할 때 ppt에 꼭 넣는 사진이다.

처음으로 동티모르에 가면서 가졌던 가장 큰 의문은 '왜 동티모르에 가는가?'였다. 그 질문에 대하여 처음 받은 대답은 '가보면 안다'였다. 함께 간 교사들과 나눈 이야기, 봉사활동에서 겪는 신체적인 고통과 어려움, 자신의 소중한 시간과 돈을 기꺼이 기부하는 모습 들, 힘든 여정에서 가끔씩 불거지는 소소한 갈등, 동티모르의 맑은 자연과 정 많은 사람들과 느림의 삶……. 그러한 것들을 직접 체험하고 난 후, 나는 어렴풋하게 왜 가는지를 '느끼게' 되었다. 그런 느낌을 논문에 글로 표현하는 것은 매우 어렵지만, 한 마디로 말하면 첫 동티모르는 불혹의 나이에 겪은 '매우 강렬한 경험'이었다.

그림 11-1 동티모르 거리의 아이

그 뒤로 2번 더 동티모르에 현장 교사들과 다녀오면서, 예비 교사들도 이런 경험을 미리 해 보면 좋을 것 같다는 생각을 했다. 마침 2016년 국립국제교육원에서 사업 공고가 나와 고민 끝에 신청한 것이 봉사단 인솔의 시작이다.

봉사활동 인솔 첫 해는 정말 너무나도 힘들었다. "내가 미쳤지, 이걸 하겠다고 하다니!" 봉사활동을 직접 하는 것과 봉사단을 인솔하는 것은 정말 큰 차이가 난다. 제안서 작성과 발표 평가, 협약, 후원처 발굴, 학생 선발, 계속되는 사전교육, 긴장의 연속인 현지 활동, 결과보고서 작성, 성과발표 등 해야 할 일은 너무나 많은 반면, 보람을 느낄 수 있는 일은 그리 많지 않았다.

하지만 봉사활동을 같이 간 대학생들이 변화하는 모습이 하나 둘씩 눈에 들어왔다. 짧은 시간에 대학생들이 변화하고 성장하는 모습을 보는 기회가 얼마나 있을까? 평범한 대학 교수로 강의나 연구만 할 때에는 이런 기회를 평생 못 볼 수도 있다. 내가 처음 봉사활동에서 겪은 '강렬한 경험'을 예비 교사도 겪으며 그들의 삶이 변화되는 모습을 보는 건 이 봉사단 인솔을 계속하게 하는 가장 큰 힘이다.

봉사활동은 봉사단원에게 도움을 주는 일이다.

엘살바도르 대사관저를 방문했을 때 대사님의 질문 중 '봉사활동의 목적이 수혜국에 도움을 주기보다 봉사단에 도움을 주려는 목적이 아니냐'는 질문이 가장 인상 깊었다. 나는 부정했지만 곰곰이 생각해 보면 맞는 말이다. 이 단기 봉사활동은 장기파견 교사로 나갈 자원을 개발하는 것이 1차 목표다.

2) 단원 선발은 어렵다

인사가 만사라고, 집단 활동에서는 구성원들 사이의 관계가 가장 중요하다. 그래서 봉사단원을 뽑을 때에는 집단 활동을 잘 할 수 있는 사람을 찾게 된다. 하지만 지원 서류에 쓴 글이나 짧은 면담으로 가장 좋은 단원을 뽑는 것은 매우 어렵다.

엘살바도르 봉사단을 뽑을 때에는 작년에 니카라과에서 봉사활동을 했던 2기 학생이 6명 지원을 했다. 엘살바도르에는 봉사활동을 처음 나가는 것이기 때문에, 경험이 있는 단원을 뽑아 대표와 조장의 역할을 주려고 일찌감치 생각했다.

남은 단원 11명을 뽑을 때에는 전공 학과, 남녀 비율, 특기 등을 고려했고, 특히 남학생의 경우에는 비슷한 조건이라면 군대를 갔다 온 학생이 아무래도 집단생활을 잘 할 거라 생각이 들었다. 여학생이 남학생보다 훨씬 많이 지원했지만, 엘살바도르에 치안 문제가 매우 심각했기 때문에 남녀 비율을 비슷하게 조절하려 했다. 봉사활동은 수학, 과학, IT 과목을 중심으로 하고, 한국 문화로는 태권도를 하는 게 좋다. 그래서 IT 수업이나 태권도를 가르칠 수 있는 학생을 뽑으려 했다. 그리고 봉사단 로고 등을 디자인할 수 있는 단원도 선발했으며, 사범대학 학생 뿐 아니라 교직과정 학생도 최대한 뽑으려 했다.

인솔 교사 선발도 쉽지 않았다. 훌륭한 교사들이 많이 지원을 해서 고르기 어려웠는데, 스페인어를 전공한 여교사는 0순위였다. 그리고 남녀 비율을 맞추어, 남교사 중 본인 소개로 면접위원 전체를 사로잡았던 교사를 뽑았다. 아와차판 청소년 센터에서 무대에 뛰어올라와 춤을 춘 교사를 보며 한 마디 말이 튀어나왔다. "뽑기를 잘 했어."

2기 때에는 단원 선발 후 사전교육 도중에 포기를 하는 학생이 있었는데 엘살바도르 봉사단에서는 그런 학생이 없어 다행이었다. 다른 대학에서는 심층 면담까지 하며 여러 단계의 선발 과정을 거치기도 한단다.

3) 봉사활동 전후 달라진 것들

해외 봉사활동을 다녀온 사람은 두 부류로, 이제 절대로 또 하지 않겠다는 사람과 계속 하고 싶다는 사람으로 나뉜다. 봉사활동은 매우 어렵기도 하지만 약간 중독성이 있기도 하다. 봉사활동 경험이 없는 사람은 매년 해외로 봉사활동을 나가는 사람을 이해하기 어렵다.

이 봉사활동 사업을 1번 수행하는 데 약 5개월의 시간이 들어간다. 2018년 5월에 공고문이 나왔고, 2019년 4월에 성과발표회를 했으니 1년 전체에 걸쳐 사업이 진행되지만, 봉사활동 자체에만 들어가는 시간을 계산하면 5개월 정도 나의 시간을 투자하는 셈이다. 무슨 일을 그렇게 많이 하느냐 하겠지만, 봉사단장이 하는 일이나 경험하는 것만을 가지고도 논문 1편을 쓸 수 있을 정도다(이 논문은 2021년쯤 쓸 예정이다). 한마디로 봉사단장으로서 나는 봉사활동에 '올인'한다.

2014년에 해외 봉사활동을 처음 나간 후 달라진 것들이 몇 가지 있다. 우선 돈을 더 아껴 쓰게 되었다. 한국에서 10만원의 돈은 해외에선 10배 이상의 가치를 가지는 걸 생각하면 허투루 돈을 쓰지 않게 된다. 연구 실적이 뚝 떨어지면서 논문 주제도 봉사활동으로 바뀌게 되었다. 봉사활동에 많은 시간을 들이니 연구할 시간이 부족해졌고, 연구 논문 한 편 더 쓰는 것이 무슨 의미가 있는지 회의하기 시작했다. 하지만 그래도 대학 교수로 연구 실적이 있어야 하니, 봉사활동을 하는 김에 이 주제로 연구하기로 마음먹었다. 그런데 봉사활동으로 논문을 쓰는 것은 쉬운 일이 아니다.

그림 11-2 교육ODA 컨퍼런스에서

봉사활동 이외의 일을 줄이게 되었다. 교내외의 보직이나 여러 가지 일을 가능한 거절하면서 삶의 모습이 좀 더 단순하게 되었다. 그리고 해외에 봉사활동을 문제없이 나갈 수 있도록 건강관리도 열심히 하게 되었다. 또한 덕분에 스페인어 공부도 열심히 한다.

무엇보다도 '환한 웃음'을 되찾은 것이 큰 변화다(그림 11-2). 봉사활동 준비, 현지 활동, 귀국 후 등에 문득문득 저절로 미소가 지어지는 순간들을 만날 수 있다. 억지로라도 웃기 위해 유머 책 '유쾌한 과학 수업'을 쓰면서 웃었던 웃음과는 질적으로 많이 다르다.

물론 부작용도 있다. 봉사활동에 꽂혀서 일상생활에서 말하는 것이나 하는 일들을 모두 봉사활동과 연관 지어 생각하는 경향이 생겼다. 즉 봉사활동이 일상이 되어가는 것이다. 하지만 봉사활동과 생업은 분명히 구분되어야 한다. 1년 중 봉사활동 기간이 너무 길어지는 것은 바람직하지 않다는 통계를 본 적이 있다.

4) 현지 봉사활동

엘살바도르 봉사활동을 준비하면서 가장 걱정된 일은 안전 문제였다. 출발 며칠 전에 다른 대학 해외 봉사단원이 식중독으로 사망하는 일이 발생하면서 긴장감이 매우 높아졌다. 오히려 그 덕에 현지에서 음식을 조심해야 한다는 말을 더 이상 강조하지 않아도 되었다. 길거리 음식은 거의 먹지 않았는데 딱 한번, 정말 힘들게 올라간 화산 정상에서 파는 아이스크림을 무심코 한 입 깨물고는 바로 뱉어낸 일이 있다. 그때 아이스크림으로 인해 큰 문제가 생기지 않은 게 정말 다행이다.

봉사활동 인솔 단장은 직접 학생들을 가르치는 봉사활동은 하지 않기 때문에 현지에 가면 시간이 많이 남을 것 같지만 절대 그렇지 않다. 한국에서는 하루 9시간 정도 잠을 자는데 현지에서는 5~6시간으로 수면시간이 줄어든다. 봉사활동을 둘러싼 모든 정보가 나를 거쳐서 가야 하는데, 20명 이상의 봉사단원에게 관련된 정보는 너무나도 많다. 엘살바도르 봉사활동 초반에는 많은 사람들(한국인 23명, 엘살바도르 대학생 13명, 니카라과 대학생 3명, 엘살바도르 국립대 교직원 등)에 대한 응대와 관리, 숙소, 식사, 교통, 일정, 행사 등을 모두 준비해야 해서 정말 너무나 바빴다. 엘살바도르에서는 모든 것이 처음이었기 때문이다.

바쁜 일과 중에도 빼먹지 않고 가장 공들여 하는 것은 바로 일지를 쓰는 일이다. 봉사활동 일지는 2016년도 첫 봉사활동 때 서로 다른 대학의 인솔단장 교수 4명이 카톡방에서 각 대학의 봉사활동에 대해 알리고 정보를 주고받는 것에서 시작되었다. 모두 처음 하는 봉사활동 인솔이었기에 봉사단장들이 서로 기대며 하소연하고 공감하며 공유하는 카톡방은 매우 소중한 역할을 하였다. 또한 본인은 연구자로서 교육 활동이 이루어지는 현장에 대한 기록을 자세히 남기려는 버릇이 있다. 현재의 기록은 언젠가 봉사활동에 대해 연구할 때 매우 귀중한 자료가 될 것이라는 믿음을 가지고 특별한 의무감을 가지고 적는다.

하루 일지를 적는 데에는 대략 2시간 정도가 소요된다. 하루 일을 정리하며 그때마다 느꼈던 감정이나 떠오르는 생각을 가감 없이 적는 것이 일지다. 이 일지는 봉사단원들에게 공개하고, 다른 대학 교수들과 공유하고, 가족에게도 보낸다. 봉사단원들은 이 일지를 읽으며 단장이 어떤 생각을 하고 있고 단원들에게 어떤 말을 하고 싶은지, 현지에서 일어나는 일들이 어떤 의미를 가지는지 되새기면서 하루를 마무리한다. 다른 대학 교수들은 일지에 대해 공감과 응원이 메시지를 보내준다. 가족들에게는 함께 하지 못하는 시간을 이렇게 소중하게 활용하고 있다는 감사의 메시지를 전한다. 이 일지는 본인의 삶에 대한 기록으로, 경험을 정리하며 기억을 재구성하기 위한 기초 자료가 된다.

하루에 적는 일지의 분량은 그 날 단장으로서 얼마나 많은 일을 하며 얼마나 많은 생각을 했는가에 비례한다. 즉 열심히 돌아다니며 봉사단원들의 활동을 많이 살필수록 일지에 쓸 내용이 많아진다(작년 니카라과 봉사활동에서는 부상으로 활동량이 급감하면서 일지의 분량이 대폭 감소했었다). 단, 주말여행을 하는 날의 일지는 예외다. 여행에 대한 기록은 말로 적는 것보다 직접 몸으로 경험하는 그 자체가 중요하다고 생각해서 일부러라도 많이 적지 않는다. 한편, 올해는 없었지만 니라가과 2기 봉사활동에서는 학생들도 돌아가며 일지를 적었었는데, 그 일지를 읽는 재미가 너무나도 컸던 기억이 있다.

봉사활동은 매일 기록하자!

봉사활동 자료집에는 매일 일정, 활동 내용, 우수한 점, 부족한 점, 총평, 만족감 점수 및 설문 등을 적는 양식이 들어 있다(부록 3 참고). 이 일지는 소중한 자료가 될 것이니, 매일 빠짐없이 정성껏 기록하도록 한다.

5) 봉사활동 이후

4~5주 봉사활동을 마치고 나면 신체적으로나 정신적으로 매우 피곤한 상태다. 봉사단장으로서 봉사활동 운영에 온통 집중해 있다가 긴장이 확 풀어지고 시차 문제도 겹치면서 몸이 아프게 된다. 올해는 특히 한국 음식을 많이 먹지 못했고, 운동량도 부족했고, 작년보다 1주일을 더 보내면서 참 힘들었다. 체력이 바닥나면서 들어온 감기가 1달 반 정도 계속되었다.

쌓인 피로를 푸는 방법은 쉬면서 잘 먹는 수밖에 없지만, 바쁜 한국 일상은 그렇게 놔두지 않는다. 현지 봉사활동을 마치고 귀국하면 참으로 많은 일들이 기다리고 있다. 그런데 무조건 쉬기만 해서는 피로 극복이 어렵다. 먹는 것과 함께 몸을 조금씩 움직이는 운동을 같이 하는 게 좋다. 올해는 유튜브에서 몸치 탈출 춤 영상을 좀 따라 추기도 했는데, 며칠 하다 점점 어려워져서 근력 운동으로 바꾸었다.

신체적인 피로보다 더 오래 가는 것은 정신적인 피로다. 봉사활동의 한 가운데에 흠뻑 빠져 있다가 일상으로 돌아오면서 허무함, 무기력감, 의욕상실, 공허함 등으로 고생을 하게 된다. 이 때 봉사활동 결과보고서를 작성하게 된다. 올해 149쪽의 결과보고서를 만들면서 봉사활동을 정리하고 나서 어느 정도 일단락을 짓는 느낌을 받을 수 있었다. 결과보고서 맨 뒤에 넣었던 단장의 후기를 여기에 옮긴다.

결과보고서를 작성하며 봉사단원들에게,

살인율 세계 1, 2위를 다투는 나라, 미국에서 쫓겨난 갱들이 서로 싸우는 나라, 현지인도 거리를 마음대로 걸어다닐 수 없는 나라, 버스를 통째로 납치해 운전사를 죽였다는 이야기, 그런 엘살바도르로 떠나기 바로 전에 캄보디아 봉사활동을 나간 대학생의 사망 소식도 들려왔습니다. 산살바도르에서 머물 호텔도 모두 확정되지 않았고, 식사 문제도 가서 해결해야 하고, 교통편 예약도 쉽지 않고, 그 어느 봉사활동보다 걱정이 많았던 출발이었습니다.

그렇게 길고 긴 5주간 긴장하며 봉사활동을 인솔하고 난 후유증이 참 심하네요. 매년 귀국 후 몸이 아프긴 했지만, 이번 몸살은 결과보고서를 끝내는 1달 이후까지도 이어질 것 같습니다. 그만큼 강렬한 기억으로 엘살바도르가 남겠죠.

힘든 봉사활동을 무사히 마친 여러분이 참 대견스럽습니다. 크게 다친 사람은 없지만 소소하게 아픈 사람이 계속 이어졌고, 가방 놓을 자리도 부족한 좁은 숙소에서 불편하게 갇혀 지냈죠. 운동 부족으로 체력도 떨어지고, 한국 식당은 너무 멀어 자주 가지 못해 현지 음식에 적응하기 어려운 학생은 고생이 많았죠. 작년 4주보다 고작 한 주 더 긴 것이 이렇게 힘들 줄은 몰랐습니다. 무엇보다 여러분에게 한국 음식을 많이 먹이지 못해 미안한 마음입니다.

여러분은 어디에서 힘을 얻어 그 힘든 봉사활동을 열심히 할 수 있었나요? 역시 엘살바도르 학생들의 환호성이 가장 먼저 떠오르네요. 좀처럼 외국인을 보기 힘든 나라로 동양에서 온 멋진 대학생들은 저절로 아이돌이 되었죠. 해외교육봉사는 그렇게 티 없이 맑은 해외 학생들을 만날 수 있다는 장점이 제일입니다. 장차 교사가 될 여러분에게 그런 소중한 만남은 두둑한 저축이 될 겁니다.

엘살바도르 국립대학의 코티처들은 정말 최고의 학생들이었습니다. 우리나라에 온 외국인을 돕기 위해 그렇게 헌신적으로 시간과 정성을 다해 정말로 봉사활동을 할 한국 대학생이 얼마나 있을까요? 코티처가 아니었다면 올해 봉사활동은 불가능했죠. 올해 코티처 13명만으로도 충분히 엘살바도르는 아름다운 나라라고 감히 말할 수 있습니다. 그들과 좋은 만남 계속 이어가세요.

대통령 선거가 있었던 주말에는 더 위험해서 꼼짝없이 숙소에 있었지만 다른 토요일에는 몇 군데 구경을 갔죠. 화산, 바다, 폭포, 커피 재배지, 벽화마을에 갔고, 산살바도르 시내의 멋진 성당과 교회도 좋았습니다. 그렇게 쉬며 여유를 즐길 줄도 알아야 봉사활동도 더 잘 할 수 있는 것 같습니다.

본인이 힘들 때 도움을 주고 얘기를 들어준 다른 단원과 선생님의 역할도 컸을 것 같습니다. 확실히 올해 봉사단은 서로 케미가 잘 맞았던 것 같습니다.

나는 어디에서 힘을 얻어 이 봉사단 인솔을 계속할까요? 내가 적은 봉사활동 일지를 보신 어머니께서는 너무 고생을 많이 하고 몸도 안 좋으니 이제 좀 그만하고 다른 사람 시키라 하십니다. “제가 좋아서 하는 일이에요.”

작년에 니카라과에서 봉사활동을 도와주었던 코티처 3명이 12시간 동안 버스를 타고 엘살바도르에 왔죠. 2명은 이미 한국에 와 보는 꿈을 이루었고, 나머지 1명도 니카라과 대학을 졸업한 후 한국에 공부하러 오는 꿈을 이루게 내가 다리를 놓아주었습니다. 엘살바도르에서 한국 K-pop 크루라는 한 친구가 올해 봉사단원과 함께 춤을 추는 꿈을 이루었다고 얘기했다죠? 엘살바도르 코티처 중에도 교사가 되는 꿈을 찾았다는 사람이 있답니다. 부메랑 만들기나 무한큐브 만들기 등 수업에서 엘살바도르 학생들에게 자기 꿈을 적어 보게 하는 활동을 추가한 것은 매우 잘한 일입니다. 이전 봉사단의 수업을 들으며 과학자가 되는 꿈을 가지게 되었다는 현지 학생이 이미 있습니다. 여러분 중 내년에 또 국립국제교육원의 단기해외교육봉사를 가고 싶은 꿈 가진 사람 있죠?

나도 꿈이 있습니다. 스페인어를 잘 해서 대본 없이 인사말도 하고 노래도 한 곡 뽑는 꿈, 봉사단 인솔을 하면서 학생들이 자율적으로 봉사활동을 수행해 나가는 능력을 가지게 하는 꿈, 몸치면서도 세계 여러 나라 춤 따라 춰 보는 꿈, 많이 건강해서 내 도움이 필요한 해외에 많이 나가는 꿈. 올해 엘살바도르 봉사활동에 대해 단원들과 같이 책을 내기로 했죠. 봉사활동 관련 책 내는 것도 내 꿈 중 하나입니다.

그래서, 그렇게 봉사활동을 둘러싼 많은 사람의 꿈을 생각하며, 단장 역할을 가능한 계속해 볼 생각입니다.

스페인어 단어 공부와 듣기 공부도 다시 시작했는데 흥미가 빠르게 떨어지며 피로감이 와서 다른 방법을 찾다가 스페인어 노래를 부르며 공부하는 것을 시도하고 있다. 그리고 노래 반주를 위해 우쿨렐레도 구입했고, 내년 봉사활동에 가지고 갈 예정이다.

2. 선생님들 이야기

1) 대성고등학교 김미식 선생님: 'Ubuntu - 우리가 있어 내가 있다.'

이번 해외 교육봉사를 통해 자신을 돌아보게 되었다. 함께 하는 사람들과 마음을 나누며 자신보다 다른 사람을 먼저 생각하고 이해하는 사람으로 조금 더 향하고 있었다. 해외봉사가 멘쉬(mensh: 남에게 친절을 베풀어 존경받는 사람)라는 말처럼 다른 사람에 친절을 베푸는 사람이 될 수 있도록 도움을 주었다.

현지인들이 굉장히 친절하고 밝았지만 실제로 학생들을 만나고 교실을 찾을 때 어려움이 많았다. 계획된 대로 차질 없이 교실과 학생들을 만날 수 있도록 미리 학교를 방문하고 재차 확인하며 우리의 계획을 알려 줬지만, 정작 학교에서 가보면 준비가 되지 않는 경우가 많았다. 우리와 시스템이며 사고방식이 달라 많아 그들이 먼저 움직여주는 일이 없었다. 하지만 그들을 이해하고 내가 먼저 뛰어다니면서 그들이 내게 다가오도록 할 수밖에 없었다. 시간이 지나면서 그들은 점차 우리의 모습을 보고 변화하는 모습을 보여주기 시작했다. 기다리지 말고 먼저 손을 내미는 것이 중요하다는 생각을 다시 갖게 되었다.

내 감정만 내세우지 않고 그들의 마음을 이해하려는 나의 배려하는 마음은 Albert Camus 고등학교에서 사서와 상담 선생님을 사귈 수 있는 기회를 주었다. 그들은 내내 나를 도와주고 심지어 내가 엘살바도르에 함께 살기를 바란다는 농담도 하였다. 심지어 점심을 먹을 공간이 어려워지자 도서관을 흔쾌히 내어주어 우리가 점심을 먹을 수 있도록 도와주었다. 심지어 점심을 먹는 동안 라틴 음악에 맞춰 노래도 직접 불러주고 마술까지 보여주는 열정도 보여주었다. 또한 통역을 도와주는 친구는 그림자처럼 나를 따라다니며 소통을 위한 눈과 귀를 도와주었다. 나의 친구가 되어준 그들이 있어서 프로그램이 잘 운영되었던 것 같았다.

청소년 센터에서 우리를 위한 환영식이 있었는데 센터장이 우리 음악을 들려주며 손짓으로 우리가 춤추기를 요청했다. 하지만 아무도 엄두를 내지 못하고 있었다. 나는 단장님의 마음을 읽었다. 나도 모르고 내 몸이 단상으로 던져지며 동물적인 감각으로 몸을 움직이며 학생들의 눈을 사로잡았다. 남들이 뭐라 할지 몰라도 어색한 분위기를 깰 수 있었던 나의 녹슬지 않는 춤의 본능에 난 너무도 감사했다.

봉사는 나보다 부족한 사람을 돕는다는 생각이 보통이다. 하지만 이번 봉사를 통해 서로 가진 것을 공유하고 나누는 것이 봉사라고 생각한다. 봉사하고자 하는 선생님들 있다면 건강한 신체와 긍정적인 마음이 필요할 것 같다. 사람을 좋아하고 이야기를 좋아하고 자신이 가지고 있는 조그마한 재능이더라도 용기를 갖고 아낌없이 보여줘야 한다고 생각한다. 이번 봉사는 내 인생의 최고의 기회였다. 다시 누군가와 함께할 내 봉사 본능을 또 다시 발휘하고 싶다.

2) 체육교육과 학사주무관 임철호님

우연한 기회로 가게 된 엘살바도르 해외교육봉사! 가기 전 인터넷 세상으로 먼저 접한 엘살바도르는 세계 살인율 1위, 위험한 국가, 여행금지 국가 등등 화려한 수식어가 붙은 나라였습니다. 하지만 제가 직접 본 엘살바도르는 이제까지 다녀본 여러 나라 중에서도 때 묻지 않고 순수한 마음을 갖고 있는 학생들과 사람들이 살아가고 있는 나라였습니다. 열심히 준비해서간 우리 한사랑에 단원들은 열악한 환경에서도 열심히 공부하는 학생들을 위해 한국에서부터 열심히 준비하고 교육봉사활동을 진행하는 매일저녁에도 부족한 점을 채워나가려고 노력하고 서로 발전해 나가려고 달렸던 시간이었습니다. 에필로그를 작성하며 잠시 생각해보니 봉사활동을 하러갔지만 오히려 더 많은걸 배우고 느끼고 온 것 같아 부끄럽기도 합니다. 짧고도 길었던 시간! 누구보다 열심히 노력하고 최선을 다한 한사랑에 단원들에게 감사하고 평생 잊지 못할 추억을 갖게 해줘서 고맙습니다. Gracias!

3. 단원들 이야기

1) 권연수 단원

엘살바도르에 다녀온 지 어느덧 반년이 다 되어갑니다. 아직도 그 때의 행복한 추억이 문득 떠올라 바쁜 일상에 숨을 불어 넣어주는 것 같습니다. 지구 반대편의 엘살바도르에 가서 학생들과 교감하고, 새로운 친구들을 사귀고, 라틴 문화를 체험하고, 자연경관을 감상했던 모든 것들은 제게 있어 많이 느끼고, 배우고, 성장할 수 있는 특별한 경험이었습니다. 조원들 및 동료들과 함께했던 수업연구도 앞으로 다시 오지 않을 값진 시간이었습니다. 엘살바도르 현장에서 최선을 다해 봉사에 집중해준 모든 단원들, 기나긴 봉사이야기를 고생하며 기록해준 책 집필 팀, 그리고 머무는 동안 좋은 기억을 만들어준 엘살바도르 친구들 및 학생들에게 감사의 말을 전하고 싶습니다.

2) 박가영 단원

대학생활 중 가장 기억에 남은 활동을 고르라면 저는 주저 없이 엘살바도르, 니카라과 봉사활동을 선택할 것 입니다. 교사로서의 보람을 느끼고, 단원들과의 소중한 인연을 쌓고, 중남미의 따뜻한 친구들을 사귀기도 했습니다. 소중한 이 경험을 마음속에 깊이 품고 저는 앞으로 나아갈 것입니다 ! 이 책을 통해, 엘살바도르 봉사활동에서 저희가 겪고 느낀 점들을 조금이나마 많은 사람들께 전해드릴 수 있어서 기쁘게 생각합니다. 그리고 이 책을 쓴 단원들에게 감사하다고 말하고 싶습니다. ♥

3) 이수빈 단원

처음부터 낯설었고, 알면 알수록 무서운 나라였던 엘살바도르. 그곳으로 교육봉사를 가기로 결심했을 때에는 신나는 마음 반, 두려운 마음이 반이었지만 그 두려움을 넘어서 도달한 그곳은 그저 또 다른 새로운 나라였을 뿐이었습니다. 그리고 그곳에서 처음의 마음가짐이 무색하게 두 번 다시는 없을 소중한 경험들과 기억들만 한가득 안고 돌아오게 되었습니다. 힘들고 어려웠던 순간들도 있었지만 끝까지 서로 의지하며 버팀목이 되어준 한사랑에 단원들, 교수님, 그리고 항상 함께하며 저희를 위해줬던 코티처들에게 모두 감사드립니다.

4) 윤한빛 단원

'무엇을 얻었는가?'에 대한 강박은 역설적이게도 아무것도 얻지 못하게 한다. 눈부신 한 달 동안 분에 넘치게 좋은 사람들과 함께 했고, 잊지 못할 외국 친구들을 사귀었고, 내 꿈에 세 걸음 쯤 더 다가갔다는 것에 만족한다.

두 번의 해외 교육봉사 기간 동안 아버지 같이 다정히 대해주시고 슈퍼맨 같이 문제들을 해결해 주시며, 소녀 같은 감성으로 우릴 적셔주셨던 한재영 교수님께 특별히 감사의 말씀을 전한다.

5) 정수현 단원

봉사 단원 합격을 알리는 문자를 받자마자 도서관을 뛰쳐나가 환호하던 순간이 아직도 생생하다. 누가 대학생 시절에서 가장 기억에 남는 일이 무엇이냐 물으면 조금의 망설임 없이 엘살바도르에서의 5주라고 말하고 싶다. 모든 순간이 배움과 감동의 연속이었고, 단순히 '봉사활동'의 의미를 넘어 더 넓은 세계로 눈을 뜨게 해주었다. 당시를 떠올리기만 해도 입가에 미소를 짓게 만드는 해외봉사활동은 내 대학생활의 최고의 순간이었다.

6) 정선아 단원

엘살바도르에서의 수업, 문화 체험, 음식 그리고 코티처들과 함께 했던 모든 날이 소중한 추억이다. 사진을 보면 아직도 그 날이 새록새록 떠오른다. 언젠가 다 시 꼭 가고 싶고, 가게 된다면 그 때는 더 많은 대화를 나누고 싶어서 스페인어도 공부하고 있다. 인생에 있어 다시는 없을 기회를 주신 교수님께 감사드리고, 대학 졸업 전에 꼭 한 번 다시 가고 싶다!

7) 전국병 단원

나에게 엘살바도르해외교육봉사는 27년 인생에 있어서 가장 행복한 순간이었다. 그 무엇과도 바꿀 수 없는 경험이었다고 자부한다. 그 때의 기억들을 생각하면서 지금을 살아가는 중이다. 훗날 엘살바도르에 꼭 다시 방문하기로 한 약속을 지킬 것이다.

8) 황수정 단원

엘살바도르에서의 짧다면 짧고, 길다면 길었던 5주는 인생에서 가장 많이 움직이고, 가장 많이 생각하고, 가장 많이 표현했던 시간이었습니다. 그토록 열정적인 하루들을 보낼 수 있게 해준 엘살바도르와 모든 인연들에게 Gracias :)

9) 반민정 단원

'백 번 듣는 것보다 한 번 보는 것이 낫다.'라는 말이 있듯이 아무리 내가 느꼈던 감정을 사람들에게 전달해도 가보지 않으면 모른다. 인생의 한 획이 될지도 모르는 해외봉사를 용기내서 경험해봤으면 좋겠다.

10) 최준범 단원 대표

가기를 망설였다면, 대학시절 얻을 수 있는 소중한 경험 하나를 놓친 것을 매우 아쉬워했을 것이다. 또 다른 환경에서 교육이 이루어지는 모습과 다른 문화에서 사람들이 살아가는 모습을 직접 볼 수 있는 이런 좋은 기회. 누군가 나에게 갈지 말지에 대해 물어본다면 내 대답은 항상 'Go!' 이다.

4. 코티처들 이야기

귀국 후 이 책을 준비하며 코티처에게 자신들의 이야기를 보내 달라고 요청을 했고, 13명 중 8명이 글을 보내주었다(스페인어, 영어 원문을 함께 싣는다). 이들은 봉사활동 시작부터 끝까지 참으로 헌신적인 도움을 주었다.[23]

1) Diana

(1) 스페인어

Esta experiencia fue muy enriquecedora para mí ya que aprendí mucho sobre la cultura coreana y la pasé muy bien. Al principio, el primer día estaba un poco asustada porque nunca había interactuado con personas de corea. Pero una vez en el hotel, rodeada por las chicas coreanas, con sus caritas curiosas y miradas agradables me sentí bien. Personalmente desde ese primer día me encariñe con ellas. Y también con los chicos, en especial con el único miembro masculino del grupo E, a quien yo llamaba Oppa y de quien me autoproclame Manager, (porque era muy popular entre las niñas de las escuelas). También me gustó ayudar como co-teacher a dar las clases. El sistema educativo de el salvador no es tan interactivo y ustedes les mostraron a los niños que existe otra manera de aprender, con experimentos y clases divertidas. Algunos de los mejores momentos que recuerdo son: cuando bailamos kpop, cuando ustedes cocinaron para nosotros, cuando preparamos las clase juntos, cada vez que parábamos los autos para que todo el grupo pudiera pasar, y el ultimo día que pasé con los miembros de mi grupo. Quienes me animaron a aprender el idioma coreano. Recuerdo que practiqué mi lectura mientras estaba con ellos, al principio solo lo hacíamos para pasar el tiempo, pero ellos se sorprendían cuando repetía lo que había aprendido el día anterior. Hice muchos amigos, me sorprende el vínculo que construimos en tan poco tiempo, en especial con los miembros del equipo E: Jeon suhyun, Hwang su jeong and Kwon Young joon, a quienes aprecio mucho y siempre llevo en mi corazón. También a los profesores: El profesor Kim siempre tan entusiasta, la profesora Yuni una mujer muy dulce y el gran corazón del profesor Han, quien, durante el lamentable incidente del hotel, se refusó a culpar a los voluntarios salvadoreños y nos llamó familia, esas acciones son las que se quedan grabadas en el corazón. En resumen, cada día que pasamos con ustedes fueron una experiencia extraordinaria, me sentí como en casa y llegue a considerar a todos los miembros coreanos como familia, mi cariño iba creciendo a medida que pasábamos tiempo juntos, realmente me gustaría participar de nuevo, hice muchos amigos y los extraño todos los días.

---

23 단장은 코티처의 역할을 기리는 시를 한 편 쓰려고 했다. 현지에서 완성 못한 시는 귀국 후 기억과 감정이 무뎌지며 미완성으로 끝났다. 대신 단장이 일지에 적은 내용을 조금 옮긴다. "학교로 걸어가며 든 생각은 코티처들이 4주 넘게 우리와 같이 하면서 분명 힘들고 어렵고 짜증나는 일이 있었을 텐데 거의 내색을 하지 않았다는 점이다. 꼭 얘기하고 싶은 내용이 있으면 매우 정중하게 이렇게 하는 게 좋겠다고 말할 뿐, 기분 나쁜 말은 한 번도 하지 않았다. 우리 단원들은 평가회를 하면서 울기도 하고 웃기도 하며 감정을 공유하지만, 코티처들은 그런 자리도 거의 없어 혼자 힘든 감정을 삭여야 했을 텐데, 참 대단하다는 생각이 또 든다. 정말 고맙다. 내일 마지막 인사말을 다듬으면서 한 마디 넣었다. '여러분들로 인해 엘살바도르가 아름다워졌습니다'."

⑵ 한국어

봉사활동은 한국 문화에 대해 많이 배울 수 있었고 즐거웠던 시간이었기에 나에게는 멋진 경험이었다. 첫째 날 나는 한국 사람들과 교류해본 적이 없었기 때문에 살짝 두려웠지만 호텔에서 한국 여학생들의 호기심 가득한 얼굴과 다정한 눈빛을 보았을 때 나는 편안함을 느꼈다. 개인적으로는 첫날부터 모든 사람들이 다 좋았지만 특히 내가 '오빠'라고 불렀고 그의 매니저를 자처한(그가 학교에서 여학생들에게 인기가 매우 많았다) E조 남성 멤버가 좋았다.

나는 또한 코티처로서 수업을 도와주는 것이 좋았다. 엘살바도르의 교육 시스템은 (교사와 학생 간) 상호작용이 많이 없는 편인데 한사랑에 봉사단은 학생들에게 체험과 즐거운 수업을 통해 배울 수 있음을 보여주었다.

내가 기억하는 최고의 순간들은: 우리가 같이 K-pop 춤을 췄을 때, 한사랑에 봉사단이 우리를 위해 요리를 해줬을 때, 우리가 함께 수업 준비를 했을 때, 모두가 길을 건널 수 있도록 매번 우리 코티처들이 차를 멈춰 세웠을 때 , 마지막 날에 조별로 시간을 보냈을 때다. 내가 한국어를 배우도록 용기를 준 사람들, 그들과 함께 있으면서 읽기 연습을 했던 것이 기억나는데, 처음에는 시간을 보내기 위해 했었지만 내가 전날에 배운 내용을 반복하자 그들은 놀라움을 금치 못했다. 나는 짧은 시간 동안 형성된 유대감으로 많은 한국 친구들을 사귈 수 있음에 놀라웠다. 특히 정수현, 황수정, 권영준, E조원들은 내 마음속에 항상 간직하고 있다. 또한 항상 열정적이신 김선생님, 상냥하신 최선생님, 넓은 마음을 가진 한교수님을 기억하고 있다. 나는 한교수님이 아와차판 호텔 도난사건 때 코티처들을 탓하지 않고 가족이라고 말씀하신 것을 잊지 못한다.

요약하자면, 한사랑에 봉사단과 보내는 매일이 특별한 경험이었고, 그들과 있으면서 편안하고 모두가 가족처럼 여겨졌고 함께 시간을 보내면서 나의 애정은 더 커져갔다. 이 프로그램에 정말 다시 참여하고 싶고 매일 마다 모든 멤버가 그리워진다.

2) Eduardo

⑴ 스페인어

Mi tiempo trabajando en el programa de voluntariado me dejó hermosas experiencias y magníficos sentimientos. Una de las primeras cosas que puedo mencionar es que sentí entusiasmo y felicidad durante cada momento que pasamos juntos trabajando o solo hablando. Recuerdo que, desde el primer día, los miembros del equipo coreano me hicieron sentir como si ya fuéramos amigos, por esa razón, tengo muchas memorias maravillosas, como las reuniones que tuvimos para preparar las actividades para el siguiente día, todas las conversaciones y, por supuesto, las clases que dimos. De hecho, solo puedo pensar en un momento triste. Tuve un accidente durante la primera semana en Ahuachapán, y estaba asustado porque pensé que tendría que dejar el programa. Ese día aprendí dos cosas: Primero, los miembros del equipo salvadoreño son como mi familia, y segundo, las personas de Corea son las más amables que haya conocido. Después del accidente, ellos me ayudaron y no se quejaron jamás; eso es algo que jamás olvidaré, es mi razón para sentir tanta gratitud. La última cosa de la que quiero escribir es la admiración y la inspiración que sentí. Recuerdo claramente como cada miembro del equipo coreano trabajó tan duro en todo. Ellos entregaron lo mejor de sí en cada clase, y todos lo notaron. Por lo tanto, puedo decir que sentí tantas cosas durante el voluntariado que necesitaría muchos párrafos para describir toda mi experiencia. Solo puedo agregar que soy muy afortunado porque conocí personas que serás mis amigos por siempre y viví una de las más fantásticas experiencias de mi vida.

(2) 한국어

봉사활동을 한 시간은 나에게 아름다운 경험과 큰 감정을 남겼다. 내가 말하고 싶은 좋았던 것 중에 하나는 나는 우리가 일을 하거나 대화를 하는 매 순간 열정과 행복을 느낀 것이다. 첫째 날부터 한사랑에 봉사단원들이 예전부터 친구였던 것처럼 잘 대해줬던 것이 기억난다. 그 때문에 나는 다음날 수업을 위해 했던 모임, 모든 대화와 우리가 함께 한 수업 등 정말 좋은 기억들이 많다.

사실 나는 한 가지 슬픈 순간을 기억한다. 나는 아와차판에서 첫 주에 팔을 다쳤는데 이 프로그램을 떠나야 할까봐 두려웠다. 그 날, 나는 두 가지를 배웠다. 첫째, 코티처들은 나의 가족과 다름없었고 둘째, 한국 사람들은 내가 아는 사람들 중에 가장 친절한 사람들이라는 것이다. 사고 이후, 어느 누구도 불평 없이 나를 도와주었는데, 이는 앞으로도 절대 잊을 수 없고 감사한 일이었다.

마지막으로 적고 싶은 것은 봉사활동을 통해 느낀 존경과 감동이다. 나는 모든 한사랑에 봉사단원들이 모든 일을 열심히 했던 것을 기억한다. 그들은 매 수업 최선을 다했고 모든 사람들은 그것을 느낄 수 있었다.

그러므로 나는 나의 경험을 묘사하기 위해서는 많은 글귀가 필요할 정도로 봉사활동을 통해 많은 것을 느낄 수 있었다. 나는 평생 동안 친구가 될 사람들을 알게 되고 내 인생에서 가장 멋진 경험을 한 행운아라고 덧붙여 말하고 싶다.

3) Fabiola

(1) 스페인어

Me acuerdo el primer día estaba muy nerviosa porque sería mi primera vez de estar con coreanos. Estaba preocupada si ellos iban a entender mi inglés. De hecho, nos entendimos muy bien. Todos fueron muy amables conmigo, por supuesto que el grupo C fue el mejor (Subin, Chanyang and HanBit) jajajaja. Recuerdo cuando Hanbit llamó a uno por uno para presentarme debido a que era mi primera vez con coreano tuve algunos problemas pronunciando sus nombres. Decidí cambiarle sus nombres coreanos por nombres americanos. Luego algunos decían que Subin y yo nos encantaba reírnos por eso decían que Subin era mi versión coreana y yo era su versión salvadoreña jajaja. Jamás olvidaré el ultimo día cuando nos estábamos despidiendo y Chanyang empezó a llorar no pude contenerme y me puse a llorar con ella porque me hizo sentir que amó su estadía en El Salvador al igual que el resto de coreanos. Algo muy divertido era parar el tráfico para cruzarnos las calles con todos. Otro momento bonito fue la noche que bailamos en Ahuachapan y hablamos y jugamos hasta la media noche… o cuando Subin, Yeonsoo y otras chicas y yo estábamos planeando reunirnos en un futuro en Francia o yo visitarlas en Corea y así puedo seguir contando todos los recuerdos que compartí con cada uno, pero las palabras no serían suficientes para explicar todo lo que viví con ustedes. Gracias por permitirme ser el puente que conectó dos grandiosas culturas. No me queda más que decir gracias por todo. Fue un honor ser la presidenta. Fue la mejor experiencia. Lo que más me gusto fue compartir e intercambiar, cultura, conocimiento comida y juegos. Gracias por cruzar el océano para venir a ayudar a mi país. ¡El punto es que los quiero y los extraño!

(2) 한국어

나는 한국 사람들과 함께하는 것이 처음이었기에 첫째 날 매우 긴장했던 것이 기억난다. 나는 그들이 나의 영어를 알아들을 수 있을지 걱정했었지만 우리는 서로를 완벽하게 이해했다. 그들은 모두 나에게 친절했고 물론 C조가 가장 최고였다.(수빈, 찬양, 한빛) 하하하.

나는 한빛이 첫 만남에 한사랑에 단원들의 이름을 한 번씩 부르며 소개해주었던 것을 기억한다. 나는 한국어를 처음 접해봐서 그들의 이름을 한국어로 발음하는데 어려움이 있었다. 그래서 그들의 한국 이름을 아메리카식으로 바꾸기로 결정했다. 나중에 어떤 이들은 수빈과 내가 잘 웃어서 수빈은 나의 한국 버전이고 나는 수빈의 엘살바도르 버전이라고 말했다. 하하하. 나는 우리가 이별한 마지막 날을 결코 잊을 수 없다. 찬양이 울음을 터뜨렸고 나도 참을 수가 없었다. 나머지 조원들과 마찬가지로 찬양의 엘살바도르에 대한 사랑을 느낄 수 있었기에 나도 울기 시작했다. 차를 멈추고 모두가 함께 길을 건넜던 것이 매우 재미있었다. 그리고 아와차판에서 밤에 같이 춤을 추고 자정이 될 때까지 얘기하고 놀았던 것과 수빈, 연수 등 다른 여학생들이 프랑스에서 다시 모이거나 내가 한국을 방문하는 계획을 세웠던 것이 좋았다. 그래서 나는 한명 한명과 함께 나눈 모든 기억들을 계속해서 말할 수 있지만 여러분들과 함께 지냈던 모든 것들을 어떤 말로도 다 표현할 수 없다.

두 위대한 문화의 다리 역할을 할 수 있도록 허락해 주셔서 감사하다. 모든 것이 고맙고 코티처들의 대표라서 영광이었다. 모든 것이 최고의 경험이었다. 내게 가장 좋았던 것은 문화, 지식, 음식, 게임 등의 교류다. 우리나라를 돕기 위해 바다 건너 와줘서 고맙다. 내 말의 요점은 한사랑에 봉사단원을 사랑한다는 것과 벌써 보고 싶다는 것이다.

4) Karen

(1) 스페인어

Mi experiencia durante este programa fue la manera perfecta de empezar este año. Al principio, estaba muy emocionada por conocer personas que vienen del otro lado del mundo y me sentía nerviosa pero al final todo resultó maravilloso. No podría estar más agradecida por la oportunidad que tuve al trabajar con la delegación coreana y pasar tiempo con ellos como si fuéramos una gran familia. Hice muchos amigos, aprendí bastante acerca de su cultura y disfruté cada momento con todo el grupo. Compartir junto a ellos la experiencia de ayudar y enseñar a muchos estudiantes fue algo que me hizo reflexionar acerca de cuán importante es compartir nuestros conocimientos con los demás. Siempre recordaré esta magnífica experiencia y ellos siempre tendrán un lugar en mi corazón.

(2) 한국어

이 프로그램을 통한 나의 경험은 올해를 시작하는 완벽한 방법이었다. 처음에는 다른 나라에서 온 사람들을 알게 된다는 것에 정말 신나기도 했고 긴장이 되었다. 그러나 마지막에는 모든 것이 멋지게 바뀌었다. 나는 한사랑에 봉사단과 함께 일하고 우리가 하나의 대가족처럼 함께 시간을 보낼 수 있는 기회를 가질 수 있음에 감사하지 않을 수 없다. 나는 많은 친구들을 사귀었고, 그들의 문화를 가까이에서 배웠으며 모든 조들과 매순간을 즐겁게 보냈다. 그들과 함께 학생들을 도와주고 가르치는 경험은 나로 하여금 지식을 다른 사람과 나누는 것이 얼마나 중요한지 생각하게 했다. 나는 항상 이 엄청난 경험을 기억할 것이고 그들은 언제나 나의 마음속에 크게 자리 잡고 있을 것이다.

5) Ruth

(1) 영어

To begin with, one of the first emotions that I felt during the volunteer work was happiness. Most of the time I hear that happiness is found in helping others; it's quite true. Being kind and giving your time to others can make your life feel more meaningful. In fact, my volunteer work made me realized that sharing my time with others was the most precious thing of the world due to all the things that your learn while working. For example, one of the things that I learned was that life is a continuous learning experience. Throughout our lives we keep rising and falling, picking up important lessons along the way. Some of these lessons come from experience, yet there are others that we learn watching others or reading in books for example. In my case, I never had the opportunity to teach until that moment so my first time teaching through this volunteer work was kinda shocking because I didn't know neither how to talk to my students nor how to behave with them but thanks to my group, yeo seol, hee beom, Sun A, jungseok, Eduardo, Karen, I started learning little by little how to reach out to my students and discover new ways of teaching; of course it wasn't easy but to see them working so hard motivated me to work hard as well. Indeed, no matter how much we learn from the books there is a significant difference between practical and theoretical experience; no matter how much we think we know about some topic, it's only after we have put that knowledge into use that we get confirmation of the actual level of understanding that we possess.

Additionally, another emotion that I felt was gratitude. Life goes by faster than we think. During this time I became conscious of the little things and moments I shared with everybody and how fast time can goes by. As a matter of fact, we live in an incredibly busy world, we rush around for food, for work, with our noses in our devices, we don't take the time to stop and relate and enjoy the world around us; we miss out on the things that are most important to us and we forget about how these little moments can fill our lives. So, thanks to this volunteer work I learned so many things, I made wonderful friends along the way and the most important thing I found my passion for teaching.

(2) 한국어

글을 시작하며, 봉사활동을 하며 내가 느낀 첫 감정은 행복이었다. 행복은 대개 다른 사람을 도와주며 발견할 수 있었다. 친절하며 다른 사람을 위해 시간을 들이는 것은 인생을 더 유의미하게 만든다. 사실 봉사활동은 나로 하여금 배우고 일하며 다른 사람을 위해 시간을 들이는 것이 세상에서 가장 중요함을 깨닫게 하였다. 예를 들어, 인생은 경험을 통한 배움의 연속이라는 사실이다. 인생을 살면서 우리는 성장과 쇠퇴를 통해 중요한 교훈을 얻는다. 몇몇 교훈들은 경험을 통해, 다른 사람을 관찰하거나 책을 읽는 것을 통해 얻어진다. 나의 경우 이번 봉사활동에서 가르치는 경험을 얻기 전까지 가르치는 기회를 가져본 적이 없었다. 나는 학생들과 대화하는 방법과 그들을 어떻게 대해야 하는지 몰랐기 때문에 가르치는 경험은 충격으로 다가왔다. 하지만 우리 조원 여솔, 희범, 선아, 정석, Eduardo, Karen 덕분에 점점 학생들에게 다가갈 수 있었고 가르치는 새로운 방법을 발견할 수 있었다. 물론 이는 쉽지 않았지만 그들이 열심히 일하는 모습을 보면서 나 또한 강한 동기부여를 받았다. 우리가 책을 통해 많이 배울 수 있다고 하더라도 실제와 이론에는 중요한 차이가 존재한다. 우리가 어떤 주제에 대해 알고 있더라도 그것을 행동으로 옮겨야만 이해의 정도를 확인할 수 있다.

게다가 나는 감사함을 느꼈다. 인생은 우리 생각보다 빠르게 지나간다. 이 기간 동안 나는 내가 모든 사람들과 나눈 작은 일들과 순간들 그리고 시간이 얼마나 빨리 흘러갈 수 있는지를 의식하게 되었다. 사실 우리는 믿을 수 없을 정도로 바쁜 세상에 살고 있고 음식, 일을 위해 개인적 방법에 집중한 채 우리 주변 세상을 멈추고 공감하며 즐길 시간을 갖지 않는다. 이 봉사활동 덕분에 나는 많은 것을 배웠고 멋진 친구들을 사귀었으며 가장 중요한 가르치는 것에 대한 열정을 찾았다.

6) Samaria

(1) 스페인어

Me gustaría describir mi experiencia en el voluntariado como algo que cambio mi vida; a pesar de que fueron solo algunas semanas, fue algo increíble. Desde el comienzo descubrí muchas cosas que pudimos aprender mientras compartíamos con diferentes personas. Además, esta experiencia fue suficiente para hacerme pensar que podemos hacer mucho con poco. Para algunas otras personas, esto pudo ser solo un intercambio de beneficios pero para mí esto fue más que eso; esta experiencia me dio razones para continuar haciendo lo que realmente me gustar hacer mientras también intento hacer alguna diferencia en la vida de otras personas. Yo realmente espero que mis sentimientos, y el deseo de ayudar que todos los involucrados en el programa tenían, fuera capaz de alcanzar los corazones de todos los alumnos que fueron parte del programa. Para resumir, solamente quiero enfatizar que todo lo que nosotros vivimos y compartimos con este programa, tuvo un impacto en la forma en la que ahora vivo mi vida.

(2) 한국어

나는 봉사활동의 경험이 나의 인생을 바꾼 계기가 되었다고 표현하고 싶다. 비록 몇 주에 불과 했지만 봉사활동 프로그램은 믿을 수 없을 만큼 훌륭했다. 봉사활동을 시작할 때부터 나는 서로 다른 사람과 함께 공유하면서 많은 것을 배울 수 있다는 사실을 발견했다. 게다가, 이번 경험은 작은 힘이 모여 많은 것을 할 수 있다고 생각하게 만들기에 충분했다. 다른 어떤 사람들에게는 단지 선행의 교환이 될 수도 있었지만 나에게는 그것 이상이었다. 이번 경험은 내가 하고 싶은 일을 진행함과 동시에 다른 사람들의 인생이 변화할 수 있도록 시도하게 하는 이유를 제공했다. 나는 나의 감정과 이 프로그램에 속한 사람들의 도움을 주려는 마음이 이 프로그램에 참여한 모든 학생들 마음에 감동을 줄 것이라고 기대한다.

요약하자면, 나는 우리가 함께 숙박하면서 프로그램을 공유했던 모든 것이 지금 내 삶에 영향을 끼쳤다는 것을 강조하고 싶다.

7) Sara

(1) 스페인어

He estado en muchos voluntariados pero este voluntariado ha sido el mejor por muchas razones. En este voluntariado tuve la oportunidad de conocer y trabajar con los estudiantes de la universidad Nacional de Chungbuk, y supero mis expectativas. Durante el voluntariado aprendí muchas cosas de los coreanos como el ser servicial, hacer las cosas sin esperar nada a cambio, dar siempre tu cien por ciento en todo, a estar siempre con una sonrisa y con ánimos de trabajar. Durante todo el tiempo con los coreanos, me sentí muy agradecida con ellos por haber elegido nuestro país para enseñar, para compartir un poco de lo que saben con nosotros. Gracias por mostrarnos amor y solidaridad siempre. Recordar la experiencia en el voluntariado siempre trae una sonrisa a mi rostro.

(2) 한국어

나는 많은 봉사활동에 참여해왔지만 이번 봉사활동이 최고라고 할 수 있는 몇 가지 이유가 있다. 이번 봉사활동에서 나는 충북대학교 학생들과 만나 일해 볼 수 있었는데, 그들은 내 기대 이상이었다. 봉사활동 동안 나는 그들에게서 도움이 되는 것, 대가를 바라지 않고 일 하는 것, 모든 것에 100%를 쏟는 것, 일 할 때 항상 용기와 미소를 잃지 않는 법 등 많은 것을 배웠다. 그들과 있는 모든 시간 동안, 나는 우리나라를 선정해 가르쳐주고, 그들이 알고 있는 것의 일부를 우리와 공유해주는 것에 감사했다. 우리에게 항상 사랑과 결속을 보여주어서 감사하다. 봉사활동 경험을 기억하는 것은 항상 내 얼굴에 웃음을 가져온다.

8) Vanessa

(1) 스페인어

En el pasado Enero y parte de Febrero del año 2019, tuve la oportunidad de ser parte del grupo de voluntarios de la Universidad Nacional de Chungbuk. Durante el mes que trabajamos juntos, compartimos experiencias y conocimientos sobre nuestras universidad y países. Ya que nuestro país es considerado como "peligroso", me preocupaba que ellos tuvieran un mal concepto de nosotros pero fue todo lo contrario, fueron muy amables, considerados y de mente abierta para saber sobre nosotros, nuestra cultura y nuestro país. Cada día aprendimos nuevas cosas sobre ellos y nos esforzamos por competir nuevas cosas sobre nosotros. Trabajar con ellos fue un maravilloso regalo para nosostros, su amabilidad, alegría y disposición nos inspiró e hizo de este voluntariado una que siempre atesoramos. Personalmente, estoy muy agradecida con los voluntarios y profesores de la Universidad Nacional de Chungbuk por permitirnos ser parte de este maravilloso equipo. Siempre estaremos dispuestos a trabajar de nuevo con ustedes.

(2) 한국어

지난 2019년 1월과 2월, 나는 충북대학교 봉사단의 일원이 될 수 있는 기회를 얻었다. 우리가 같이 일하는 동안 우리는 각자의 경험들을 공유했고 나라와 대학에 대해 깊은 대화를 나누었다.

우리나라, 엘살바도르는 위험 국가로 분류되기 때문에 나는 그들이 우리들에게 부정적인 의견이 있을까 걱정했다. 하지만 그들은 우리에게 매우 친절했고 우리들과 문화, 국가 등에 대해 개방적인 자세로 알고 싶어 했다. 매일 우리는 그들에 대해 새로운 사실들을 알게 되었고 우리들에 대해 새로운 사실들을 공유하려 최선을 다했다. 그들과 일하는 것은 우리에게 아름다운 선물과 같았는데, 그들의 친절, 활기, 그리고 우리에게 영감을 주기 위한 노력들은 이번 봉사활동을 우리가 항상 찾던 보물 같은 경험으로 만들었다.

개인적으로 나는 우리가 환상적인 팀의 일원이 될 수 있는 기회를 준 충북대학교의 모든 봉사단원들과 교수님들에게 매우 감사하다. 항상 우리는 다시 한사랑에 봉사단과 일할 준비를 하고 있을 것이다.

5. 학생의 편지

아래 그림은 한글을 공부하는 엘살바도르 현지 학생 1명이 봉사단에게 써준 편지이다.

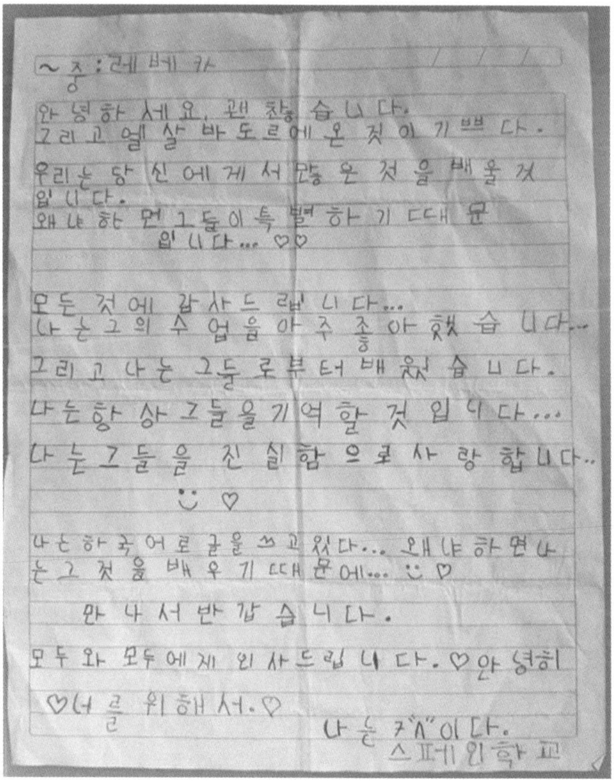
~중: 레베카

안녕하세요. 괜찮습니다.
그리고 엘살바도르에 온 것이 기쁘다.
우리는 당신에게서 많은 것을 배울 것
입니다.
왜냐하면 그들이 특별하기 때문
입니다... ♡♡

모든 것에 감사드립니다...
나는 그의 수업을 아주 좋아했습니다...
그리고 나는 그들로부터 배웠습니다.
나는 항상 그들을 기억할 것입니다...
나는 그들을 진실함으로 사랑합니다..
:) ♡

나는 한국어로 글을 쓰고 있다... 왜냐하면 나
는 그것을 배우기 때문에... :) ♡
만나서 반갑습니다.
모두와 모두에게 인사드립니다. ♡ 안녕히
♡ 너를 위해서. ♡
나는 [illegible]이다.
스페인학교

부록

1. 체크리스트
2. 홍보 자료
3. 봉사활동 자료집 목차
4. 봉사활동 일지 예시
5. 수업 준비과정 정리표 예시
6. 현지 수업 활동 정리표 예시

1. 체크리스트

엘살바도르 봉사활동을 시작하고 끝날 때까지 한 일을 정리하여 체크리스트를 만들었다. 봉사활동 사전 준비와 현지 활동, 사후 관리 순서대로 구분하여 목록을 작성하였고, 봉사단장(총괄 책임자), 단원, 행정 지원팀에서 담당할 일을 구분하여 정리했다. 예를 들어, 과목 개설은 봉사단장이 '해외 교육 문화의 이해와 교육봉사실습'의 강좌명으로 겨울 계절학기 교양 과목을 개설하면, 봉사단원 중 희망자는 이 과목에 수강신청을 하고, 봉사활동이 끝난 후에 학점(pass or fail)을 부여하게 된다.

이 체크리스트는 엘살바도르 봉사활동에 대한 것으로 한정되지만, 앞으로 어떤 나라로 봉사활동을 나가든 참고할 수 있는 목록이며, 계속 수정 보완되어야 할 목록이다.

구분 <일정>	담당			점검 내용
	단장	단원	행정	
<사전준비>				
제안서 작성 제출 및 구두발표 <5월>	○		○	□제안서 작성 계획 보고: 총장 □국가 선정: 대사관, 대학 등에 연락 □대학 실적 근거자료 요청 □대응예산 협의 및 산정: 해당 부처에 먼저 부탁 □현지 정보 수집: 학교 섭외 등 □타 사업과 연계: 코이카 섭외 등 □예산 조정: 작년 사업 참고 □제안서 제본 제출 및 공문 발송 □구두발표: ppt 준비, 참고자료 인쇄, 출장
협약 6월	○		○	□사업 선정 결과 연락 및 홍보 □우선협상 출장: 행정실장 동행 □대응예산 확정

구분 <일정>	담당			점검 내용
	단장	단원	행정	
협약 6월	○		○	□협약서 작성 및 간인: 총장 □세부운영계획서 작성 및 제출: 협약사항 반영
홍보 상시	○		○	□사업 선정 홍보 □준비과정 홍보: 바자회, 문구모금함 등 □발대식 홍보: 4시 이전에 기사 보내기 □후원 홍보: 의료용품 기부 등 □현지 홍보: 대학 홈페이지, 신문, 방송(유튜브) □사후 홍보: 사진전, 해단식 □홍보 방식: 신문 기사, 방송, 현수막, 블로그, 홈페이지, 우물터
현지 연락 상시	○			□외교부: 국립국제교육원을 통해 현지 대사관에 협조 공문 발송 요청 □대사관: 입국 협조(입국심사 절차 도움), 세관 통과 협조 서류(물품 목록 및 가격), 봉사단원 대사관 방문 일정, 단원 명단과 프로그램 전달 참고: 대사관 직원은 입국 심사장까지 들어와 입국 절차와 세관 통과를 직접 도와줄 수 있으니, 이 서비스 요청 고려 □현지 대학: MOU 체결, 코티처 섭외, 교통편 제공, 환영식(장소, 식순, 통역), 코티칭 연습 공간, 1000$ 기부, 코티처 활동 보험, 봉사활동 인증서, 코티처 활동 학점 부여 □현지 학교: 학년 당 학급수, 학급 당 학생수, 오전오후반 운영, 수준별 학급 운영(봉사활동은 고르게 배분), 수업 시간표, 학교 시설, 특별실, 체육복, 책상 모양, 담당자 연락처 등(수업에 필요한 내용 모아 질문) □코티처: 조별 단톡방 개설, 역할 부여(대표, 여행, 파티 등) □Skype를 이용한 화상회의
단원 선발 7월	○	○	○	□모집공고: 사전교육 날짜 명시(방학 중, 학기 중), 방학 중 스페인어 학습, I am a Global Teacher 응모, 계절학기 수강, 전공과 다른 내용 가르칠 수 있음 언급, 예비소집 날짜 등 □사업설명회: 휴학생 지원 안 됨, 교육대학원은 계절학기 강의와 중복 어려움, ppt 영상 설명 □홍보: 기존 봉사활동 참가자 홍보 □단원 지원서 작성: 지도교수 추천서 포함 □서류 접수 및 심사: 면접 전 2~3일 여유 두고 서류 검토 □면접 대기실 공지: 비행기표 위약금(취소 기한), 스페인어 평가 후 부적격 교체, 예비소집 날짜 등 □면접: 선발위원회 구성, 면접 문항 및 평가표 준비, 지원 동기, 특기, 음식, 건강 등 질문 □교사 선발: 충청북도 내 공문 발송, 교장 허락 필수(4주 출장 허가) □합격자 발표 및 대기 후보 명단 작성: 불합격자도 연락 □운영진 선정: 교수, 직원, 조교 등
예산 상시	○	○	○	□물품 구입: 2회로 구분하여 개별/조별 모음 □후원처 개발: 충북대, 외부 기관(교육청 등), 기업, 단체, 단위사업체, 학회, 초중등 학교, 개인, 온라인(클라우드펀딩, 카카오스토리 기부, 발전기금을 통한 후원 등 ★후원자에게 봉사활동 정리 후 후원 결과, 감사장(희망자에게) 전달 □현지 대학 기부금 1000$, 현지 학교 기부금 준비 □해외봉사 특별장학금 수령 및 봉사활동 활용 계획 □선물: 기념품(손톱깎이 세트 등), 개인 선물 □바자회: 홍보(이멜, 유인물), 수집, 정리, 준비(배치), 판매(축제일), 기록, 정산 등 □로고 제작 □홍보부채 제작 □현수막 제작: 현지에 가지고 갈 것

구분 <일정>	담당			점검 내용
	단장	단원	행정	
예산 상시	○	○	○	□단복 제작: 티(코티처도 동일 수량), 조끼, 모자, 태극기와 NIIED 로고 포함, 받은 후 이름 적기 □사범대 자유학기제와 연계 □프린터/토너 구입 □예방접종: 단체로 접종(장티푸스, 파상풍, A형간염)
행정 지원 상시	○		○	□일정 협의 및 조정 □제반 공문 처리: 홍보, 공지, 출장 등 □예산 집행 □행사 지원: 사업설명회, 선발, 바자회, 사전교육, 학숙교육, 발대식 등 □국제교류본부: 코티처 봉사활동 인증서 □사범대학 행정실, 국제교류본부, 학생처 등 회식 지원
사업 운영 상시	○	○	○	□사업 운영 8개 대학 운영진 모임: 1~2달에 한 번, 카톡방 개설, 회의자료 정리 □공동연구 기획 □연합 발대식: 인근 지역 학교 섭외, 현수막, 선서, 식순 등 준비 □국립국제교육원 발대식
사전교육 8월~	○	○	○	□예비소집: 합격자 발표 후 바로, 자기소개서, 서약서 제출, 스페인어 학습 점검 방법 안내, 대표 선발, 카톡방 개설, 카페 가입(충북대 봉사단 카페, 해교진), 사전교육 일정, 여권 준비 안내 □운영진 회의: 교사 공문 발송, 봉사활동 안내, 결과보고서, 자료집 등 배부, 정기 모임 약속, 역할배분(수업계 / 생활 예산 보고서), 학생 대표 참석 등 □조편성: 전공, 학년, 남녀 등 고려, 학생들과 협의 □역할 분담: 사전교육 과정에 대한 역할 배분(출석, 촬영, 학습 점검, 일정 관리, 마니또 등) □사전교육 일정, 체크리스트 작성 배부 □전체 교육: 매주 1회, 학생 주도 진행(진행 방법에 대한 단원 피드백 상시 접수), 전원 모일 수 있는 시간, 중간 기말 기간 제외, 방학 중 집중 교육 실시 □조별 활동: 주제 선정, 수업 시연, 조별 활동 보고서 작성(학습동아리 신청) □합숙 교육: 월악산 수련원 1박2일, 게임 및 레크리에이션, 조별 활동, 전체 활동, 현지 정보 조별 발표, 명찰 준비 등 □이전 봉사단원과 멘토링, 이전 인솔교수 특강 □성희롱 성폭력 예방교육: 양성평등상담소 □안전교육: 보험사 □영상 촬영 기법 교육 □강사 섭외: 이전 단원 멘토링, 봉사활동의 이해, 영상 촬영 등 □정보 공유: 봉사활동 국가 정보, 대사관 홈페이지, 한인회 홈페이지, 코이카 발간 자료, TV 다큐 등 프로그램, 영화, 문화 등 □의사소통: 전체 공지 카톡방 외 학생들끼리 카톡방 개설도 가능, 모든 정보는 단장을 거쳐 가야 함. □강의실 관리: 사용 예약, 난방 □사전교육 때 간식 제공: 예산 한도 내에서 □주차권 준비: 강사 및 현장 교사 □반성: 정신교육 수시 실시, 매일 모일 때마다 핵심어 적기, 반성일지 작성(2회) 및 피드백 □한국연구재단 I am a Global Teacher 응모 고려

구분 <일정>	담당			점검 내용
	단장	단원	행정	
스페인어 8월~	○	○	○	□방학 중 학습 관리: 스터디 팀 꾸리기, 중간 점검 과제 제시, 기초 문법 평가 등 □강사 섭외, 강사료 지급 □기초회화 교재 선정 및 수업 □발음 연습 강조: 대본 읽기 일찍 시작(현지인 녹음) □강의, 실습, 평가가 균형잡힌 수업
프로그램 개발 8월~	○	○	○	□주제 선정 및 검토: 현지 사정. 예산, 준비물 무게와 부피, 수화물 규정, 학생 활동 위주, 수준별 수업 가능성, ICT 주제 포함, 연속수업 가능, 학예회와 사진전 고려, 개인 주제와 조 주제, 가능한 일찍, 8월 중에 선정 □지도안 작성: 수업 내용과 흐름 검토 및 수정 □대본 작성: 무조건 짧고 간단하게, 원어민 검토 필수, 한글→일본어→영어→스페인어 □간단 소개글 작성: 현지에 프로그램 소개, 영어로 워드 □교과서 제작: 실제로 활용할 수 있도록, 흑백 제작 □교육 자료 인쇄: 칼라 인쇄 및 코팅 □재료 구입: 개인별, 조별 활동 재료, 엑셀로 수합, 2회에 걸쳐 구입, 추가 활동 재료, 공통 재료(명찰 넉넉히, 포토프린터 용지 등), 개인 수업 10차시 분량, 재료 확인 필수, 재료 관리(보관) 및 배분(체중계 필요) □현지 한글학교 방문 고려: 여분 재료 준비 □수업 준비과정 정리: 보고서에 들어갈 내용 □현지 노래 추천, 악보 구해 연습, 블루투스 스피커, 악기 준비 □현지 전통 놀이 조사: 대학생 교류 □안전매뉴얼 제작 □활동자료집 제작: 일정, 설문지 포함 □현지 설문지 인쇄: 교사용, 학생용 □지도 후원: 동북아역사재단, 반크 등
여행준비 10월	○	○	○	□항공: 여행사 입찰, 비행기표, 공항버스, 경유지 숙박, 비자 발급, 공동 짐 2~3개 추가 □숙박: 현지 학교 또는 호텔 임대, 호텔방 배정 미리, 코티처 숙박, 호텔방 팁(직원에 선물) 주기 ★코티처가 같이 숙박할 경우: 숙식비 제공 공지, 호텔 정보 제공, 방배정, 주말 교통편 제공 □식사: 현지 한국 음식점, 한인 마트 유무, 개인 기호품 준비 ★전체 단원 음식 알러지 조사(코티처 포함) □개인 준비물: 여권, 노트북, 충전선, usb □단체 준비물: 손코팅지, 캠코터(데이터케이블 포함), 삼각대, 전선, 멀티탭, 수화물 저울, 큰 테이프, 구급약, 체온계(2~3개), 맥가이버칼(과도) □출발: 이티켓, 비자 등 추가 인쇄, 수화물 1개, 기내 수화물 1개, 메는 가방 1개, 노트북 가방 1개, 개인 짐 분실 조심 □생활: 의복(모자 포함), 신발(슬리퍼 강추), 수영복, 생활용품, 개인 약품, 젓가락, 파티복(생일축하 양초) 등 ★단원들이 현지에서 구매 필요했던 물품: 욕실 슬리퍼, 모자, 바디워시, 빗, 수건, 샤워타올, 쉐이빙폼, 지퍼백, 멀티탭, 치간칫솔, 두통약, 세탁용 세제 □스마트폰 로밍: 현지 유심 구매, 현지 전화번호 정리 □건강: 출발 전 치과 검진. 예비 안경, 이발, 진동 마사지기

구분 <일정>	담당			점검 내용
	단장	단원	행정	
여행준비 10월	○	○	○	□비자 발급: 여행사 입찰에 포함 □환전: 환율우대 활용, 공동 비용은 나눠서 소지, 공항 수수료 등 잔돈 준비 □여행자보험: 일괄 가입, 가입 정보 수합 □봉사활동 전후 보고: 총장(인솔단장), 학과장(대학생) □공무국외여행 신고 □단원과 코티처 생일 챙기기 □이동: 기내 고추장과 참기름 챙기기, 여권 입국 도장에 적힌 체류기간 날짜 확인
수업시연 12월	○	○		□개인, 조별 수업 모두 시연 필수: 처음부터 끝까지 모든 과정을 직접 수행 □조별 시연 보고서 작성: 사진 촬영 □수업 시연 동영싱 촬영: 현지 코티처에게 전달, 운영진 피드백 받기 □스페인어 수업시연 □수업 시연 결과에 따라 수업 변경 및 개선
과목 개설 12월	○		○	□계절학기 과목 개설: 해외 교육 문화의 이해와 교육봉사실습 - 해외 실습이므로 수강료 일반 강의와 같은 비용으로 요청 □재설강 사유서 제출 □성적 입력 예외 신청(봉사활동 이후) □수강생 관리: 봉사단원 이외 학생, 졸업학기 학생 수강 제한
<현지 활동>				
환영식 1,2월	○	○	○	□식순, 시간 논의: 애국가는 1절만, 대학 관계자에게 연락 □인사말 준비(교장, 방문자 이름, 직책 포함), 봉사단원과 코티처 소개 포함 □K-pop 공연 준비 □준비물: 선물, 구충제, 부채, 플래카드(사진 촬영 필수), MOU 서류 □기부금 전달: 판넬 제작 □점심 주문: 도시락 □학교 시설 등 소개받기
봉사활동 준비 1,2월	○	○	○	□코티칭 연습: 현지 대학생 섭외(준비물 수량 고려) □수업 수정: 피드백 반영, 추가 필요 물품 준비 □대학 활동 중 하루 캠퍼스 투어: 현수막 사진 찍기 □현지 학교 답사, 시간표 조정, 물품 보관 교실 요청
봉사활동 운영 1,2월	○	○	○	□시간표 작성: 특별실 섭외 □현지 학교 요청 활동 논의 □사진. 동영상 매일 수합: 오늘의 사진 □캠코더 용량 매일 확인 □역할: 촬영(사진, 동영상), 기록(2명). 출결, 약(2명), 건강(체온), 식사(메뉴 선정), 여행(2명), 파티, 예산, 인쇄, 포토프린터(사용 계획 미리 세우고 점검) □일정 관리: 전체 공지, 코티처에게 공지, 현지 관계자에게 알림 □일지 작성: 학생 일지 1일 2명씩 순회 작성 및 공유 단장 일지와 함께 □학예발표회: 열린 부스 운영 방식 고려 □사진전: 인화, 코팅, 전시 □전시회: 테이블 준비, 사전 배치 및 보관, 안내글

구분 <일정>	담당			점검 내용
	단장	단원	행정	
생활, 건강 1,2월	○	○	○	□음식이 맞지 않는 경우: 시리얼(우유 상하기 쉬움), 과일 □생활용품 구입: 생수, 샴푸, 비누 등 □건강: 체온 검사, 운동, 손세정제 현지 구입 □여가활동: 운동(제기, 패드민턴), 독서, 대화, 춤 □현지 체육 행사 때 부상 주의 ★코티처 현지 보험 들기(행사 요원 보험 등) □현지 병원 갈 때: 여권, 신용카드 준비, 진단서와 영수증 받아야 함 □코티처들과 숙박 고려: 봉사활동 초기, 마지막 파티 □한식파티 고려: 조리실 있는 경우
평가회 1,2월	○	○	○	□수업 직후 평가: 학교에서 코티처와 함께 □매일 평가회: 자료집에 메모, 매일 점수 기록 □코티처들도 평가회: 조별, 전체 공지 내용 정리 양식 주기 □조장과 운영진 미팅: 평가회 때 얘기할 내용 논의 □학교가 바뀌는 경우 중간 평가회 □오늘의 미션: 5글자 표현 등 □의사소통: 카톡 공지 전달 한계, 비상연락망 만들기, 호텔방 이름 적기 □일지 검사: 1주일 1회
현지 홍보 1,2월	○	○	○	□신문이나 방송 기자 취재 나오면 선물 하나씩 주기 □대학 활동, 현지 학교 활동 중간 홍보: 사진 포함
환송식 1,2월	○	○	○	□식순, 시간 논의: 애국가는 1절만, 대학 관계자에게 연락 □인사말 준비(교장, 방문자 이름, 직책 포함), 봉사단원과 코티처 인사 포함 □준비물: 선물, 플래카드 □행사 이후 전체 사진 찍기 □점심 주문: 피자, 치킨 등(마지막 날 전날에 하는 것도 고려)
봉사활동 정리 1,2월	○	○		□실험도구 기부: 여러 학교에 고르게 배분 □현지 설문: 교사, 학생용 준비(3일전 배부, 응답 방법 설명) □프린터 등 기부: 대학 또는 학교 □약품 기부: 코이카 단원 □현지 봉사활동 과정 정리: 보고서에 들어갈 내용
관광, 파티 1,2월	○	○	○	□주말 관광: 현지인과 같이 준비, 같이 가기 □보고서 용 단체 사진 촬영 □현지 대학버스 기사에게 사례금 또는 선물 전달 □마지막 1박2일 파티 □선물 구입: 커피 등 □경유지 관광 시 여권 분실 유의
한글학교, 기타 1,2월	○	○		□한글학교 방문 및 수업 □마니또 게임 □국립국제교육원 현장방문단: 호텔 예약, 교통편 제공, 통역 등, 학생들과 얘기하는 기회 주기
<사후 관리>				

구분 <일정>	담당			점검 내용
	단장	단원	행정	
정리 2월	○	○	○	□제출 자료(학생, 교사, 교수 모두): 보고서, 설문지, 최종 대본, 영상 공유, 우수봉사단원 추천 □공유 자료: 사진, 동영상 공유(네이버 클라우드) □건강 상태 점검: 구충약 복용 □선물 배부 □공무국외여행 결과보고(교수, 교사) □후원 감사장 제작 및 전달
사진전 2월	○	○	○	□사진 선별 및 인쇄, 판넬 제작 □전시 및 철수 □다른 대학과 사진전 공동 운영 고려: 파일 받아서
평가회 2월	○	○	○	□우수봉사단원 수여, 지도교사 감사장 수여 □최종 간담회 □해단식 사진 촬영 및 홍보
보고서 3월	○	○	○	□개별 및 조별 작성: 수업 준비 과정, 현지 활동 과정, 활동사례 등 □전체 작성: 전체 활동 실적, 설문 결과, 홍보 결과, 활동 사진 등 □예산 정산 □출입국사실증명서 제출 □현지 사후관리 자료 요청: 기부 물품 활용 등
성과보고회 4월	○	○	○	□성과보고 요약자료 작성 □단장 발표 □학생 대표 발표

2. 홍보 자료

1) 현지 TV 보도

Imagen TV El Salvador (2019. 01. 26.)

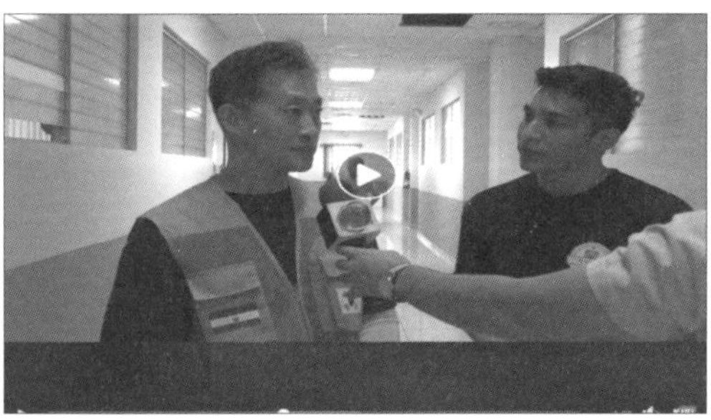

엘살바도르 TV Ch 4 (2019. 1. 23.)

2) 현지 신문 보도

LA PRENSA VRAFICA (2019. 01. 25.)

Kiosko LPG

LA PRENSA GRÁFICA

PORTADA | EL SALVADOR | VIDEOS | DEPARTAMENTO 15 | INTERNACIONALES | DEPORTES | ECONOMÍA | OPINIÓN | MÁS

EL SALVADOR | DEPARTAMENTOS AHUACHAPÁN

Voluntarios coreanos imparten talleres a niños ahuachapanecos

Tras cuatro días de enseñanza se trasladarán a San Salvador para seguir dando su aporte.

Por Miguel Marroquín
24 de Enero de 2019 - 14:44 HS

Foto LPG/Miguel Marroquín

Voluntarios procedentes de la Chungbuk National University de Corea imparten, durante cuatro días, diferentes talleres a 36 niños del Centro Escolar Santa María, de Ahuachapán.

Durante más de dos horas los menores reciben aprendizajes sobre robótica, elaboración de llaveros con materiales reciclados, taekwondo y manualidades con papel.

Foto LPG/Miguel Marroquín

Han Jae Young, encargado de los voluntarios, explicó que es una satisfacción ser parte de los programas de prevención de la violencia que se imparten en el Centro Juvenil El Salvador- Corea, que se ubica en la cabecera departamental de Ahuachapán.

LO MÁS VISTO

¿Fue realmente un accidente? Las dudas que rodean la muerte de la trans salvadoreña deportada de EUA

Dos fallecidos y 285 heridos en jornada para intentar meter ayuda a Venezuela

Crisis en Venezuela: a bordo del barco con el que la oposición busca cruzar la frontera marítima con ayuda internacional

Los Ángeles FC presentan la segunda equipación para la temporada

Comunidad venezolana en El Salvador se manifiesta contra Nicolás Maduro

MÁS DE EL SALVADOR

¿Fue realmente un accidente? Las dudas que rodean la muerte de la trans salvadoreña deportada de EUA

Encuentran el cadáver de un hombre con una bolsa en la cabeza en Nejapa

La Libertad: un anciano de 86 años muerto en un voraz incendio en calle al Boquerón

Lluvias, vientos acelerados y mar picado: el pronóstico del clima para este sábado en El Salvador

MAS! (2019. 01. 30.)

8 MAS! MIERCOLES 30 DE ENERO DE 2019 ZONA OCCIDENTAL

AHUACHAPÁN

Coreanos dan clases

Fueron cuatro días los que estuvieron en el Centro Juvenil Corea El Salvador, que fue construido con la ayuda de ese país

CRISTIAN DÍAZ
periodicomas@mas.sv

Durante 4 días, grupo de 17 estudiantes de la Universidad Nacional de Chungbuk, de Corea, impartieron talleres sobre matemáticas, geografía, taekwondo, origami, cultura de dicho país y robótica, entre otros, a 150 jóvenes del Centro Juvenil Corea El Salvador, en Ahuachapán, como parte del proceso que realizan en dicho sitio de educación superior, para obtener su título de profesorado.

Los beneficiados con la experiencia estudian entre 5o. y 9o. grado en el Centro Escolar Colonia Santa María, de la cabecera departamental, quienes fueron seleccionados por el centro juvenil.

En el intercambio también participaron 2 maestros de la Universidad Nacional de Chungbuk, el encargado de la comitiva y estudiantes de la Universidad de El Salvador. Estos últimos fueron los encargados de realizar las traducciones del inglés al español.

El director del Centro Juvenil, Cristian González, expresó que los talleres fueron impartidos entre el 23 y 28 de enero, en los cuales los jóvenes absorbieron muchos conocimientos sobre diferentes áreas de una forma dinámica y divertida.

"Sin duda alguna han vivido una gran experiencia los alumnos, todos sabemos de que el modelo de educación que tienen en Corea es muy superior. Estamos contentos de poderlos recibir", dijo González. Esta es la primera ocasión que miembros de esa universidad llegan al centro juvenil, que fue construido por la cooperación de su país. No se descarta que exista una nueva visita en meses próximos.

● ESTUDIANTES COREANOS realizaron prácticas con jóvenes salvadoreños en Ahuachapán.

3) 국내 신문 보도

내용	보도일	보도처
사업 선정	2018. 6. 18.	국제뉴스, 브레이크뉴스, 에듀동아, 충청매일, 충북일보, 천지일보, 충청일보, 충청타임즈, 브릿지경제, CBNU 뉴스, 충북대 웹진
바자회	2018. 9. 19.	브레이크뉴스, 국제뉴스, 충북일보, 에듀동아
발대식	2018. 12. 30.	충청매일, 충청타임즈, 중부매일, 브레이크뉴스, 아시아뉴스통신, MBC충북 오늘의 뉴스, 노컷뉴스, 대학저널
의약품 기부	2019. 1. 4.	드림엑스뉴스, 마이민트뉴스, 충청타임즈, 대학저널, 충북일보, 중부매일, 에듀동아
전체소개	2019. 2. 12.	충북대학교 공식블로그
업무협약	2019. 1. 22.	천지일보, 아시아뉴스통신, 브레이크뉴스, 드림엑스뉴스, 국제뉴스, 대학저널, 충청미디어, 마이민트뉴스
현지 의약품 기부	2019. 1. 21.	중도일보, 대학저널, 충청타임즈, 아시아뉴스통신

3. 봉사활동 자료집 목차

4. 봉사활동 일지 예시

해외교육봉사 활동 일지

2 일차 2019년 1월 17일 목요일 날씨( )

봉사 기관		
1 교시	활동주제	
	역할분담	내 역할:
	우수한 점	
	부족한 점	
2 교시	활동주제	
	역할분담	내 역할:
	우수한 점	
	부족한 점	

총평 및 소감

오늘 나의 행복 점수는 100점 만점에 ( )점	①매우 그렇다	② 그렇다	③ 보통이다	④ 그렇지 않다	⑤전혀 그렇지 않다
엘살바도르에 봉사활동 오기를 잘 했다고 생각한다.	①	②	③	④	⑤
나는 오늘 기분이 좋다.	①	②	③	④	⑤
엘살바도르 봉사활동은 어렵다.	①	②	③	④	⑤
나는 오늘 내가 한 일에 만족한다.	①	②	③	④	⑤

다음 활동	주제1	(내 역할:)
	주제2	(내 역할:)

5. 수업 준비과정 정리표 예시

구분	일정	운영내용		활동평가
A조 사전교육 수업준비 <물리> 정전기	2018.9.5.(화) ~ 2019.1.15.(화)	9/10	과목 설정 및 수업 주제 설정	• 작년 봉사 단원들에게 수업에 대해 물어 주제 설정에 도움을 받음
		9/20	주제 설정 및 프로그램 구상	• 작년 수업 대본 및 지도안 검토
		9/27	세부 프로그램 구상	• 한국 초,중,고 교육과정 확인 • 수준별 수업 구상
		10/1	프로그램 지도안 작성	• 선생님들과 교수님께 피드백 받음 • 작년 정전기 수업 자료에서 수정, 보완
		10/8	한글 대본 작성	• 작년 정전기 수업 자료에서 수정, 보완
		10/13	수업시연 준비물 목록 작성 및 구매	• 준비물 수령
		10/25	개인적으로 수업실연 준비	• 수업시연 전 실험 준비도 함께함
		10/26	조별 수업시연	• 조원들 간 조언을 통해 부족한 점 보완 • 수업 지도안, 대본 수정
		11/3	수업 대본 및 자료 수정	• 수업 시연 때 부족했던 점 보완
		11/10	한글 교과서 작성	• 작년 교과서 참고, 새로운 사진, 그림자료 제작
		11/10	수업 유인물, 대본 수정	• 스페인어 선생님께서 검토
		11/12	단원들 전체와 라이덴병 실험	• 라이덴병 적정 충전 시간을 연구함
		11/18	스페인어로 대본, 교과서 번역	• 한글, 영어, 스페인어 순으로 번역
		11/26	수업 준비물 총 구입 목록 작성 및 구매	• 30명분 10번 수업 양 고려
		12/10	대본, 교과서 번역 수정	• 스페인어 선생님께서 검토
		12/17	조별 스페인어 대본 검토·리딩	• 교재, 대본 검토 및 수정 (스페인어)
		12/21	스페인어 교과서 완성	• 검토 받은 것 토대로 완성
		12/24	수업 준비물 확인	• 개인, 조별 수업 준비물 300명 고려하여 최종 준비
		1/7	조별 스페인어 수업 시연	• 수업 최종 수정, 보완 • 조원들의 도움이 필요한 부분 파악

구분	일정	운영내용		활동평가
B조 사전교육 수업준비 <IT> 로봇코딩	2018.9.5.(화) ~ 2019.1.15.(화)	9/10	과목 설정 및 수업 주제 설정	•과에 맞게 과목 설정 및 작년 주제들을 참고하여 주제 설정
		9/20	주제 설정 및 프로그램 구상	•주제와 예산에 맞게 준비할 로봇을 조사 •로봇에 포함된 다양한 기능들을 바탕으로 프로그램 구상
		9/27	세부 프로그램 구상	•1시간으로는 부족할 수 있는 수업이기에 2시간 블록 타임제로 운영하기로 함 •블록 타임제에 맞게 수업 계획
		10/1	프로그램 지도안 작성	•선생님들과 교수님께 피드백 받음
		10/8	한글 대본 작성	•새로 대본 작성. •수업 계획에 맞게 지시 사항 위주로 대본 작성
		10/13	수업시연 준비물 목록 작성 및 구매	•같은 로봇에서 옵션을 추가해 다양한 상황을 해보려 함. •시범용으로 좋은 옵션의 로봇 한 개 구입
		10/19	1차 준비물 확인	•준비물 확인 후 앱과 연동이 잘 되는지와 조립 과정에 대해 확인. •개인 태블릿으로 확인 후 수업 계획 변경
		10/26	조별 수업 시연	•조원들과 수업의 큰 틀을 소개하고, 어떻게 진행되는지를 소개. •시연을 통해 교실 배치 등 어떻게 진행하면 좋을지의 피드백이 오감(로봇 수업의 경우 놀만한 공간이 필요함)
		11/3	수업 대본 및 자료 수정	•수업 시연 때 부족한 점 보완 •1차 준비물 확인 후 계획을 변경. 초기 초음파 센서까지 활용해 수업을 준비하려 했지만 상당히 복잡한 관계로 앱을 통한 코딩 수업만 준비
		11/18	스페인어로 대본, 교과서 번역	•번역기 이용
		11/26	수업 준비물 총 구입 목록 작성 및 구매	•30명분 10번 수업 양 고려
		12/10	대본 번역 수정	•스페인어 선생님께서 검토
		1/10	조별 스페인어 수업 시연	•수업 수정, 보완

6. 현지 수업 활동 정리표 예시

구분	일정 및 장소	운영내용	활동평가
과목별 교육봉사 (생물-멸치 해부)	1주차 (1월 18일 ~ 22일) UES	• 1차시 (엘살바도르 국립대학 학생 - 코티쳐) 한국에서 준비해온 수업을 처음 진행 (멸치소개 → 해부방법 소개 → 해부 → 현미경 관찰 → 내부 복습)	• 작년보다 쉽게 해부 할 수 있도록 준비했다고 생각했는데, 대학생들이 생각보다 해부를 잘 못해서 막막함. • 앞의 해부 설명을 더 자세하게, 학생들이 받아들이기 쉽게 수정할 필요성을 느낌. • 수업 대본만 보지 말고 스페인어를 좀 더 외워서 학생들과 아이컨택과 소통을 더 해야겠다고 생각함. • 앞으로 같이 수업할 코티쳐들에게 멸치해부 방법을 설명하고 배우는 시간을 따로 내야겠다고 생각함.
	2 ~ 3주차 (1월 23일 ~ 28일) 아와차판 청소년센터	• 1차시 (7학년) 수업소개, 멸치소개(10분) → 멸치 안에는 어떤 기관이 있을까?(5분) → 해부방법 소개(10분) → 해부(15분) → 현미경 관찰(10분) → 내부 복습(10분)	• 학생들이 생각보다 해부를 잘 했음. • 다음 수업부터는 신문지 같은 책상에 깔 것, 물티슈를 준비하기. • 복습시간에 조별로 하나의 멸치를 완성했을 때 기대했던 것 보다 더 자세히 멸치를 그려주어서 학생들에게 감동을 받음. • 학생들한테 하는 첫 수업인데 꽤 성공적이었음.
	3 ~ 4주차 (1월 29일 ~ 2월 6일) Centro Escolar España	• 1차시 (6학년) 수업소개, 멸치소개(5분) → 해부방법 소개(5분) → 해부(15분) → 현미경 관찰(10분) → 내부 복습(10분) • 2차시 (7학년) 똑같이 수업했고 해부방법 소개 과정에서 큰 멸치를 칠판에 그려놓고 그 안에 그림을 넣어서 설명함. • 3차시 (8학년) 해부과정을 알기 쉽게 자세히 설명함. • 4차시 (9학년) 복습시간에 학생들이 참여를 안 해서 '도레미파솔라시도'로 한명을 골라서 발표를 시킴.	• 1차시 (6학년) - 전체적으로 해부과정에서 선생님의 도움이 많이 필요했다. - 해부 과정 설명을 지루하지 않게 어떻게 재미있게 할 수 있을까? 하는 과정에서 동작을 넣어서 재미있게 해보자는 아이디어가 나왔다. • 2차시 (7학년) - 보통 눈까지는 잘 찾는데 심장부터 해부하기를 망설인다. - 복습시간에 학생들의 참여도가 높았음. • 3차시 (8학년) - 복습시간에 학생들이 어디에 어떤 기관이 있는지 정확하게 대답함. • 4차시 (9학년) - 멸치를 삶을 때 모양이 안 망가지게 삶아야 함.
	4 ~ 5주차 (2월 7일 ~ 2월 15일) Instituto Nacional Albert Camus	• 1차시 (11학년) 큰 멸치를 만들어서 학생들이 해부 과정을 시각적으로 더 쉽게 이해할 수 있도록 했다.	• 1차시 (11학년) - 해부속도가 중학생보다 빨랐고 복습 발표 과정에 자발적으로 참여해 줘서 좋았다. - 학생들마다 해부 속도 차이가 많이 남. - 수업시간에 시끄럽게 말하는 학생들이 있었지만, 수업을 들으려는 의지가 있었다. - 학생들에게 수업 중간에 질문을 더 많이 하면 좋을 것 같음.

구분	일정 및 장소	운영내용	활동평가
과목별 교육봉사 (생물-멸치 해부)	4 ~ 5주차 (2월 7일 ~ 2월 15일) Instituto Nacional Albert Camus	•2차시 (10학년) 도입부에 중요한 질문을 빠뜨림. 시간분배가 잘못 되어 수업이 늦게 끝남. •3차시 (11학년) 평소와 똑같이 수업을 진행. 담임선생님이 수업에 관심을 가지고 앉아서 들었다.	- 마지막에 수업을 마친다고 말했더니 학생들이 아쉬워했고 박수를 쳐줘서 뿌듯함. •2차시 (10학년) - 학생 수가 많아서 해부하는 것을 학생들 하나하나 다 못 봐줘서 아쉬웠음. - 현미경 관찰시 슬라이드 글라스에 얇게 잘라서 올리라는 말을 추가. •3차시 (11학년) - 해부를 잘 하는 학생도 있지만 여전히 교사의 도움이 많이 필요했음.